A GUIDE TO LA GOMERA 2025

Discover the Best of Nature, Culture, and Local Experiences

Yales Dagmar

2024 Yales Dagmar. All rights reserved.

No part of this book may be reproduced, distributed, or transmitted in any form or by any means, including photocopying, recording, or other electronic or mechanical methods, without the prior written permission of the publisher, except in the case of brief quotations included in critical reviews and other noncommercial uses permitted by copyright law.

Table of Contents

INTRODUCTION 7
CHAPTER 1: Getting to La Gomera 11
   Travel Options: Flights, Ferries, and Transfers 11
   Getting Around the Island: Public Transport, Car Rentals, and Cycling 14
A Brief History of La Gomera 17
Cultural Heritage and Traditions 20
   Festivals and Events.. 24
   Cultural Etiquette 29
   Basic Spanish and Local Phrases 34
Find Your Way with QR Codes 38
CHAPTER 2: Top Attractions 39
CHAPTER 3: Hidden Gems and Off-the-Beaten-Path 47
CHAPTER 4: Outdoor Activities 53
   Whale and Dolphin Watching....................................... 60
   Scuba Diving and Snorkeling 64
   Cycling and Mountain Biking.. 68
   Paragliding and Adventure Sports 72
   Boat Tours around the Island 77
CHAPTER 5: Accommodation... 83
   Boutique Hotels and Rural Houses (Casas Rurales)..... 83
   Budget Accommodations.. 95
   Family-Friendly Options.. 99

    Romantic Hideaways 103

CHAPTER 6: Dining and Cuisine 109

    Must-Try Dishes 109

    Fine Dining Experiences.. 115

    Cafes, Bakeries, and Local Coffee............................ 117

    Local Markets and Food Festivals 119

CHAPTER 7: Practical Information 121

    Best Time to Visit La Gomera 121

    Currency, Banking, and Costs 122

    Health and Safety Guidelines.................................... 123

    Emergency Contacts 124

CHAPTER 8: Day Trips and Excursions...................... 127

    Exploring Nearby Islets and Natural Reserves 130

CHAPTER 9: Shopping and Souvenirs 131

    Local Handicrafts: Pottery, Basketry, and Textiles 131

    Gourmet Souvenirs: Honey, Cheese, and Mojo Sauces 132

    Wines and Spirits 133

    Artisanal Shops in San Sebastián and Vallehermoso . 134

    Markets and Boutique Stores 135

CHAPTER 10: Itineraries 137

    3-Day Itinerary for First-Time Visitors 137

    7-Day Itinerary for In-Depth Exploration.................. 139

    Adventure Seeker's Itinerary..................................... 141

Family-Friendly Itinerary... 143
CONCLUSION.. 145
TRAVEL JOURNAL.. 147

INTRODUCTION

I still remember the moment I first set foot on the rugged shores of La Gomera. It was a misty morning, and the small ferry from Tenerife had just pulled into the harbor of San Sebastián. As I disembarked, the fresh, salty breeze welcomed me, carrying the earthy scent of pine and laurel trees from the island's ancient forests. The island seemed to rise steeply from the sea, its volcanic cliffs shrouded in mystery as if guarding secrets waiting to be discovered.

My first sight of La Gomera was like stepping into another world—one that felt untouched by time. The charming, whitewashed buildings of San Sebastián, with their colorful shutters and terracotta roofs, nestled against the backdrop of soaring green mountains. It was a place where nature reigned supreme, where the pace of life slowed, and where the hum of modernity felt far away.

As I wandered through the cobbled streets, I was captivated by the warmth of the locals, their smiles as genuine as the hospitality they offered. I soon found myself drawn into the rhythm of island life, where each day brought new adventures—hiking through the misty trails of Garajonay

National Park, discovering hidden beaches with crystal-clear waters, and savoring the rich flavors of traditional Gomeran cuisine.

But it wasn't just the breathtaking landscapes or the delicious food that made La Gomera special to me. It was the island's spirit—a unique blend of serenity and resilience, of old-world charm and untouched wilderness. I knew from the moment I arrived that this place was different, and I felt an irresistible urge to share its magic with others.

That's why I decided to write this guide. Whether you're a first-time visitor, an adventure seeker yearning to explore rugged trails and dive into the island's marine wonders, or a family looking for a tranquil yet exciting getaway, this guide is for you. I've packed it with insider tips, local secrets, and practical advice that will help you experience La Gomera like a seasoned traveler.

Through these pages, I hope to bring La Gomera to life for you—to paint a vivid picture of its beauty, its culture, and its people. You'll find detailed itineraries, hidden gems, and personal recommendations that will guide you through the island's most enchanting spots. But more than that, I want this guide to inspire you to slow down, to savor the simple pleasures, and to connect with a place that's as timeless as it is unforgettable.

So, grab your backpack, put on your walking shoes, and get ready to embark on a journey to one of the most magical islands in the Canary archipelago. La Gomera is waiting for you, and I can't wait to share its wonders with you.
Welcome to La Gomera—let the adventure begin!

CHAPTER 1: Getting to La Gomera

Travel Options: Flights, Ferries, and Transfers

Flights

La Gomera has a small airport, La Gomera Airport (GMZ), located near the town of Playa de Santiago on the south coast. However, there are no direct international flights to La Gomera. The most common way to reach the island is by flying to Tenerife South Airport (TFS) or Tenerife North Airport (TFN), which both offer a wide range of international connections.

From Tenerife, you can catch a domestic flight to La Gomera. Binter Canarias is the main airline offering regular flights from Tenerife North (TFN) to La Gomera, with a flight time of approximately 30 minutes. These flights are frequent and provide a quick and scenic route to the island.

Ferries

Ferries are the most popular way to reach La Gomera, offering not only convenience but also a chance to enjoy the stunning views of the Atlantic Ocean. Regular ferry services operate from Los Cristianos in Tenerife to San Sebastián de La Gomera, the island's capital.

The two main ferry operators are:

Fred. Olsen Express: This operator offers fast ferries that make the crossing in about 50 minutes. Fred. Olsen is known for its punctuality and comfort.

Naviera Armas: This company also operates regular services between Tenerife and La Gomera, with a journey time of around 1 hour. Their ferries are well-equipped with amenities, making the trip pleasant and comfortable.

Ferries depart several times a day, giving you flexibility in planning your arrival. It's advisable to book your tickets in advance, especially during peak travel seasons.

Transfers

Once you arrive in La Gomera, there are several transfer options to get you to your final destination on the island. Taxis are readily available at both the airport and ferry terminal, providing convenient door-to-door service. Car rental is another popular choice, allowing you the freedom to explore the island at your own pace. Several well-known rental companies, such as Cicar and Avis, operate on the island.

If you prefer a more structured transfer, there are shuttle services available that can be pre-booked online. These shuttles offer shared or private transfers to the main towns and tourist areas on the island.

For those staying in Playa de Santiago or Valle Gran Rey, some hotels offer complimentary or paid shuttle services from the ferry terminal or airport, so it's worth checking with your accommodation in advance.

Getting Around the Island: Public Transport, Car Rentals, and Cycling

Public Transport

La Gomera has a reliable and affordable public bus system, operated by GuaguaGomera. The buses connect most of the island's towns and key attractions, making it a convenient option for travelers who prefer not to drive.

Bus Routes: The main routes connect San Sebastián with other major towns such as Valle Gran Rey, Playa de Santiago, and Hermigua. There are also routes that serve smaller villages and more remote areas, although these may be less frequent.

Bus Schedules: Buses run regularly, particularly along the more popular routes. However, services to more remote areas may be less frequent, especially on weekends and holidays. It's a good idea to check the schedule in advance, which can be found online or at bus stations.

Fares: Bus fares are inexpensive, and tickets can be purchased directly from the driver. Multi-ride cards are also available for longer stays, offering savings for frequent travelers.

Taxis are another convenient option for getting around, especially for shorter trips or when bus schedules don't align with your plans. Taxis are readily available at key locations such as the ferry terminal, airport, and main towns. While they're more expensive than buses, they offer the flexibility of door-to-door service, which is especially useful if you're traveling with luggage or in a group.

Car Rentals

Renting a car is one of the best ways to explore La Gomera at your own pace. The island's winding roads lead to breathtaking viewpoints, hidden beaches, and picturesque villages that are often best reached by car.

Rental Companies: Several well-known car rental companies operate on the island, including Cicar, Avis, and Hertz, as well as local companies like La Palma 24. You can rent a car either from the airport, ferry terminal, or from various offices in the main towns.

Driving Conditions: La Gomera's roads are well-maintained, but they can be narrow and winding, especially in the mountainous regions. Drive cautiously and be prepared for sharp turns and steep inclines. A smaller vehicle is often easier to navigate on these roads.

Parking: Parking is generally easy to find in most towns, and many tourist spots offer free or low-cost parking.

However, in busier areas like Valle Gran Rey or San Sebastián, parking can be more limited during peak hours.

Renting a car gives you the freedom to explore off-the-beaten-path locations and to follow your schedule. It's the most convenient option for travelers who want to see as much of the island as possible, especially if you're staying in a more remote area.

Cycling

For those who enjoy a more active way of exploring, cycling is an excellent option in La Gomera. The island's varied terrain offers something for every level of cyclist, from leisurely coastal rides to challenging mountain routes.

Bike Rentals: Bicycles can be rented in several towns, including Valle Gran Rey and San Sebastián. Many rental shops offer a range of options, from road bikes to mountain bikes, along with helmets and other necessary gear.

Cycling Routes: La Gomera is crisscrossed with scenic cycling routes. Popular routes include the coastal road from San Sebastián to Vallehermoso and the challenging climb up to Garajonay National Park. For mountain bikers, the rugged trails around Valle Gran Rey offer an exciting adventure.

A Brief History of La Gomera

Pre-Hispanic Era

Long before the arrival of European explorers, La Gomera was inhabited by the Guanches, the indigenous people of the Canary Islands. These early settlers lived in caves and small villages, relying on agriculture, fishing, and herding to sustain their communities. The Guanches developed a distinctive culture, including the famous Silbo Gomero, a whistled language that allowed them to communicate across the island's deep ravines and valleys. This unique form of communication is still practiced today and has been recognized by UNESCO as part of the island's intangible cultural heritage.

Spanish Conquest and Colonization

In the late 15th century, La Gomera, like the other Canary Islands, became a focal point for Spanish conquest. In 1496, the island was officially incorporated into the Kingdom of Castile. Unlike some of the other Canary Islands, La Gomera was not conquered by force; instead, it was integrated through a series of agreements between the local Guanche leaders and the Spanish crown. However, the island's colonization was not without conflict. A significant uprising by the Guanches in 1488, known as the Revolt of Gomera, was brutally suppressed by the Spanish, leading to the near extinction of the indigenous population.

Colonial Period

Following the conquest, La Gomera became a vital stopover point for ships traveling between Europe, Africa, and the Americas. Christopher Columbus famously visited the island in 1492 on his way to the New World, and it is said that he sourced provisions and water here before continuing his journey. The island's strategic location made it an important hub for trade, although it also attracted the attention of pirates, leading to several attacks over the centuries.

During the colonial period, La Gomera's economy was largely based on agriculture, particularly the cultivation of sugarcane and later, bananas, which became the island's main export. The island's unique topography made large-scale farming difficult, so terraced fields were created on the steep slopes to maximize arable land.

Modern Era

In the 20th century, La Gomera, like much of the Canary Islands, experienced significant emigration, particularly to Latin America, as residents sought better economic opportunities. This diaspora had a lasting impact on the island, with many Gomerans maintaining strong ties with family members abroad.

Today, La Gomera is celebrated for its well-preserved natural environment, with nearly one-third of the island designated as a protected area. The Garajonay National Park, a UNESCO World Heritage Site, is one of the island's crown jewels, preserving the ancient laurel forests that once covered much of the region.

La Gomera's cultural heritage is also carefully preserved, with traditional crafts, music, and cuisine playing an important role in everyday life. The island remains a quieter, more tranquil destination compared to its larger neighbors, offering visitors a glimpse into a way of life that has changed little over the centuries.

Cultural Heritage and Traditions

Silbo Gomero

One of the most remarkable aspects of La Gomera's cultural heritage is Silbo Gomero, the island's famous whistling language. Developed by the indigenous Guanches and later adopted by Spanish settlers, Silbo Gomero was traditionally used to communicate across the island's deep ravines and valleys. This whistled language mimics the sounds of spoken Spanish but is adapted to be heard over long distances, making it an ingenious solution for the island's rugged terrain.

Silbo Gomero is more than just a means of communication; it is a symbol of Gomeran identity. In recent years, efforts have been made to ensure its survival, with Silbo Gomero now taught in schools across the island. In 2009, UNESCO recognized Silbo Gomero as a Masterpiece of the Oral and Intangible Heritage of Humanity, underscoring its cultural significance.

Music and Dance

Music and dance are central to the cultural life of La Gomera. The island's traditional music is characterized by the use of instruments such as the timple (a small stringed instrument similar to a ukulele), chácaras (large castanets), and drums. These instruments are often accompanied by lively, rhythmic singing that tells stories of the island's history, love, and everyday life.

One of the most distinctive forms of dance on the island is the Baile del Tambor (Drum Dance). This traditional dance is performed at many local festivals and celebrations, featuring dancers in traditional Gomeran attire, moving in time to the beat of the drums and the rhythmic clacking of the chácaras. The dance is a powerful expression of community and continuity, linking present-day Gomerans with their ancestors.

Art and Crafts

La Gomera is also known for its vibrant arts and crafts, which reflect the island's rich cultural heritage. Traditional crafts such as basket weaving, pottery, and embroidery have been passed down through generations and are still practiced by skilled artisans today.

Basket Weaving: Made from the island's abundant reeds and palm leaves, Gomeran baskets are not only functional but also beautifully crafted. These baskets were traditionally used for carrying goods across the island's steep terrain and are now a popular souvenir.

Pottery: The island's pottery is characterized by simple, functional designs that echo the style of the Guanches. Each piece is handmade and often decorated with traditional motifs.

Embroidery: Gomeran embroidery is known for its intricate patterns and fine craftsmanship, often used to decorate clothing, linens, and other textiles.

Festivals and Celebrations

La Gomera's cultural calendar is filled with festivals and celebrations that showcase the island's deep-rooted traditions. These events offer visitors a chance to experience the island's vibrant cultural life firsthand.

Fiesta de San Sebastián: Held in January, this festival honors the island's patron saint with religious processions, traditional music, and dancing. It's a time when the entire community comes together to celebrate.

Fiesta de la Virgen de Guadalupe: Celebrated every five years, this festival is one of the most important on the island. The statue of the Virgin of Guadalupe, the island's patroness, is taken on a boat procession around the island, accompanied by music, dancing, and fireworks.

Romerías: These are traditional pilgrimages that take place in various towns throughout the year, combining religious devotion with lively festivities, including music, dance, and local food.

A Unique Cultural Identity

What sets La Gomera apart from the other Canary Islands is its strong sense of tradition and the deep connection its people have with their land and history. The island has managed to preserve its unique cultural identity in the face of modernization, offering a glimpse into a way of life that has remained largely unchanged for centuries.

Gomerans are proud of their heritage and eager to share it with visitors. Whether it's through the haunting whistle of Silbo Gomero, the rhythmic beats of the Baile del Tambor, or the intricate designs of a handcrafted basket, the island's cultural expressions are woven into the very fabric of daily life.

Festivals and Events

Fiesta de San Sebastián (January 20th)

The Fiesta de San Sebastián is one of La Gomera's most important religious celebrations, held in honor of the island's patron saint, San Sebastián. Taking place in the capital, San Sebastián de La Gomera, this festival is a blend of solemn religious observance and lively festivities.

Highlights: The festival begins with a religious procession through the streets, where the statue of San Sebastián is carried from the Church of the Assumption to the harbor and back. The day is also filled with traditional music, folk dancing, and communal meals, making it a true celebration of community spirit.

Carnival (February/March)

Like the rest of the Canary Islands, La Gomera celebrates Carnival with colorful parades, elaborate costumes, and exuberant parties. The island's Carnival is less commercialized and more intimate than those on the larger islands, offering a more authentic experience.

Highlights: The main events include the Romería (pilgrimage), where participants dress in traditional costumes and parade through the streets, and the Burial of the Sardine, a symbolic ceremony that marks the end of

Carnival. Each town on the island has its version of Carnival, but the biggest celebrations are held in San Sebastián.

Fiesta de la Virgen de Guadalupe (October 8th)

The Fiesta de la Virgen de Guadalupe is La Gomera's most significant religious festival, celebrated every five years. It honors the Virgin of Guadalupe, the island's patroness, and is marked by an island-wide celebration that lasts for several days.

Highlights: The centerpiece of the festival is the maritime procession, where the statue of the Virgin is taken on a boat journey around the island, stopping at various ports. The event is accompanied by music, dancing, and fireworks, creating a spectacular atmosphere. Pilgrims from all over the island participate in the festivities, making it a deeply spiritual and communal experience.

Fiesta del Carmen (July 16th)

The Fiesta del Carmen is celebrated in many coastal towns across Spain, and La Gomera is no exception. This festival honors the Virgin of Carmen, the patron saint of fishermen, with a series of maritime and land-based events.

Highlights: The main event is a boat procession, where the statue of the Virgin is carried on a decorated boat along the coast, followed by a flotilla of fishing boats and yachts. The festival also includes live music, dancing, and a fair, making it a lively celebration of the island's maritime heritage.

Fiestas Lustrales (Every Five Years)

The Fiestas Lustrales are held every five years, coinciding with the Fiesta de la Virgen de Guadalupe. This grand celebration involves a series of cultural, religious, and recreational events that take place over several weeks.

Highlights: The Fiestas Lustrales feature everything from religious processions to concerts, theater performances, and sporting events. It's a time when the entire island comes alive with activity, attracting both locals and visitors who come to participate in the once-in-a-lifetime festivities.

Festival de Música de Canarias (January-February)

The Festival de Música de Canarias is a prestigious classical music festival held across the Canary Islands, with several performances taking place on La Gomera. It's an opportunity to enjoy world-class music in some of the island's most beautiful venues.

Highlights: The festival includes performances by internationally renowned orchestras, chamber ensembles, and soloists. Concerts are often held in historic churches and open-air venues, providing a unique cultural experience for music lovers.

Romería de Santiago (July 25th)

The Romería de Santiago is a traditional pilgrimage in honor of Saint James (Santiago), celebrated in the town of Playa de Santiago. It's a festive event that combines religious devotion with local customs and traditions.

Highlights: The pilgrimage involves a procession through the town, with participants dressed in traditional Canarian costumes. The event is accompanied by folk music, dancing, and a communal feast, where locals and visitors share food and drink in a spirit of camaraderie.

Semana Santa (Holy Week, March/April)

Semana Santa, or Holy Week, is observed throughout Spain, and La Gomera is no exception. This week-long event commemorates the Passion of Christ with solemn processions and religious ceremonies.

Highlights: Each town on the island holds its own processions, with the most elaborate taking place in San Sebastián. The processions feature religious statues, carried through the streets by locals, accompanied by music and candlelight. It's a deeply moving event that reflects the island's strong religious traditions.

Cultural Etiquette

Dining Etiquette

Dining in La Gomera is a social experience, often centered around family and community. Here are some pointers to ensure you enjoy your meals like a local:

Greetings: When entering a restaurant or café, it's polite to greet the staff with a simple "Hola" (Hello) or "Buenos días/tardes" (Good morning/afternoon). This small gesture is appreciated and sets a friendly tone.

Tipping: Tipping is not mandatory in La Gomera, but it is appreciated. Leaving a tip of around 5-10% of the bill is common in restaurants, especially if the service was good. For smaller establishments, rounding up the bill or leaving some change is also acceptable.

Sharing Meals: Meals are often served family-style, especially in traditional restaurants known as guachinches. Don't hesitate to share dishes and try a bit of everything. It's a great way to experience the variety of Gomeran cuisine.

Meal Times: Lunch is typically the main meal of the day, usually enjoyed between 1:00 PM and 3:00 PM. Dinner is served later in the evening, often starting around 8:00 PM. Many restaurants may close for a few hours between lunch and dinner, so plan accordingly.

Shopping Etiquette

Shopping in La Gomera, whether at a local market or a small boutique, is a pleasant and often leisurely experience. Here's how to make the most of it:

Greetings and Politeness: As with dining, it's customary to greet shopkeepers when entering a store. A simple "Hola" or "Buenos días/tardes" goes a long way. When leaving, it's polite to say "Gracias" (Thank you) or "Adiós" (Goodbye).

Bargaining: Unlike in some countries, bargaining is not common in La Gomera, especially in established shops. Prices are usually fixed. However, in markets or with street vendors, there might be some room for negotiation but always do so respectfully.

Handling Products: In markets, it's best to ask the vendor before handling produce or goods. In some cases, the vendor will select items for you, particularly in food markets.

Interacting with Locals

The people of La Gomera are known for their friendliness and hospitality. To ensure respectful and positive interactions, consider the following:

1. Greetings: When meeting someone, it's customary to greet them with a handshake. Among friends and family, a light kiss on both cheeks is the standard greeting, though this may vary depending on the level of

familiarity. During the COVID-19 pandemic, greetings may have become more cautious, so follow the lead of the locals.

2. Respecting Personal Space: While Gomerans are warm and friendly, they also value personal space. When speaking with someone, maintain a respectful distance unless the other person indicates otherwise.

3. Formalities: Address people using "Señor" (Mr.) or "Señora" (Mrs./Ms.) followed by their last name, especially in formal or business settings. It's a sign of respect, particularly with older individuals.

4. Language: While Spanish is the official language, many locals speak Gomeran Spanish, which includes some unique phrases and pronunciations. Even if you don't speak Spanish fluently, attempting a few basic phrases will be greatly appreciated. Simple phrases like "Por favor" (Please), "Gracias" (Thank you), and "Disculpe" (Excuse me) can go a long way.

Religious and Cultural Sensitivity

Religion plays an important role in the daily life of many Gomerans. Being aware of local religious practices and showing respect for them is important:

Church Visits: If you visit a church, dress modestly and be respectful of ongoing services. It's customary to speak quietly and refrain from taking photos during mass or other religious ceremonies.

Festivals and Processions: During religious festivals, such as the Fiesta de la Virgen de Guadalupe or Semana Santa (Holy Week), processions through the streets are common. If you encounter a procession, it's respectful to step aside, remove your hat if wearing one, and allow it to pass without interruption. Taking photos is usually acceptable, but do so discreetly and avoid flash photography.

Environmental Respect

La Gomera is known for its pristine natural beauty, and locals take pride in maintaining the island's environment. As a visitor, you can contribute to this effort:

1. Leave No Trace: When hiking, camping, or visiting natural sites, make sure to take all your litter with you and dispose of it properly. Avoid disturbing wildlife and stick to marked trails to protect the island's delicate ecosystems.

2. Water Conservation: Water is a precious resource on the island. Be mindful of your water usage, especially in rural areas where water supply may be limited.

3. Smoking: Smoking is prohibited in many public places, including beaches, natural parks, and restaurants. Be aware of designated smoking areas and always dispose of cigarette butts properly.

Basic Spanish and Local Phrases

Greetings and Polite Expressions

- Hola – Hello
- Buenos días – Good morning (used until around noon)
- Buenas tardes – Good afternoon (used from noon until evening)
- Buenas noches – Good evening/night (used when it's dark)
- Adiós – Goodbye
- Hasta luego – See you later
- Por favor – Please
- Gracias – Thank you
- De nada – You're welcome
- Perdón or Disculpe – Excuse me / I'm sorry (to get someone's attention or apologize)
- ¿Cómo está? – How are you? (formal)
- ¿Cómo estás? – How are you? (informal)
- Muy bien, gracias – Very well, thank you
- ¿Cómo te llamas? – What's your name?
- Me llamo… – My name is…
- Basic Questions
- ¿Dónde está…? – Where is…?
- ¿Dónde puedo encontrar…? – Where can I find…?

- ¿Cuánto cuesta? – How much does it cost?
- ¿Puede ayudarme? – Can you help me?
- ¿Qué hora es? – What time is it?
- ¿Habla inglés? – Do you speak English?
- No hablo mucho español – I don't speak much Spanish
- ¿Qué recomienda? – What do you recommend?

Directions

- A la derecha – To the right
- A la izquierda – To the left
- Todo recto – Straight ahead
- Cerca – Near
- Lejos – Far
- Aquí – Here
- Allí – There
- ¿Dónde está el baño? – Where is the bathroom?
- ¿Cómo llego a…? – How do I get to…?
- Dining and Ordering
- Una mesa para dos, por favor – A table for two, please
- La carta, por favor – The menu, please
- ¿Qué tiene de especial? – What's the special?
- Quisiera… – I would like…
- Una botella de agua, por favor – A bottle of water, please

- ¿Tiene opciones vegetarianas? – Do you have vegetarian options?
- ¿Puede traer la cuenta, por favor? – Can you bring the bill, please?
- Está delicioso – It's delicious
- Sin hielo, por favor – No ice, please
- Con azúcar – With sugar (used for coffee or tea)
- Sin azúcar – Without sugar

Shopping and Markets

- ¿Cuánto cuesta esto? – How much does this cost?
- ¿Puedo probarlo? – Can I try it on? (for clothing)
- Voy a llevarlo – I'll take it
- ¿Tiene otro color/tamaño? – Do you have another color/size?
- Estoy buscando… – I'm looking for…
- ¿Acepta tarjetas de crédito? – Do you accept credit cards?
- Me lo llevo – I'll take it
- ¿Hay una tienda cerca? – Is there a shop nearby?
- Quisiera comprar… – I would like to buy…
- Local Expressions and Phrases
- ¡Qué guay! – How cool! (A common expression in Spain and the Canary Islands)

- ¡Qué bonito! – How beautiful!
- ¡Vale! – Okay! / Alright! (Frequently used in conversations)
- ¿Todo bien? – Everything good?
- ¡Venga! – Come on! / Let's go!
- Un cortado, por favor – A cortado, please (a popular coffee order, espresso with a small amount of milk)
- Mojo – The local sauces (usually mojo rojo for red sauce or mojo verde for green sauce, often served with potatoes or meat)
- Papas arrugadas – Traditional Gomeran wrinkled potatoes, a must-try dish

Find Your Way with QR Codes

We've added QR codes throughout this guide to make navigating easier. Here's how to use them:
- Scan the QR Code using your smartphone's camera or a QR code scanner app.
- Open in a Browser (like Chrome, Safari, or Firefox) when prompted, instead of the Google Maps app, for the best results.
- View the Destination on the Google Maps page that opens. You'll find useful details like photos and reviews.
- Tap "Directions" to get step-by-step guidance from your current location.
- Follow the Route provided by Google Maps and enjoy your trip!
- Remember to choose a browser to avoid any issues. Safe travels!

CHAPTER 2: Top Attractions

Garajonay National Park (UNESCO World Heritage Site)

Address: Carretera General, 38849 La Gomera, Spain

Price: Free entry

Opening Hours: Open daily, 24 hours

Tips for Visitors:

1. Wear comfortable hiking shoes, as many trails are uneven and can be slippery.
2. Bring water and snacks, especially if you plan to explore the longer trails.
3. Visit early in the morning or late in the afternoon to avoid crowds and enjoy the tranquility of the park.
4. Don't miss the viewpoints, such as Alto de Garajonay, the highest point in the park, offering panoramic views of the island and neighboring islands on clear days.
5. Consider hiring a local guide to learn about the unique flora, including the ancient laurel forests, and the cultural significance of the park.

Valle Gran Rey

Address: Valle Gran Rey, 38870 La Gomera, Spain

Price: Free

Activities:

Hiking: Explore the valley's scenic trails, such as the route from La Calera to La Merica, which offers stunning views of the Atlantic Ocean.

Beaches: Relax on the black sand beaches like Playa del Inglés and Playa de Vueltas, ideal for swimming and sunbathing.

Sunset Viewing: Don't miss the spectacular sunsets from La Playa, where the sun sets directly over the ocean, often accompanied by impromptu drum circles and music.

Nearby Amenities:

Several supermarkets, local shops, and ATMs are available in La Calera and Vueltas.

San Sebastián de La Gomera (The Island's Capital)

Address: San Sebastián de La Gomera, 38800 La Gomera, Spain

Must-see Attractions:

Torre del Conde: A 15th-century tower, the oldest military building in the Canary Islands, surrounded by a beautiful park.

Casa de Colón: Allegedly where Christopher Columbus stayed before his voyage to the New World; now a museum dedicated to his time on the island.

Church of the Assumption: A historic church where Columbus prayed before his departure, featuring beautiful architecture and artwork.

Local Events:

- Fiesta de San Sebastián (January 20th): Celebrations in honor of the town's patron saint, including parades, music, and traditional dances.
- Carnival: Held in February or March, featuring colorful costumes, parades, and street parties.

Restaurants and Cafes:

La Salamandra: Known for its fresh seafood and traditional Canarian dishes.

El Charcón: Offers a variety of tapas and local wines with a cozy atmosphere.

Café Quijote: A popular spot for coffee and pastries in the heart of the town.

Agulo (The 'Balcony of La Gomera')

Address: Agulo, 38830 La Gomera, Spain

Hiking Trails

1. Agulo to Mirador de Abrante: A moderate hike leading to a glass skywalk offering breathtaking views of the Atlantic and the island of Tenerife.
2. Sendero del Chorro: A picturesque trail that takes you through lush greenery and past traditional Gomeran houses.

Scenic Lookouts:

- Mirador de Abrante: Known for its glass skywalk, offering panoramic views of Agulo and beyond.
- Mirador de Agulo: Provides sweeping views of the valley and the ocean, perfect for photography.

Playa de Santiago

Address: Playa de Santiago, 38810 La Gomera, Spain

Amenities

- Beach Facilities: Sunbeds, umbrellas, and showers available.
- Shops: Small local shops and supermarkets within walking distance.
- Parking: Free parking is available near the beach.

Water Sports:

- Snorkeling: Clear waters make it an ideal spot for snorkeling; equipment can be rented from local shops.
- Kayaking and Paddleboarding: Rentals available on the beach; explore the coastline at your own pace.
- Diving: Dive centers such as Oceano Dive Center offer courses and guided dives to explore the underwater world.

Nearby Restaurants:

- La Cuevita: A local favorite for fresh seafood with a beautiful terrace overlooking the sea.
- Restaurante El Volcán: Offers a mix of traditional Canarian dishes and Mediterranean cuisine.
- Don Tomate: A casual spot for pizza, pasta, and tapas.

Los Órganos Cliffs

Address: Los Órganos, Near Vallehermoso, 38840 La Gomera, Spain

Boat Tours

- Excursiones Tina: Offers boat tours departing from Valle Gran Rey, providing the best views of the cliffs and the chance to see marine life.
- Oceano Whale Watching: Combines whale watching with a tour of Los Órganos.

Hiking Trails:

- Vallehermoso to Los Órganos: A challenging hike with incredible views of the cliffs and the surrounding coastline.
- Sendero de Los Órganos: A shorter trail that offers viewpoints of the cliffs from above.

Safety Precautions:

Due to the cliffs' remote location, access is only possible by boat. Swimming near the cliffs is not advised due to strong currents.

Wear appropriate footwear for boat tours and hiking and bring sunscreen and water.

Hermigua Valley

Address: Hermigua, 38820 La Gomera, Spain

Historical Sites

- Convento de Santo Domingo: A former convent dating back to the 16th century, now a cultural center hosting exhibitions and events.
- Playa de Hermigua: Features the remains of an old banana loading dock, offering a glimpse into the valley's agricultural past.

Hiking Trails:

- El Cedro Forest: A popular trail that takes you through lush laurel forests and to the El Cedro Waterfall.
- Hermigua to Agulo: A scenic hike offering stunning views of the ocean and terraced fields.

Local Cuisine:

- Tasca Telémaco: Known for its traditional Gomeran dishes and local wines.
- El Silbo Gomero: Offers a cozy atmosphere and a menu featuring fresh, local ingredients.

- Restaurante Las Chácaras: A family-run restaurant serving authentic Canarian cuisine, including Almogrote and Papas Arrugadas.

CHAPTER 3: Hidden Gems and Off-the-Beaten-Path

La Laguna Grande

Address: Garajonay National Park, 38849 La Gomera, Spain

Price: Free entry

Opening Hours: Open daily, 24 hours

Tips for Visitors

- Wear comfortable hiking shoes, as many trails are uneven and can be slippery.
- Bring water and snacks, especially if you plan to explore the longer trails.
- Visit early in the morning or late in the afternoon to avoid crowds and enjoy the tranquility of the park.
- Don't miss the viewpoints, such as Alto de Garajonay, the highest point in the park, offering panoramic views of the island and neighboring islands on clear days.
- Consider hiring a local guide to learn about the unique flora, including the ancient laurel forests, and the cultural significance of the park.

The Mirador de Abrante Skywalk

Address: Carretera Agulo-Las Rosas, 38830 Agulo, La Gomera, Spain

Price: Free entry

Opening Hours: 10:00 AM - 6:00 PM

Tips for Visitors

- If you're afraid of heights, you may want to stay back from the glass section, but the views from the terrace are equally impressive.
- Visit on a clear day to fully appreciate the views of Mount Teide on Tenerife.
- The Whistling Language of Silbo Gomero

Where to Experience It:

- **Live Demonstrations**: You can witness live demonstrations of Silbo Gomero at various cultural centers and during festivals. The Centro de Visitantes Juego de Bolas in Garajonay National Park often hosts demonstrations.
- **Guided Tours:** Join a cultural tour that includes a Silbo Gomero demonstration, where locals explain the history and technique of this fascinating language.

Tips for Visitors

Attend a demonstration to fully appreciate the skill and cultural significance of Silbo Gomero.

Try your hand at whistling—it's more challenging than it looks!

Remote Beaches: La Caleta and Playa del Inglés

La Caleta Beach

Address: Near Hermigua, 38820 La Gomera, Spain

Price: Free

Tips for Visitors:

- The beach is somewhat remote, so bring water and snacks, as there are no facilities nearby.
- The sea can be rough at times, so swimming is best for experienced swimmers.

Playa del Inglés

Address: Valle Gran Rey, 38870 La Gomera, Spain

Price: Free

Tips for Visitors:

- This beach has a laid-back vibe, often attracting a more bohemian crowd.
- While it's beautiful, swimming can be dangerous due to strong currents, so caution is advised.

Traditional Villages: Alojera and Arure

Alojera

Address: Alojera, 38852 La Gomera, Spain

Price: Free

Activities

- Visit a Palm Honey Farm: Learn about the production of miel de palma and taste this unique Gomeran delicacy.
- Explore the Surroundings: Hike through the palm groves and take in the stunning views of the surrounding landscape.

Arure

Address: Arure, 38870 La Gomera, Spain

Price: Free

Activities

- Hiking: Start your hike to Valle Gran Rey from Arure, following trails that offer panoramic views of the valley and ocean.

- Local Cuisine: Enjoy a meal at a traditional tasca (small restaurant) where you can taste Gomeran dishes like almogrote and ropa vieja.

Ancient Laurisilva Forests

Location: Garajonay National Park and surrounding areas

Price: Free

Tips for Visitors:

- Wear layers, as the temperature in the forest can be cooler and more humid than in other parts of the island.

- Bring a camera, as the forest's unique atmosphere and biodiversity offer incredible photo opportunities.

Local Farms and Artisan Markets

Local Farms:

Activities:
- Farm Tours: Some farms offer guided tours where you can learn about traditional farming methods and sample the produce.
- Miel de Palma Production: Visit a palm honey farm to see how this unique sweetener is made and to taste it fresh from the source.

Artisan Markets:

Popular Markets:
- San Sebastián Market: Held every Saturday, this market features local produce, crafts, and other Gomeran products.
- Valle Gran Rey Market: A vibrant market known for its wide range of handmade goods, from jewelry to organic foods.

Tips for Visitors:
- Arrive early for the best selection, as markets can get busy later in the morning.
- Don't be afraid to chat with the artisans about their work—many are happy to share the stories behind their crafts.

CHAPTER 4: Outdoor Activities

Garajonay National Park Trails

Address: Garajonay National Park, 38849 La Gomera, Spain

Trail Difficulty: Varies from easy to challenging

Highlights:

- Explore the ancient laurel forests, a UNESCO World Heritage Site, with trails that wind through lush greenery and past babbling streams.
- The Los Roques Trail offers panoramic views of the park's iconic rock formations.
- The El Cedro Trail leads to a picturesque waterfall, passing through dense, moss-covered forests.

Tips for Hikers:

- Wear sturdy footwear, as some trails can be muddy and slippery.
- The park's higher altitudes can be cooler, so bring layers.
- Early morning hikes offer the best chance to see the park's unique wildlife and avoid crowds.

Valle Gran Rey to La Merica

Address: Valle Gran Rey, 38870 La Gomera, Spain

Trail Difficulty: Moderate to challenging

Highlights:

- This trail starts in Valle Gran Rey and climbs steadily to La Merica, offering stunning views of the valley and the Atlantic Ocean.
- The path is surrounded by terraced fields and traditional Gomeran houses, giving you a glimpse into the island's agricultural heritage.
- The viewpoint at La Merica provides breathtaking vistas, especially at sunset.

Tips for Hikers:

- The climb can be strenuous, so take your time and bring plenty of water.
- Hiking poles can be helpful for the steeper sections.
- Start early in the morning to avoid the midday heat.

Alto de Garajonay to El Cedro

Address: Alto de Garajonay, 38849 La Gomera, Spain

Trail Difficulty: Moderate

Highlights:

- Begin at Alto de Garajonay, the highest point on the island, offering 360-degree views of La Gomera and neighboring islands.
- The trail descends through ancient forests to the charming hamlet of El Cedro, known for its traditional Canarian atmosphere and the nearby waterfall.
- This route is part of the GR-131, a long-distance trail that crosses the island.

Tips for Hikers:

- The descent can be steep, so wear good hiking shoes with ankle support.
- Check the weather forecast, as the peak is often shrouded in mist, which can reduce visibility.

Hermigua to Playa de la Caleta

Address: Hermigua, 38820 La Gomera, Spain

Trail Difficulty: Moderate

Highlights:

- This coastal trail offers stunning views of the ocean and the surrounding cliffs as it winds from Hermigua to Playa de la Caleta.
- The trail passes through terraced fields and small, traditional villages, providing a serene and picturesque hike.
- End your hike with a relaxing swim at the quiet, pebbly beach of Playa de la Caleta.

Tips for Hikers:

- The trail is exposed, so bring sun protection and plenty of water.
- The beach is remote, so pack snacks or a picnic to enjoy when you arrive.

Agulo to Mirador de Abrante

Address: Agulo, 38830 La Gomera, Spain

Trail Difficulty: Moderate

Highlights:

- Starting in the charming village of Agulo, this trail ascends to the Mirador de Abrante, a viewpoint with a glass skywalk that juts out over the cliffs.
- The trail offers panoramic views of the ocean and the lush green landscape of Agulo.
- The village of Agulo is known for its well-preserved traditional architecture, making it worth exploring before or after your hike.

Tips for Hikers:

- The ascent is steep, so take your time and rest as needed.
- The viewpoint is a popular spot, so try to visit early in the day to avoid crowds.

Las Hayas to Arure

Address: Las Hayas, 38870 La Gomera, Spain

Trail Difficulty: Easy to moderate

Highlights:

- This peaceful trail connects the small villages of Las Hayas and Arure, offering a gentle hike through rural landscapes and laurel forests.
- The route is less traveled, providing a quiet escape into nature with occasional viewpoints over the Valle Gran Rey.
- In Las Hayas, visit Casa Efigenia, a well-known restaurant offering traditional Canarian dishes.

Tips for Hikers:

- The trail is well-marked and suitable for all levels of hikers, including families.
- Consider combining this hike with a visit to nearby attractions such as the Mirador del Santo in Arure.

Circular Route of La Laguna Grande

Address: La Laguna Grande, Garajonay National Park, 38849 La Gomera, Spain

Trail Difficulty: Easy

Highlights:

This easy, circular trail is perfect for families and those looking for a shorter hike. It loops around La Laguna Grande, a grassy clearing surrounded by dense laurel forest. The area is rich in local legends and folklore, adding a mystical atmosphere to your walk.

Picnic areas and a children's playground make this a great spot for a leisurely day out in nature.

Tips for Hikers:

The trail is mostly flat and well-maintained, making it accessible for all ages.

Bring a picnic and enjoy a meal in the scenic surroundings after your hike.

Whale and Dolphin Watching

Valle Gran Rey Boat Tours

Address: Valle Gran Rey, 38870 La Gomera, Spain

Price: Varies depending on the operator and tour duration (typically around €30-50 per person)

Highlights:

- Boat tours departing from Valle Gran Rey offer some of the best opportunities to see a variety of marine life, including pilot whales, bottlenose dolphins, and occasionally, sperm whales and orcas.
- Tours often include stops at scenic coastal spots and may offer swimming opportunities in secluded bays.
- Experienced guides provide information about the marine species and the importance of conservation efforts in the area.

Tips for Visitors:

- Book your tour in advance, especially during peak tourist seasons.
- Bring sunscreen, a hat, and sunglasses to protect yourself from the sun during the boat ride.
- Don't forget your camera to capture the stunning wildlife and coastal views.

Playa Santiago Excursions

Address: Playa Santiago, 38810 La Gomera, Spain

Price: Varies depending on the operator and tour duration (typically around €30-50 per person)

Highlights:

- Boat excursions from Playa Santiago offer a more intimate whale and dolphin-watching experience, often with smaller groups on board.
- The calm waters near Playa Santiago are known for frequent sightings of dolphins and other marine life, making it an excellent spot for both adults and children.
- Some tours include snorkeling or swimming stops, allowing you to explore the underwater world of La Gomera.

Tips for Visitors:

- Morning tours are often recommended for the best chance of sightings, as marine life is usually more active during this time.
- Consider bringing motion sickness medication if you're prone to seasickness, as the waters can be choppy.

San Sebastián Eco-Tours

Address: San Sebastián de La Gomera, 38800 La Gomera, Spain

Price: Varies depending on the operator and tour duration (typically around €35-60 per person)

Highlights:

- Eco-tours from San Sebastián focus on sustainable whale and dolphin watching practices, ensuring minimal impact on the marine environment.
- These tours often include educational components, with guides explaining the behaviors of the marine species and the importance of protecting their habitats.
- Depending on the season, you might also spot sea turtles, flying fish, and various seabirds.

Tips for Visitors:

- Choose an eco-certified tour operator to ensure you're supporting responsible tourism.
- Wear comfortable clothing and bring a light jacket, as it can get cool on the water, especially in the early morning or late afternoon.

Private Charters

Address: Available from multiple locations, including Valle Gran Rey, Playa Santiago, and San Sebastián

Price: Prices vary widely depending on the size of the boat and the duration of the charter (typically starting from €300-600 for a half-day charter)

Highlights:

- Private charters offer a more personalized experience, allowing you to tailor the trip to your preferences, whether you're focusing solely on whale and dolphin watching or combining it with other activities like snorkeling, fishing, or simply relaxing on the water.
- With a private charter, you can avoid the crowds and enjoy the experience at your own pace, making it ideal for special occasions or family outings.
- Many private charters offer catering options, so you can enjoy a meal or drinks while out at sea.

Tips for Visitors:

- Book your private charter well in advance, especially if you have specific dates in mind.
- Discuss your preferences and expectations with the charter company beforehand to ensure they can accommodate your requests.

- Bring along any personal items you might need, such as swimwear, towels, and extra sunscreen.

Scuba Diving and Snorkeling

Valle Gran Rey Diving Centers

Address: Valle Gran Rey, 38870 La Gomera, Spain

Price: Dive packages typically range from €50-100 depending on the type and number of dives; snorkeling gear rentals are also available.

Highlights:

- Valle Gran Rey is home to several reputable diving centers, such as Oceano Dive Center and Tina Excursiones, offering everything from beginner courses to advanced dives.
- Dive sites around Valle Gran Rey are known for their dramatic underwater landscapes, including volcanic rock formations, caves, and rich marine biodiversity, such as rays, octopuses, and colorful fish.
- The calm, clear waters make it an ideal location for both diving and snorkeling.

Tips for Divers and Snorkelers:
- Book your dives in advance, especially during peak seasons, to ensure availability.
- If you're new to diving, consider taking a Discover Scuba Diving course, which allows you to try diving under the guidance of an instructor.
- The best visibility is usually in the morning, so aim for early dives if possible.

Playa Santiago Dive Sites

Address: Playa Santiago, 38810 La Gomera, Spain

Price: Dive sessions typically range from €50-90; snorkeling equipment can be rented for around €10-15.

Highlights:

Playa Santiago offers some of the island's best diving conditions, with clear waters and a variety of dive sites that cater to different skill levels.

Popular dive sites include El Bajón and Punta Larga, where you can explore underwater volcanic structures, and see moray eels, barracudas, and even the occasional turtle.

The sheltered waters make it a great spot for snorkeling as well, with plenty of marine life to discover close to the shore.

Tips for Divers and Snorkelers:

- Beginners may want to start with a shore dive, which provides a gentle introduction to the underwater environment.
- If you prefer snorkeling, head to the rocky areas near the beach for the best chance of spotting fish and other marine creatures.
- Make sure to check the water conditions with the dive center before heading out, as visibility and currents can vary.

Agulo and Hermigua Coastlines

Address: Agulo and Hermigua, 38830 & 38820 La Gomera, Spain

Price: Free if you have your equipment; snorkeling gear rentals typically cost €10-20.

Highlights:

The rugged coastlines of Agulo and Hermigua offer some of the most scenic and secluded snorkeling spots on the island. Playa de Hermigua and the areas around Agulo are known for their rocky underwater landscapes, where you can explore caves and crevices teeming with marine life.

These less-visited spots provide a tranquil snorkeling experience, often with the beach all to yourself.

Tips for Snorkelers:

- Due to the remote nature of these spots, be sure to bring everything you need, including water, snacks, and sunscreen.
- Check the tides before heading out, as low tide can reveal more rock formations and marine life.
- Always snorkel with a buddy and be aware of changing sea conditions, as the waters can be rougher in these more exposed areas.

Cycling and Mountain Biking

Vallehermoso to Arure Route

Start/End Point: Vallehermoso, 38840 La Gomera, Spain / Arure, 38870 La Gomera, Spain

Difficulty: Moderate to challenging

Distance: Approximately 15 km

Highlights:

This route takes you from the picturesque village of Vallehermoso up to the mountain village of Arure. The ride involves a steady climb through lush valleys and terraced fields, offering stunning views of the surrounding mountains and the Atlantic Ocean.

The route is popular among experienced cyclists due to its challenging inclines and rewarding descents.

In Arure, you can take a break and enjoy local cuisine at one of the traditional restaurants before heading back or continuing your ride to other destinations.

Tips for Cyclists:

- The climb can be demanding, so make sure your bike is in good condition and bring plenty of water and energy snacks.
- Consider starting early in the morning to avoid the heat and to enjoy the peaceful atmosphere of the valleys.

Hermigua Valley Circuit

Start/End Point: Hermigua, 38820 La Gomera, Spain

Difficulty: Moderate

Distance: Approximately 20 km

Highlights:

This scenic circuit through the Hermigua Valley takes you past banana plantations, laurel forests, and traditional Gomeran villages. The route offers a mix of paved roads and gravel paths, making it suitable for both road bikes and mountain bikes.

Along the way, you'll encounter breathtaking views of the valley and the rugged coastline, with the occasional opportunity to stop and explore local attractions such as the Convento de Santo Domingo or Playa de Hermigua.

The route can be done as a loop, returning to Hermigua, or extended to nearby villages such as Agulo for a longer ride.

Tips for Cyclists:

- Be prepared for some steep sections, particularly when climbing out of the valley.
- Take time to stop and explore the area on foot, especially around the historical sites and scenic lookouts.

San Sebastián to Playa de Santiago

Start/End Point: San Sebastián de La Gomera, 38800 La Gomera, Spain / Playa de Santiago, 38810 La Gomera, Spain

Difficulty: Moderate

Distance: Approximately 30 km

Highlights:

This coastal route offers a beautiful ride from the island's capital, San Sebastián, to the charming beach town of Playa de Santiago. The ride includes both flat sections and hilly terrain, providing a good workout with stunning ocean views along the way.

As you leave San Sebastián, you'll pass through quiet countryside and small villages before reaching the more rugged coastal areas. The descent into Playa de Santiago is particularly scenic, with sweeping views of the beach and the ocean.

Playa de Santiago is a great place to relax after your ride, with options for swimming, dining, and exploring the town.

Tips for Cyclists:

- The route includes some traffic, especially near San Sebastián, so be cautious and stay alert.
- Bring a swimsuit and take a break at Playa de Santiago for a refreshing dip in the ocean.

Agulo to Valle Gran Rey

Start/End Point: Agulo, 38830 La Gomera, Spain / Valle Gran Rey, 38870 La Gomera, Spain

Difficulty: Challenging

Distance: Approximately 40 km

Highlights:

This route is a challenging but rewarding ride that takes you from the picturesque village of Agulo down to the coastal haven of Valle Gran Rey. The route includes significant elevation changes, with steep climbs and exhilarating descents.

You'll pass through various landscapes, from the lush greenery of the north to the arid, dramatic cliffs of the southwest. The changing scenery keeps the ride interesting, with plenty of opportunities to stop and take in the views.

Valle Gran Rey is a popular destination for cyclists, with its laid-back atmosphere and beautiful beaches providing the perfect end to a demanding ride.

Tips for Cyclists:

- This route is best suited for experienced cyclists due to the steep gradients and technical descents.
- Make sure your bike is equipped with good brakes and appropriate gearing for the climbs.

- Plan your ride to arrive in Valle Gran Rey in the late afternoon, so you can enjoy the sunset at the beach after your ride.

Paragliding and Adventure Sports

Agulo Paragliding

Address: Agulo, 38830 La Gomera, Spain

Price: Tandem paragliding flights typically range from €80-120 per person.

Highlights:

Agulo is one of the most scenic spots on the island for paragliding, offering breathtaking views of the rugged coastline, the village of Agulo, and the Atlantic Ocean.

Experienced pilots offer tandem flights, making it accessible for beginners who want to experience the thrill of paragliding without the need for prior experience.

The launch site near Mirador de Abrante provides a spectacular starting point, with flights taking you over cliffs and giving you an unparalleled view of the island from above.

Tips for Paragliders:

- Wear comfortable clothing and sturdy shoes; the temperature can be cooler at higher altitudes.

- Book your flight in advance, especially during peak tourist seasons, to ensure availability.
- Early morning or late afternoon flights often offer the best weather conditions and lighting for photos.

Valle Gran Rey Adventure Sports

Address: Valle Gran Rey, 38870 La Gomera, Spain

Price: Prices vary depending on the activity; for example, guided hiking tours start at €20, while rock climbing sessions start at around €50.

Highlights:

Valle Gran Rey is a hub for various adventure sports, including rock climbing, canyoning, and guided hiking tours. The area's diverse terrain makes it ideal for a range of outdoor activities.

1. Rock Climbing: The cliffs surrounding Valle Gran Rey offer excellent climbing opportunities for all levels, from beginners to advanced climbers.
2. Canyoning: For those looking for a wet and wild adventure, canyoning tours take you through the island's gorges, combining hiking, swimming, and rappelling down waterfalls.

3. Hiking: Guided hikes are available, focusing on the region's unique flora and fauna, as well as its stunning landscapes.

Tips for Adventurers:
- Make sure to check the weather forecast before embarking on any outdoor adventure, as conditions can change rapidly in the mountains.
- Bring plenty of water, sun protection, and appropriate gear for the activity you're planning.
- It's advisable to go with a guide, especially for activities like canyoning, where local knowledge is crucial for safety.

La Fortaleza de Chipude

Address: Chipude, 38869 La Gomera, Spain

Price: Free access to the hiking trails; guided tours may have additional costs.

Highlights:

La Fortaleza de Chipude is a flat-topped mountain that stands out in the island's landscape and is an iconic spot for both hiking and rock climbing.

The hike to the top is moderately challenging, offering panoramic views of the island's interior and the surrounding valleys. The summit is also a site of archaeological interest, with remnants of ancient structures.

For rock climbers, the cliffs of La Fortaleza provide several climbing routes with varying degrees of difficulty.

The site holds cultural significance, and local guides can offer insights into its history and the legends associated with it.

Tips for Adventurers:

- The climb to the summit is steep, so sturdy hiking boots are recommended.
- Bring a windbreaker, as it can be windy at the top.
- If climbing, ensure you have the proper equipment and check with local guides for the best routes.

Playa de Santiago Water Sports

Address: Playa de Santiago, 38810 La Gomera, Spain

Price: Water sports rentals and lessons vary; paddleboard rentals start at around €15 per hour, while diving courses can range from €50-100.

Highlights:

Playa de Santiago is a vibrant spot for water sports enthusiasts, offering activities such as paddleboarding, kayaking, and scuba diving.

The calm, clear waters are perfect for paddleboarding and kayaking, allowing you to explore the coastline at your own pace.

Diving schools in Playa de Santiago offer courses and guided dives, where you can explore the rich underwater world, including volcanic formations and abundant marine life.

For those looking to stay above water, jet skis and windsurfing equipment are also available for rent, adding a bit of speed to your seaside adventure.

Tips for Water Sports Enthusiasts:

- Beginners should consider taking a lesson before heading out, especially for activities like diving and windsurfing.
- Always wear a life jacket when engaging in water sports and be aware of the sea conditions.
- If you're diving, make sure to bring an underwater camera to capture the vibrant marine life and unique underwater landscapes.

Boat Tours around the Island

Coastal Tours to Los Órganos Cliffs

Address: Departures available from Valle Gran Rey, Playa de Santiago, and San Sebastián

Price: Typically ranges from €30-50 per person, depending on the duration and inclusions of the tour

Highlights:

The Los Órganos Cliffs are one of La Gomera's most striking natural landmarks, with towering volcanic rock formations that resemble the pipes of a giant organ. These cliffs are best viewed from the sea, making a boat tour the ideal way to experience their grandeur.

Tours to Los Órganos often include stops at other scenic spots along the coast, providing opportunities for swimming, snorkeling, or simply enjoying the stunning views.

Many tours also offer a chance to spot dolphins and whales in the waters surrounding the island.

Tips for Visitors:

- Bring a camera with a good zoom lens to capture the impressive cliffs and the possibility of marine life sightings.
- Wear sunscreen and a hat, as you'll likely be exposed to the sun for most of the tour.

- Some tours include drinks and snacks, but it's a good idea to bring extra water.

Sunset Cruises

Address: Departures available from Valle Gran Rey, Playa de Santiago, and San Sebastián

Price: Typically ranges from €40-60 per person, depending on the package

Highlights:

Sunset cruises are a popular choice for those looking to enjoy La Gomera's breathtaking sunsets from the water. As the sun dips below the horizon, the sky is painted with vibrant hues, creating a magical atmosphere.

These cruises often include complimentary drinks and snacks, allowing you to relax and take in the views in comfort.

Some sunset cruises also feature live music or commentary about the island's history and geology, adding an informative touch to the experience.

Tips for Visitors:

- Evening temperatures can drop, especially in the water, so bring a light jacket or sweater.

- Sunset times vary throughout the year, so check the schedule to ensure you book your cruise at the optimal time.
- If you're prone to seasickness, consider taking motion sickness medication before the cruise.

Glass-Bottom Boat Tours

Address: Departures available from Valle Gran Rey, Playa de Santiago, and San Sebastián

Price: Typically ranges from €25-40 per person, with discounts often available for children

Highlights:

Glass-bottom boat tours provide an exciting way to explore La Gomera's underwater world without getting wet. These tours are particularly popular with families, as they offer a safe and easy way for children to experience marine life.

The glass panels at the bottom of the boat allow you to observe fish, sea urchins, and other marine creatures as you glide over the clear waters.

Many tours also include commentary about the marine environment and the island's coastal features, making the experience both fun and educational.

Tips for Visitors:

- Glass-bottom boat tours are usually shorter and more family-friendly, making them ideal for those traveling with young children.
- Wear comfortable shoes with non-slip soles, as the boat deck can get wet.
- Bring your camera, but be mindful that the best photos of marine life may require careful timing and positioning.

Fishing Charters

Address: Departures available from Valle Gran Rey, Playa de Santiago, and San Sebastián

Price: Prices vary widely depending on the duration and type of fishing, typically starting at €80-150 per person for a half-day charter

Highlights:

Fishing charters around La Gomera are perfect for those looking to experience the thrill of deep-sea fishing. The waters around the island are home to a variety of fish species, including tuna, marlin, and barracuda.

Charters are led by experienced local captains who know the best fishing spots and can provide all the necessary equipment and guidance.

Whether you're an experienced angler or a beginner, fishing charters can be tailored to your skill level, offering both challenges and opportunities for a great catch.

Tips for Anglers:

- Early morning charters often offer the best chances for a successful catch, as fish are more active during cooler parts of the day.
- Bring a hat, sunscreen, and polarized sunglasses to protect yourself from the sun and enhance your ability to spot fish.
- If you catch fish during your trip, ask your captain about local restaurants that might prepare your catch for you.

CHAPTER 5: Accommodation

Boutique Hotels and Rural Houses (Casas Rurales)

Hotel Jardín Tecina

Address: Lomada de Tecina, s/n, 38811 Playa de Santiago, La Gomera, Spain

Price Range: €120-250 per night, depending on the season and room type

Highlights:

Hotel Jardín Tecina is one of La Gomera's most luxurious accommodations, perched on a cliff overlooking the Atlantic Ocean and the town of Playa de Santiago.

The hotel is set within lush botanical gardens, offering a peaceful and scenic environment. Guests can enjoy a variety of amenities, including multiple swimming pools, a golf course, tennis courts, and a spa.

The hotel's restaurants offer a range of dining options, from fine dining to casual meals, with a focus on fresh, local ingredients.

Tips for Guests:

- Request a room with an ocean view to enjoy stunning sunsets and the sound of the waves.
- The hotel offers various packages, including golf and wellness retreats, so check for special deals when booking.
- If you're staying for an extended period, consider taking advantage of the hotel's organized excursions, such as hiking tours or whale-watching trips.

Parador de La Gomera

Address: Calle de los Internados, s/n, 38800 San Sebastián de La Gomera, Spain

Price Range: €100-200 per night, depending on the season and room type

Highlights:

The Parador de La Gomera is a historic hotel set in a colonial-style building overlooking the port of San Sebastián. This boutique hotel is known for its elegant décor, combining traditional Canarian architecture with modern comforts.

The hotel's gardens are beautifully maintained, featuring subtropical plants and a pool with panoramic views of the sea and the town below.

The Parador's restaurant offers a fine dining experience, specializing in Canarian and Spanish cuisine.

Tips for Guests:

- Explore the hotel's gardens, which offer a tranquil setting and stunning views. They are particularly beautiful at sunset.
- The Parador is within walking distance of San Sebastián's historic center, so take time to explore the town's attractions, such as the Torre del Conde and Casa de Colón.
- The hotel's rooms are individually decorated, so if you have specific preferences, inquire about room options when booking.

Casa Rural Los Helechos

Address: Calle la Seda, 2, 38830 Agulo, La Gomera, Spain

Price Range: €60-120 per night, depending on the season and room type

Highlights:

Casa Rural Los Helechos is a charming rural house located in the picturesque village of Agulo, known for its well-preserved traditional architecture. The house is over 100 years old and has been lovingly restored to maintain its original character.

The accommodation features a beautiful courtyard filled with ferns (hence the name "Los Helechos") and other local plants, providing a peaceful space to relax.

Guests can enjoy a traditional Gomeran breakfast, featuring local products such as homemade jams, gofio, and cheeses.

Tips for Guests:

- Agulo is known as the "Balcony of La Gomera," so be sure to explore the nearby Mirador de Abrante for breathtaking views.
- Casa Rural Los Helechos is a great base for hiking, with several trails starting right from the village.

- If you're interested in local culture, ask the hosts about nearby artisan workshops where you can see traditional crafts being made.

Hotel Rural Villa de Hermigua

Address: Carretera General, 117, 38820 Hermigua, La Gomera, Spain

Price Range: €70-150 per night, depending on the season and room type

Highlights:

Hotel Rural Villa de Hermigua is a delightful rural hotel located in the lush Hermigua Valley, surrounded by banana plantations and terraced fields. The hotel offers stunning views of the valley and the ocean.

The hotel's restaurant serves a variety of Canarian dishes, made with fresh local ingredients, and offers a cozy atmosphere for dining.

With only a few rooms available, the hotel provides a peaceful and intimate setting, perfect for a relaxing getaway.

Tips for Guests:

- Hermigua is known for its hiking trails, so be sure to explore routes like the El Cedro hike or the Playa de la Caleta trail.
- The hotel can arrange guided tours or activities such as whale watching or visits to local farms.
- Rooms with balconies offer the best views, so request one if available.

Casa de Los Herrera

Address: Plaza de La Encarnación, 3, 38830 Hermigua, La Gomera, Spain

Price Range: €60-120 per night, depending on the season and room type

Highlights:

Casa de Los Herrera is a traditional Canarian house turned boutique hotel, located in the heart of Hermigua. The house features rustic décor with wooden beams, stone walls, and antique furnishings, offering a cozy and authentic experience.

The hotel's terrace provides panoramic views of the valley and the surrounding mountains, making it a perfect spot for breakfast or an evening drink.

Guests can enjoy a dip in the small pool or relax in the garden, surrounded by tropical plants.

Tips for Guests:

- The hotel's location in the center of Hermigua makes it easy to explore the village on foot, including local shops, cafes, and the Playa de Hermigua.

- The hosts are knowledgeable about the area and can provide recommendations for hiking routes and other activities.
- For an authentic experience, try the homemade breakfast, which often includes local products such as palm honey and fresh fruits.

Finca Argayall

Address: Playa del Valle Gran Rey, 38870 La Gomera, Spain

Price Range: €70-150 per night, depending on the season and room type

Highlights:

Finca Argayall, also known as "The Place of Light," is an eco-friendly retreat located on the coast of Valle Gran Rey. This holistic retreat center is surrounded by lush gardens and is committed to sustainable living and organic farming.

The finca operates primarily on solar energy and uses natural water sources. Guests can enjoy healthy, organic meals made from ingredients grown on-site or sourced locally.

Accommodations range from simple rooms to private bungalows, all designed with minimal environmental impact in mind. The peaceful environment is perfect for relaxation, with yoga classes, meditation sessions, and holistic treatments available.

Tips for Guests:
- Participate in the daily yoga and meditation sessions to fully embrace Finca's holistic approach to wellness.
- Valle Gran Rey is known for its beaches and hiking trails, so take the time to explore the area and connect with nature.
- The finca has a strong community spirit, so join in communal meals and activities to meet like-minded travelers.

Hotel Rural Ibo Alfaro

Address: Calle Ibo Alfaro, 5, 38820 Hermigua, La Gomera, Spain

Price Range: €70-120 per night, depending on the season and room type

Highlights:

Hotel Rural Ibo Alfaro is an eco-friendly rural hotel located in the Hermigua Valley, offering stunning views of the mountains and the ocean. The hotel is housed in a restored 150-year-old Canarian manor, combining traditional architecture with sustainable practices.

The hotel is committed to minimizing its environmental footprint, using solar energy for heating and hot water, and offering locally sourced, organic breakfasts. The gardens are maintained without the use of chemicals, and the hotel supports local conservation efforts.

The spacious rooms feature rustic décor with modern amenities, providing a comfortable and authentic stay.

Tips for Guests:

- Hermigua is a hiker's paradise, so take advantage of the hotel's proximity to numerous trails, including those leading to Garajonay National Park.
- The hotel offers guided walks and tours focused on the local flora and fauna, perfect for nature lovers.
- Enjoy the panoramic views from the hotel's terrace, especially at sunrise and sunset.

Casa La Punta

Address: Carretera Playa de Santiago, 38810 Alajeró, La Gomera, Spain

Price Range: €60-110 per night, depending on the season and room type

Highlights:

Casa La Punta is a charming eco-friendly guesthouse located near Playa de Santiago, in the tranquil village of Alajeró. The guesthouse is dedicated to sustainable tourism, using renewable energy sources, rainwater harvesting, and natural materials in its construction and maintenance.

The guesthouse offers a serene escape with beautiful views of the ocean and surrounding countryside. Guests can relax in the organic garden or take a short walk to the nearby beaches.

The accommodations are simple yet comfortable, with an emphasis on natural light and ventilation to reduce energy consumption. The guesthouse also promotes eco-friendly practices such as recycling, composting, and reducing plastic use.

Tips for Guests:

Explore the nearby coastal trails and enjoy the untouched beauty of the surrounding area.

The guesthouse's owner is knowledgeable about the island and can provide tips on local activities, eco-friendly excursions, and sustainable dining options.

For a relaxing experience, spend some time in the garden, which is home to a variety of native plants and birds.

Budget Accommodations

Pensión Candelaria

Address: Calle la Alameda, 10, 38870 Valle Gran Rey, La Gomera, Spain

Price Range: €25-50 per night, depending on the season and room type

Highlights:

Pensión Candelaria is a family-run guesthouse located in the heart of Valle Gran Rey, just a short walk from the beach. This budget-friendly accommodation offers basic but comfortable rooms, many of which have balconies with views of the ocean or mountains.

The pension is known for its friendly and welcoming atmosphere, with the owners often available to provide tips on local attractions and activities.

Its central location makes it easy to explore the shops, restaurants, and beaches of Valle Gran Rey.

Tips for Guests:

- The guesthouse does not have a restaurant, but there are plenty of dining options nearby, ranging from cafes to traditional Canarian restaurants.

- Book in advance during the high season, as this popular spot fills up quickly.
- If possible, request a room with a balcony to enjoy the stunning sunsets over the ocean.

Hostal Casa Amaya

Address: Calle Ruiz de Padrón, 68, 38800 San Sebastián de La Gomera, Spain

Price Range: €30-55 per night, depending on the season and room type

Highlights:

Hostal Casa Amaya is a charming and affordable guesthouse located in the historic center of San Sebastián, the island's capital. The hostel offers simple, clean rooms, making it an excellent option for budget-conscious travelers.

The guesthouse is housed in a traditional Canarian building, with a cozy interior courtyard where guests can relax after a day of exploring.

Its central location provides easy access to San Sebastián's main attractions, including the Torre del Conde, the Church of the Assumption, and the local beaches.

Tips for Guests:
- San Sebastián is a great base for exploring La Gomera, so take advantage of the nearby ferry terminal and bus connections for day trips around the island.
- The guesthouse does not serve breakfast, but there are numerous cafes and bakeries nearby where you can start your day with fresh coffee and pastries.
- Ask the staff for recommendations on local eateries and hidden gems within the city.

Hostal del Mar

Address: Calle Real, 14, 38870 Valle Gran Rey, La Gomera, Spain

Price Range: €20-45 per night, depending on the season and room type

Highlights:

Hostal del Mar is a budget-friendly hostel situated close to the beach in Valle Gran Rey, one of La Gomera's most popular tourist destinations. The hostel offers basic accommodations with a laid-back atmosphere, ideal for backpackers and solo travelers.

The hostel is within walking distance of the area's best beaches, bars, and restaurants, making it a convenient choice for those who want to enjoy the vibrant local scene without spending much on accommodation.

The rooftop terrace offers a communal space where guests can socialize and enjoy views of the ocean and the surrounding cliffs.

Tips for Guests:

- Valle Gran Rey is known for its nightlife, so take advantage of the hostel's proximity to bars and live music venues.
- The hostel's budget rates make it a great option for longer stays, allowing you to fully explore the island at a leisurely pace.
- Check if the hostel offers communal kitchen facilities, which can help you save money by preparing your meals.

Family-Friendly Options

Aparthotel Playa Calera

Address: Av. Marítima, 4, 38870 Valle Gran Rey, La Gomera, Spain

Price Range: €80-150 per night, depending on the season and room type

Highlights:

Aparthotel Playa Calera is located in the heart of Valle Gran Rey, just steps away from the beach. This modern aparthotel offers spacious family apartments with fully equipped kitchens, making it ideal for families who want the convenience of self-catering during their stay.

The rooftop pool offers stunning views of the ocean and mountains, and the beach is just a short walk away, providing endless opportunities for family fun in the sun.

The hotel's central location means that shops, restaurants, and other amenities are all within easy reach, making it a convenient base for exploring the area.

Tips for Families:

- Take advantage of the kitchen facilities to prepare meals and snacks for your family, especially if you have young children with specific dietary needs.

- The rooftop pool is a great place to relax with the family, so don't forget to pack swimsuits and sun protection.
- Valle Gran Rey offers plenty of family-friendly activities, including boat tours, hiking, and beach outings, so plan your itinerary to make the most of your stay.

Hotel Torre del Conde

Address: Calle Ruiz de Padrón, 19, 38800 San Sebastián de La Gomera, Spain

Price Range: €70-120 per night, depending on the season and room type

Highlights:

Hotel Torre del Conde is a centrally located hotel in San Sebastián de La Gomera, right next to the historic Torre del Conde Park. This hotel offers comfortable, family-friendly accommodations with easy access to the town's main attractions.

The hotel has a restaurant that serves a variety of dishes, including kid-friendly options, making mealtime easy and convenient for families.

The nearby park is a great place for children to play, and the beach is within walking distance, offering opportunities for swimming and seaside fun.

Tips for Families:
- The hotel's location in the heart of San Sebastián makes it easy to explore the town's historic sites, such as the Torre del Conde, the Church of the Assumption, and Casa de Colón.
- Ask the hotel staff for recommendations on family-friendly activities and day trips around the island.
- The hotel offers rooms with extra beds or connecting rooms, which are ideal for families with children.

Hotel Los Telares

Address: Carretera General, 38820 Hermigua, La Gomera, Spain

Price Range: €60-130 per night, depending on the season and room type

Highlights:
Hotel Los Telares is a charming rural hotel located in Hermigua, offering family-friendly accommodations with beautiful views of the Hermigua Valley. The hotel features spacious apartments with kitchenettes, ideal for families who need the flexibility of self-catering.

The hotel has a lovely garden with a pool, where children can swim and play while parents relax in the sun. There's also a small farm with animals, which is sure to be a hit with younger guests.

The hotel's location in Hermigua provides easy access to hiking trails, cultural sites, and the beach, making it a great base for family adventures.

Tips for Families:

- The hotel's garden and pool area are perfect for families with children, so make sure to bring swimwear and outdoor toys.
- The kitchenette in the apartments allows you to prepare meals and snacks for your family, offering convenience and savings on dining out.
- The hotel's staff can provide recommendations for family-friendly hikes and local attractions, ensuring that you make the most of your time in Hermigua.

Romantic Hideaways

Hotel Rural Tamahuche

Address: Calle La Noria, 17, 38840 Vallehermoso, La Gomera, Spain

Price Range: €80-130 per night, depending on the season and room type

Highlights:

Hotel Rural Tamahuche is a beautifully restored 19th-century manor house located in the quiet village of Vallehermoso. This boutique hotel offers a tranquil and romantic atmosphere, surrounded by lush gardens and views of the surrounding mountains.

The hotel's rustic décor, with wooden beams and traditional furnishings, creates a cozy and intimate setting. Each room is individually decorated, adding a personal touch to your stay.

The village of Vallehermoso offers a peaceful retreat, with nearby hiking trails and natural attractions such as the Botanical Gardens and La Encantadora Lake.

Tips for Couples:

- Enjoy a romantic stroll through the hotel's gardens or the charming streets of Vallehermoso.

- Request a room with a balcony or terrace to enjoy private moments with stunning views of the mountains.
- Explore the nearby hiking trails as a couple, or visit the natural pools of Vallehermoso for a refreshing swim.

El Cabrito

Address: Playa del Cabrito, 38800 San Sebastián de La Gomera, Spain

Price Range: €100-180 per night, depending on the season and room type

Highlights:

El Cabrito is an eco-friendly, remote finca located on a secluded beach accessible only by boat or on foot, making it the ultimate romantic hideaway. The finca is set in a lush valley, surrounded by palm trees and the ocean, providing a serene and natural environment.

The accommodations range from simple rooms to bungalows, all designed to blend seamlessly with the natural surroundings. The finca operates sustainably, with organic farming and solar energy, ensuring a low-impact stay.

Couples can enjoy the pristine beach, explore the surrounding nature, or relax with a book in one of the finca's many hammocks.

Tips for Couples:
- Take a romantic walk along the secluded beach at sunrise or sunset, enjoying the peace and solitude.
- The Finca offers yoga classes, massages, and wellness activities, perfect for couples looking to relax and rejuvenate together.
- Enjoy the farm-to-table meals made from organic produce grown on-site, adding a special touch to your romantic getaway.

Hotel Villa Gomera

Address: Avenida de Colón, 21, 38800 San Sebastián de La Gomera, Spain

Price Range: €70-120 per night, depending on the season and room type

Highlights:

Hotel Villa Gomera is a charming, centrally located hotel in San Sebastián de La Gomera, offering easy access to the town's historic sites and beautiful beaches. The hotel's comfortable rooms and friendly service make it a great choice for couples looking for a romantic escape with the convenience of city amenities.

The hotel is within walking distance of San Sebastián's attractions, including the Torre del Conde, the Church of the Assumption, and the picturesque harbor.

With its welcoming atmosphere and convenient location, Hotel Villa Gomera provides a cozy base for exploring the island's capital and enjoying romantic evenings in the town's restaurants and cafes.

Tips for Couples:

Explore the historic sites of San Sebastián together, followed by a romantic dinner at one of the town's charming restaurants.

Take a ferry ride to nearby Tenerife for a day trip, enjoying the stunning views of the ocean and the islands.

Request a room with a balcony to enjoy morning coffee or evening drinks together while watching the town's activities.

Casa Rural La Roseta

Address: Carretera General, 33, 38869 Alajeró, La Gomera, Spain

Price Range: €60-100 per night, depending on the season and room type

Highlights:

Casa Rural La Roseta is a traditional Canarian house turned into a romantic rural retreat, located in the tranquil village of Alajeró. The casa offers a peaceful and intimate atmosphere, with rustic décor and beautiful views of the surrounding mountains and valleys.

The property features a lovely garden with terraces where couples can relax and enjoy the serene environment. The rooms are cozy and charming, each with its own unique character.

Alajeró is known for its quiet charm and proximity to natural attractions, making it an ideal base for couples who enjoy nature and tranquility.

Tips for Couples:

- Spend time in the garden or on the terrace, enjoying the peaceful surroundings and each other's company.

- Explore the nearby hiking trails, including those leading to the Garajonay National Park, and discover the natural beauty of the island together.
- Visit the nearby Playa de Santiago for a day at the beach, followed by a romantic dinner at one of the seaside restaurants.

CHAPTER 6: Dining and Cuisine

Must-Try Dishes

Almogrote is a rich and flavorful cheese spread unique to La Gomera. Made from cured goat cheese, garlic, olive oil, and spicy red peppers, Almogrote has a distinctively robust taste that pairs perfectly with bread or as a dip for vegetables. Typically served as a starter or a tapa, it's often accompanied by slices of toasted bread. Almogrote is a must-try for cheese lovers and those looking to experience the bold flavors of Gomeran cuisine. You can find Almogrote in most local restaurants and guachinches, with Restaurante La Salamandra in San Sebastián and Casa Efigenia in Las Hayas being known for their authentic versions.

Gofio is a versatile staple food made from roasted grains, usually wheat or corn, ground into a fine flour. This ancient food has been a part of Canary Islands' cuisine for centuries and is still widely consumed in La Gomera. It's often mixed with water or milk to make a porridge, added to soups, or used in desserts. For breakfast, Gofio might be served as a thick porridge mixed with milk, honey, and nuts. It can also be found in savory dishes, where it's added to stews or mixed with vegetables. In desserts, gofio is often combined with sugar and almonds to create a sweet treat. El Silbo Gomero in Hermigua offers traditional gofio dishes, while Tasca Telémaco serves creative takes on this Gomeran staple.

Potaje de Berros is a hearty watercress soup that is a beloved dish throughout the Canary Islands, including La Gomera. Made with fresh watercress, potatoes, beans, corn, and other vegetables, this soup is both nutritious and flavorful, often enjoyed as a comforting main course. Potaje de Berros is typically served hot, often accompanied by a side of gofio to mix into the soup, adding texture and flavor. It's a popular dish during the cooler months but enjoyed year-round. You can find Potaje de Berros at many local eateries, such as Casa Luis in Vallehermoso and Restaurante Mirador de Abrante in Agulo.

Mojo is a traditional Canarian sauce that comes in two main varieties: mojo rojo (red sauce) and mojo verde (green sauce). The red version is typically made with red peppers, garlic, cumin, and paprika, while the green version features cilantro or parsley, garlic, and cumin. Both are staples in Gomeran cuisine, often served with potatoes, fish, or meats. Mojo sauce is most famously served with papas arrugadas (wrinkled potatoes), but it can also accompany grilled meats, fish, and vegetables. Most restaurants in La Gomera will serve mojo with various dishes, with La Vieja Escuela in Valle Gran Rey being particularly known for its delicious mojo sauce served with traditional Canarian dishes.

Ropa Vieja is a savory stew made with shredded beef or chicken, chickpeas, potatoes, tomatoes, and a mix of spices. The name "Ropa Vieja" translates to "old clothes," referring to the dish's origins as a way to use leftover meat, but it has since become a beloved dish in its own right. Ropa Vieja is typically served as a main course, often accompanied by rice or a simple salad. It's a hearty and flavorful dish that's perfect for a filling lunch or dinner. Try Ropa Vieja at Bar Terraza La Chalana in Valle Gran Rey or El Trasmallo in San Sebastián, where the dish is prepared with a Gomeran twist.

Bienmesabe is a traditional Canarian dessert that translates to "tastes good to me." It's a sweet almond cream made with ground almonds, sugar, egg yolks, lemon zest, and sometimes cinnamon. The mixture is usually served with a dollop of whipped cream or ice cream, and it's a popular dessert during special occasions. Bienmesabe is often served in small bowls as a dessert, sometimes accompanied by cookies or as a topping for ice cream. Its rich, nutty flavor makes it a delightful end to any meal. Casa Efigenia in Las Hayas is famous for its homemade Bienmesabe, as is Restaurante La Zula in Hermigua.

Traditional Guachinches and Restaurants

Guachinche Casa Efigenia is a beloved spot in Las Hayas, known for its traditional Gomeran cuisine. This guachinche, a type of small, family-run eatery, has been serving authentic dishes for decades. The menu is filled with local favorites like potaje de berros (watercress soup), almogrote (cheese spread), and gofio, all made  from locally sourced ingredients. The atmosphere is warm and rustic, making it a perfect place to experience the true taste of La Gomera.

La Zula, located in Hermigua, offers a cozy dining experience with a focus on traditional Canarian dishes. The restaurant is well-known for its bienmesabe, a sweet almond cream dessert, as well as hearty main courses like ropa vieja (stewed meat with chickpeas) and fresh fish dishes. The friendly service and charming ambiance make La Zula a favorite among both locals and visitors.

Mirador de Abrante Restaurant in Agulo not only offers delicious food but also spectacular views of the Atlantic Ocean and the neighboring island of Tenerife. This restaurant serves traditional Canarian cuisine with a modern twist, including dishes like mojo sauce with wrinkled potatoes and fresh seafood. The glass-walled dining area provides an unforgettable dining experience, especially during sunset.

Las Chácaras in Hermigua is a family-run restaurant known for its generous portions and homestyle cooking. The menu features a variety of traditional dishes, including potaje de berros, almogrote, and grilled meats. The rustic decor and friendly atmosphere make it a popular choice for those looking to enjoy a hearty meal in a relaxed setting.

Fine Dining Experiences

Restaurante La Chalana, located in Valle Gran Rey, is known for its elegant setting and sophisticated take on Canarian cuisine. The menu features fresh seafood, locally sourced meats, and seasonal vegetables, all presented with an artistic flair. Specialties include grilled octopus, seafood paella, and tender lamb, all prepared with a  modern twist. The restaurant's stylish interior and attentive service make it a perfect choice for a special evening out.

El Rincón del Poeta in San Sebastián de La Gomera offers a unique dining experience that combines poetry, art, and gastronomy. The intimate atmosphere is enhanced by the poetic décor, and the menu reflects a deep appreciation for the island's culinary traditions. Dishes like slow-cooked beef cheeks, tuna tartare, and smoked local cheese are paired with an impressive selection of Canarian  wines. The restaurant is an ideal spot for a romantic dinner or a celebration.

Restaurante Junonia in Playa de Santiago is a seaside restaurant that offers stunning views of the Atlantic Ocean, making it a fantastic location for fine dining with a view. The menu features a blend of traditional Gomeran dishes and international cuisine, with an emphasis on fresh seafood. Highlights include lobster, grilled prawns, and local fish, complemented by a carefully curated wine list. The elegant  setting and excellent service add to the overall experience.

Caprichos de la Gomera in Hermigua is a fine dining restaurant that takes pride in its creative approach to traditional Canarian cuisine. The chef uses fresh, locally sourced ingredients to craft dishes that are both visually stunning and delicious. The menu changes seasonally but often include dishes  like goat cheese salad with palm honey, roasted lamb with rosemary, and decadent desserts. The restaurant's cozy yet sophisticated ambiance makes it a popular choice for those looking to enjoy a gourmet meal in a relaxed setting.

Cafes, Bakeries, and Local Coffee

La Vieja Escuela in Valle Gran Rey is a charming café that combines a relaxed atmosphere with an emphasis on local, organic ingredients. Located in a beautifully restored old school building, this café offers a selection of freshly brewed coffee, herbal teas, and homemade pastries. Their menu also features light meals like salads, sandwiches, and vegetarian dishes, making it a great spot for breakfast or lunch. The outdoor seating area is perfect for enjoying a peaceful morning with a view of the surrounding mountains.

Café Bar Pedro in Hermigua is a cozy, family-run café that offers a true taste of local life. Known for its strong, flavorful coffee and simple, hearty food, Café Bar Pedro is a favorite among locals and visitors alike. The café serves a variety of traditional snacks, including bocadillos (sandwiches), tapas, and homemade desserts. It's an ideal spot to take a break after exploring the nearby hiking trails, and the friendly service adds to the welcoming vibe.

Casa Efigenia, famous for its traditional Gomeran cuisine, also offers a delightful café experience in Las Hayas. This rustic café is part of the larger restaurant and is known for its homestyle offerings, including gofio, almogrote, and a selection of locally made jams and pastries. The coffee here is served with a side of Gomeran hospitality, making it a lovely place to relax and enjoy a taste of the island's culinary traditions. The  peaceful garden setting provides a tranquil spot to unwind and savor the flavors of La Gomera.

Wine Tasting and Vineyard Tours

Bodega Montoro, located in Vallehermoso, is one of the oldest and most respected wineries in La Gomera. This family-owned vineyard is known for its traditional winemaking techniques, passed down through generations. The winery produces a variety of wines, including white, red, and rosé, all made from grapes grown on the volcanic slopes of the island. Visitors to Bodega Montoro can enjoy guided tours of the vineyard and wine cellar, followed by a tasting session where you can sample their wines accompanied by local cheeses and cured meats. The scenic views of the valley from the vineyard add to the experience, making it a perfect outing for wine enthusiasts.

Local Markets and Food Festivals

San Sebastián Market is a bustling market held in the island's capital, San Sebastián de La Gomera. This market is the perfect place to discover a wide range of local products, including fresh fruits and vegetables, cheeses, honey, and the famous gofio. The market is also known for its selection of local wines and pastries, such as almogrote and torta vilana. Visiting the San Sebastián Market is a great way to experience the island's agricultural bounty and pick up some authentic Gomeran delicacies to enjoy during your stay or take home as souvenirs.

Valle Gran Rey Market is another popular spot for both locals and visitors. Held weekly in the coastal town of Valle Gran Rey, this market offers a vibrant mix of fresh produce, handmade crafts, and local food products.

It's an ideal place to shop for fresh bread, locally grown fruits and vegetables, and traditional Canarian sweets. In addition to food, the market also features stalls selling artisanal products such as pottery, textiles, and jewelry, making it a great place to find unique souvenirs. The friendly atmosphere and the opportunity to interact with local vendors add to the charm of this market.

Hermigua Artisan Market is a smaller, more intimate market located in the picturesque village of Hermigua. This market focuses on locally made crafts and artisanal food products, offering a selection of items that reflect the island's cultural heritage. Here, you can find handmade ceramics, woven baskets, and embroidered textiles, along with locally produced honey, cheese, and herbal teas. The Hermigua Artisan Market is an excellent place to support local artisans and take home a piece of La Gomera's traditional craftsmanship.

CHAPTER 7: Practical Information

Best Time to Visit La Gomera

La Gomera enjoys a mild climate year-round, making it a fantastic destination at any time. However, the best time to visit largely depends on your preferences and planned activities:

Spring (March to May): This is one of the best times to visit La Gomera, with pleasant temperatures ranging from 20°C to 25°C (68°F to 77°F). The island is lush and green after the winter rains, and wildflowers are in full bloom, making it ideal for hiking and exploring nature.

Summer (June to August): Temperatures can rise to around 28°C to 30°C (82°F to 86°F), especially in the coastal areas. This is the busiest time for tourism, so expect more visitors. It's perfect for beach activities, swimming, and enjoying the long sunny days.

Autumn (September to November): The weather remains warm, with temperatures similar to those in spring. The sea is at its warmest, making it an excellent time for water activities. The crowds start to thin out, offering a more relaxed experience.

Winter (December to February): While it's cooler, with temperatures ranging from 18°C to 22°C (64°F to 72°F), it's still a good time to visit, especially for hiking in the cooler, misty Garajonay National Park. The island is quieter, which is perfect if you prefer fewer tourists.

Currency, Banking, and Costs

Currency: The currency in La Gomera is the Euro (€). Credit and debit cards are widely accepted, but it's advisable to carry some cash, especially when visiting smaller villages or local markets.

Banking: ATMs are available in all major towns, including San Sebastián, Valle Gran Rey, and Playa de Santiago. Banks are generally open from 8:30 AM to 2:00 PM, Monday to Friday. Some banks may open for a few hours on Saturday mornings.

Costs: La Gomera is relatively affordable compared to some of the more tourist-heavy Canary Islands. You can expect the following average costs:

- **Meals**: A meal at a local restaurant can cost between €10-20 per person, while a three-course meal at a nicer restaurant may cost around €30-50 per person.
- **Transportation:** Bus fares are inexpensive, typically under €2 for short trips. Car rentals start at around €25-40 per day.

Health and Safety Guidelines

Health: La Gomera is a safe destination with a good standard of healthcare. It's recommended to have travel insurance that covers medical expenses. Pharmacies are well-stocked and can provide advice for minor ailments. For emergencies, the main hospital is Hospital Nuestra Señora de Guadalupe in San Sebastián.

Safety: La Gomera is generally very safe, with low crime rates. However, as with any destination, it's wise to take standard precautions:

- Keep your belongings secure and be mindful of pickpockets in crowded areas.

- When hiking, always stick to marked trails, carry sufficient water, and inform someone of your route.

COVID-19: Check the latest travel advisories and COVID-19 guidelines before your trip. Ensure you are aware of any requirements for testing or vaccination, and follow local health guidelines.

Emergency Contacts

Emergency Services (Police, Fire, Ambulance): 112

Embassies/Consulates: Check the contact details for your nearest embassy or consulate in Spain before traveling.

Sustainable Travel Tips

La Gomera is a UNESCO Biosphere Reserve, making sustainable travel essential to preserving its natural beauty:

1. Reduce Plastic Use: Carry a reusable water bottle, as tap water is safe to drink. Use cloth bags when shopping to avoid plastic bags.
2. Support Local Businesses: Shop at local markets, eat at family-run restaurants, and consider staying in eco-friendly accommodations.

3. Respect Wildlife: Stick to marked trails to avoid disturbing local flora and fauna. Avoid feeding animals and be mindful of litter.
4. Minimize Your Carbon Footprint: Use public transportation where possible or rent a hybrid or electric vehicle. Walking and cycling are also great ways to explore the island.

Accessibility Information

La Gomera is making strides in becoming more accessible, but it's important to plan ahead if you have specific needs:

Mobility: Many of the main tourist sites, including Garajonay National Park and major towns, have made efforts to improve accessibility with ramps and adapted facilities. However, due to the island's mountainous terrain, not all areas may be fully accessible.

Transportation: Some bus services are equipped for wheelchair users, but availability may vary. Taxis can often accommodate those with mobility issues, and it's advisable to request an accessible vehicle in advance.

Accommodation: Many hotels offer rooms adapted for guests with disabilities. Be sure to check with your accommodation in advance to confirm accessibility features.

CHAPTER 8: Day Trips and Excursions

Tenerife: Tenerife, the largest of the Canary Islands, is just a short ferry ride away from La Gomera and serves as the main gateway to the island. A day trip to Tenerife offers a contrast to the quieter, more relaxed pace of La Gomera, with its vibrant cities, stunning beaches, and the iconic Mount Teide, Spain's highest peak.

Getting There: Ferries from San Sebastián de La Gomera to Los Cristianos in Tenerife run several times a day, with a journey time of about 50 minutes.

Highlights: Visit the UNESCO-listed Teide National Park, explore the historic city of La Laguna, or enjoy the lively beach scene in Playa de las Américas.

Tips: Start your day early to make the most of your time on Tenerife. Consider renting a car to explore the island at your own pace.

El Hierro: El Hierro, the smallest and least developed of the Canary Islands, is a hidden gem for those seeking tranquility and untouched nature. Known for its dramatic landscapes, volcanic formations, and crystal-clear waters, El Hierro is a paradise for nature lovers and adventure seekers.

Getting There: Ferries from La Gomera to El Hierro are less frequent, so it's advisable to check the schedule and plan. The journey typically involves a ferry to Tenerife and then another to El Hierro, or a short flight from Tenerife.

Highlights: Discover the natural pools at Charco Azul, explore the volcanic landscapes of El Sabinar, or dive in the marine reserve of La Restinga, one of the world's top diving spots.

Tips: Given the travel time, an overnight stay might be more convenient to fully explore El Hierro's attractions. The island's remote charm makes it ideal for those looking to disconnect and enjoy nature.

La Palma: La Palma, often referred to as "La Isla Bonita" (The Beautiful Island), is known for its lush landscapes, dense forests, and dramatic volcanic terrain. A day trip to La Palma offers a chance to explore some of the Canary Islands' most stunning natural scenery, including deep ravines, fertile valleys, and star-filled skies.

Getting There: You can reach La Palma by ferry from La Gomera, but the journey is quite long (several hours). A more efficient option might be a short flight from Tenerife North Airport.

Highlights: Visit the Caldera de Taburiente National Park, explore the charming streets of Santa Cruz de La Palma, or stargaze at the Roque de los Muchachos Observatory, one of the world's premier astronomical sites.

Tips: Due to travel time, consider making La Palma an overnight trip if possible. If limited to a day trip, focus on one or two main attractions to make the most of your visit.

Exploring Nearby Islets and Natural Reserves

For those who prefer a more off-the-beaten-path adventure, La Gomera offers access to several nearby islets and natural reserves that are perfect for a day of exploration. These secluded spots provide a peaceful escape into nature and an opportunity to see some of the region's unique wildlife.

Los Órganos Cliff: This dramatic rock formation on La Gomera's northern coast is best viewed by boat. Several operators offer boat tours that combine a visit to the cliffs with stops for snorkeling or swimming.

Isla de La Gomera: Though not far from La Gomera itself, this small islet is a protected area, known for its birdlife and pristine landscapes. It's a great spot for birdwatching and photography.

Natural Reserves: Explore the Garajonay National Park or the Majona Natural Park on La Gomera, which offer numerous trails and stunning views without the need for a ferry ride.

CHAPTER 9: Shopping and Souvenirs

Local Handicrafts: Pottery, Basketry, and Textiles

La Gomera is known for its traditional handicrafts, which are deeply rooted in the island's history and culture. Local artisans continue to produce beautiful, handmade items using techniques passed down through generations.

Pottery: Gomeran pottery is made using ancient methods, without the use of a potter's wheel. The pieces are simple yet elegant, often decorated with geometric patterns. Popular items include vases, bowls, and figurines, each reflecting the island's artistic heritage.

Basketry: The island's skilled basket weavers create intricate baskets, trays, and other items from palm leaves and reeds. These baskets are both functional and decorative, making them a wonderful addition to any home.

Textiles: La Gomera is also known for its woven textiles, including tablecloths, rugs, and blankets. These are often made from wool or cotton and feature traditional Canarian patterns and vibrant colors.

You can find these handcrafted items at artisan markets, local shops, and specialized craft stores throughout the island.

Gourmet Souvenirs: Honey, Cheese, and Mojo Sauces

La Gomera's agricultural traditions have given rise to a variety of delicious gourmet products that make excellent souvenirs. These local foods capture the flavors of the island and are perfect for sharing with friends and family back home.

Honey: Gomeran honey, particularly palm honey (miel de palma), is a must-try. Made from the sap of palm trees, this thick, dark syrup is sweet with a rich, caramel-like flavor. It's often used in desserts and as a topping for cheese or yogurt.

Cheese: The island's goat cheese (queso de cabra) is renowned for its quality and flavor. It comes in various forms, from fresh to aged, and is often smoked or flavored with paprika. It's a staple in Gomeran cuisine and makes a great edible souvenir.

Mojo Sauces: Mojo rojo and mojo verde are traditional Canarian sauces made from local ingredients like peppers, garlic, and herbs. These sauces are perfect for adding a taste of the Canary Islands to your home-cooked meals.

These gourmet items can be purchased at local markets, specialty food shops, and even directly from some farms on the island.

Wines and Spirits

La Gomera's volcanic soil and unique climate contribute to the production of distinctive wines and spirits. These beverages make for excellent souvenirs that showcase the island's rich winemaking tradition.

Gomeran Wines: The island's wines are made from indigenous grape varieties that thrive in the volcanic soil. White wines are particularly notable, often featuring crisp, mineral flavors. Red wines, with their robust character, are also worth trying. Local vineyards like Bodega Montoro and Bodega Tamargada offer bottles that are perfect for bringing home.

Spirits: In addition to wine, La Gomera produces Ron Miel, a sweet honey rum that is popular throughout the Canary Islands. This spirit is smooth and rich, making it a great gift or a special treat for yourself.

These wines and spirits are available at vineyards, wine shops, and even some supermarkets across the island.

Artisanal Shops in San Sebastián and Vallehermoso

The towns of San Sebastián and Vallehermoso are home to some of the best artisanal shops on the island, offering a wide range of locally made products.

San Sebastián: The island's capital is a great place to start your shopping. Stroll through the streets and explore shops selling pottery, jewelry, textiles, and more. Casa de la Miel de Palma is a notable shop where you can purchase various honey products and other gourmet items. You'll also find boutiques offering unique clothing and accessories made by local designers.

Vallehermoso: This picturesque town is known for its traditional crafts. Visit El Alfar de Hermigua for pottery and Artesanía y Cerámica Ramírez for handmade ceramics. Vallehermoso is also a good place to buy woven baskets and other traditional items, often crafted by artisans in the nearby villages.

These towns offer a charming shopping experience where you can find truly unique items while supporting local artisans.

Markets and Boutique Stores

La Gomera's markets and boutique stores provide a variety of shopping opportunities, from fresh produce to handcrafted goods.

San Sebastián Market: Held regularly in the capital, this market is a lively place to shop for fresh produce, local delicacies, and handmade crafts. It's an excellent spot to find everything from fruits and vegetables to artisanal cheeses and cured meats.

Valle Gran Rey Market: This weekly market in Valle Gran Rey is popular with both locals and tourists. Here, you'll find a mix of food products, handcrafted items, and even some second-hand goods. It's a great place to shop for souvenirs in a relaxed, friendly atmosphere.

Boutique Stores: Throughout the island, especially in tourist areas, you'll find boutique stores offering a curated selection of local products. These stores often focus on high-quality goods, such as handcrafted jewelry, fine wines, and designer clothing.

CHAPTER 10: Itineraries

3-Day Itinerary for First-Time Visitors

Day 1: San Sebastián de La Gomera and Garajonay National Park

Morning: Start your day in San Sebastián, exploring the town's historic sites like the Torre del Conde and Casa de Colón. Wander through the town's charming streets, visit local shops, and enjoy a coffee in the plaza.

Afternoon: Head to Garajonay National Park, a UNESCO World Heritage Site. Take a hike through the ancient laurel forests, following the trail to Alto de Garajonay, the highest point on the island, offering panoramic views.

Evening: Return to San Sebastián for dinner at a local restaurant, sampling traditional Gomeran cuisine.

Day 2: Valle Gran Rey and Surroundings

Morning: Drive to Valle Gran Rey, stopping at the Mirador de César Manrique for breathtaking views. Once in Valle Gran Rey, relax on Playa de la Calera or explore the fishing village atmosphere.

Afternoon: Take a boat tour to see the Los Órganos cliffs or enjoy a whale and dolphin watching excursion.

Evening: Dine in one of Valle Gran Rey's beachfront restaurants, enjoying fresh seafood with a view of the sunset.

Day 3: Agulo and Hermigua

Morning: Visit the picturesque village of Agulo, known as the "Balcony of La Gomera." Walk through the cobblestone streets and visit the Mirador de Abrante for stunning views of the coast.

Afternoon: Continue to Hermigua and explore the lush valley. Visit El Cedro for a short hike to the waterfall and enjoy lunch in a traditional tasca.

Evening: End your trip with a leisurely drive back to San Sebastián, stopping at scenic viewpoints along the way.

7-Day Itinerary for In-Depth Exploration

Day 1: Arrival and San Sebastián de La Gomera

Spend your first day getting acquainted with San Sebastián. Visit the Church of the Assumption, Torre del Conde, and Casa de Colón. Enjoy a relaxed evening at a local restaurant.

Day 2: Garajonay National Park

Spend a full day exploring Garajonay National Park. Take a longer hike, such as the trail from El Cedro to La Laguna Grande, and immerse yourself in the lush, mystical forests.

Day 3: Vallehermoso and Agulo

Head to Vallehermoso to explore the beautiful valley and visit the Botanical Gardens. Continue to Agulo for lunch and visit the Mirador de Abrante.

Optional: Take a short hike from Agulo to the Hermigua Valley.

Day 4: Playa Santiago and Alajeró

Spend the day in the southern part of the island. Visit Playa Santiago, a charming coastal town, and relax on the beach. Explore the nearby village of Alajeró and enjoy a peaceful afternoon in this tranquil setting.

Day 5: Valle Gran Rey and Whale Watching

Return to Valle Gran Rey for more exploration. Consider a morning hike up to La Merica for panoramic views, followed by a whale and dolphin-watching tour in the afternoon.

Day 6: Hermigua and Agulo

Spend more time in Hermigua. Visit the Ethnographic Museum and the Convento de Santo Domingo. In the afternoon, drive to Agulo and take a walk through its scenic streets.

Day 7: Relaxation and Departure

Spend your final day relaxing. Return to your favorite spots, enjoy a leisurely lunch, and do some last-minute shopping in San Sebastián before catching your ferry or flight.

Adventure Seeker's Itinerary

Day 1: Garajonay National Park Hike

Start with a challenging hike in Garajonay National Park. Take the route from Alto de Garajonay to El Cedro, enjoying the dense laurel forests and stunning views.

Day 2: Valle Gran Rey Adventure Sports

Spend the day in Valle Gran Rey. Go rock climbing, canyoning, or try paragliding over the valley. In the afternoon, take a refreshing swim at Playa del Inglés.

Day 3: Cycling and Mountain Biking

Rent a bike and explore the island's cycling routes. Try the Vallehermoso to Arure route for a mix of challenging terrain and stunning landscapes.

Day 4: Scuba Diving and Snorkeling

Head to Playa Santiago or Valle Gran Rey for a day of scuba diving or snorkeling. Explore the underwater world and experience the rich marine life.

Day 5: Whale and Dolphin Watching

Take a boat tour from Valle Gran Rey for an exhilarating whale and dolphin watching experience. In the afternoon, hike to La Merica for a rewarding view.

Day 6: Paragliding in Agulo

Experience the thrill of paragliding in Agulo, taking off from Mirador de Abrante. Enjoy the stunning aerial views of the island's coastline.

Day 7: Boat Tour Around La Gomera

End your adventure with a boat tour around the island, visiting Los Órganos cliffs and stopping for some snorkeling. Enjoy the rugged coastline and explore hidden coves.

Family-Friendly Itinerary

Day 1: San Sebastián de La Gomera

Explore the family-friendly attractions in San Sebastián, including the Torre del Conde Park. Take a gentle walk around town and enjoy a meal at a local restaurant.

Day 2: Garajonay National Park

Spend a day in Garajonay National Park. Choose an easy trail, such as the Circular Route of La Laguna Grande, and enjoy a picnic in the park's scenic spots.

Day 3: Valle Gran Rey

Head to Valle Gran Rey for a day of beach fun. Spend time at Playa de la Calera, where the shallow waters are perfect for children. Consider a short boat trip for some dolphin watching.

Day 4: Hermigua and Agulo

Visit the Hermigua Valley, where kids can enjoy the natural surroundings. Visit the El Cedro Waterfall for a family-friendly hike. Continue to Agulo and explore the village.

Day 5: Playa Santiago

Enjoy a day in Playa Santiago. The beach is great for kids, and there are plenty of cafes and restaurants nearby. Consider renting bikes for a family ride along the coast.

Day 6: Vallehermoso

Spend a day in Vallehermoso, visiting the Botanical Gardens and exploring the town. The area offers easy walks suitable for all ages and plenty of spots for a family picnic.

Day 7: Departure

Spend your final morning relaxing on the beach or revisiting your favorite spots before preparing for your departure. Don't forget to pick up some local souvenirs.

CONCLUSION

As your journey through La Gomera ends, it's easy to reflect on the island's unique charm and the unforgettable experiences it offers. From the misty heights of Garajonay National Park to the sun-soaked beaches of Valle Gran Rey, La Gomera is a place where natural beauty and cultural richness come together to create a destination like no other.

La Gomera is more than just a travel destination; it's a place where the pace of life slows down, where the landscape invites exploration, and where traditions are cherished and shared. Whether you've hiked through ancient forests, tasted the bold flavors of Gomeran cuisine, or simply relaxed by the sea, the island has a way of making you feel connected to its land and people.

For first-time visitors, La Gomera is a revelation—a hidden gem that beckons you to return and discover more. For those who have ventured deeper into its valleys, climbed its peaks, and embraced its culture, it's a place that leaves a lasting imprint on your heart.

As you pack your bags and prepare to leave, take with you not just the souvenirs and photographs, but also the memories of quiet moments, stunning vistas, and warm encounters. La Gomera is a place that stays with you long after you've left its shores, a reminder that there are still places in the world where nature reigns supreme and where the simple pleasures of life can be found around every corner.

Whether you plan to return or have only scratched the surface of what this island has to offer, La Gomera will always be here, waiting to welcome you back with open arms. Until then, let the memories of your time here inspire future adventures and remind you of the beauty and tranquility that this special island offers.

Safe travels, and until we meet again—¡hasta pronto!

TRAVEL JOURNAL

Printed in Great Britain
by Amazon

TI VA DI GIAPPARE? 2

DAVIDE MOSCATO

> Da quanto tempo!
> ひさしぶり！
> Allora, vi siete goduti fino in fondo il **primo** volume? Ottimo, allora si **ricomincia** l'avventura!

© Copyright 2019 TI VA DI GIAPPARE? 2 Tutti i diritti sono riservati

つづき
SI CONTINUA

Con questo 2° manuale si può conseguire l'N5!

Ma ragazzuoli, bentornati nel mondo di **TI VA DI GIAPPARE?**
Beh, a quanto pare il primo volume di questa serie vi è piaciuto, vi ha soddisfatto e vi ha lasciato quel leggero amaro in bocca della serie *"però adesso ne voglio sapere di più..."*. Perfetto, **è ciò che desideravo sentirvi dire**.

Ed eccoci qui, pronti a continuare la nostra avventura tra **sistemi di scrittura sillabici**, **kanji**, **forme grammaticali** e chi più ne ha più ne metta. Un'avventura magica, particolare, intrigante, affascinante... anche solo aprendo questo secondo volume di **TI VA DI GIAPPARE?** avete dato prova a voi stessi di avere <u>una grande passione</u> per la lingua giapponese, ed è questo l'importante *(slurp)*.

Avete **una fiammella che brucia dentro di voi**, e se questo fuoco è alimentato dalla voglia di capire anime e manga, oppure dalla voglia di fare discorsi con la persona giapponese che vi piace o dal desiderio di andare in Giappone capendo cartelli, insegne, menù e persone... <u>poco importa</u>! La cosa essenziale è **che ci sia**.

E già che c'è questa fiammella, approfittiamone e proseguiamo il nostro incredibile viaggio che ci condurrà sempre **più in profondità nella lingua** (e di conseguenza nella cultura) **giapponese**. Perché se il primo libro di **TI VA DI GIAPPARE?** era un assaggio alla lingua nipponica, con questo secondo manuale ci immergeremo ancora di più nel giapponese autentico, nella sua

grammatica, nella sua essenza, *brr*... brividi.
Divertendovi insieme a me, alla fine della fiera **avrete tutti gli strumenti necessari per affrontare serenamente il livello <u>N5</u> del JLPT**, pensate che roba!
Ma ora basta perderci in chiacchiere. Siete emozionati anche voi di scoprire ancora **più cose** sul giapponese? Allora via!

Ben-tornati nel mio mondo!

Davide

COME USARE QUESTO MANUALE

Esattamente come il primo volume di **TI VA DI GIAPPARE?**, anche questo libro è stato concepito per rispondere al **120%** alle esigenze degli studenti autodidatti, quindi potete utilizzarlo **senza avere un insegnante** con voi. すごい **(figo)**, no?

Ricordatevi solo che per poter proseguire serenamente la nostra avventura sarà necessario conoscere molto bene gli argomenti affrontati nel primo libro. Se c'è qualcosa che vi è poco chiaro o che pensate di aver capito a metà, correte subito a ripassarlo, mi raccomando! Inoltre tenete conto che in questo manuale **non ci sarà il roma-ji**, quindi darò per scontato che ormai sappiate padroneggiare hiragana e katanaka senza problemi *(paura, eh?)*.

Con il primo libro avevamo raggiunto il traguardo *"FORMA IN -TE"* e ora si prosegue l'avventura attraverso la grammatica più articolata. Difatti avventurandovi tra le **13 lezioni** del libro, raggiungerete un livello tale che vi permetterà di comprendere *manga, anime* e **libri di difficoltà medio-bassa**, ovviamente con l'aiuto di un dizionario.

Come al solito, ogni lezione partirà con una bella **SPIEGAZIONE** semplice e intuitiva, accompagnata da colori, parole in maiuscolo, disegni e schemi che aiuteranno il vostro cervello a *schematizzare* le nozioni per assimilarle meglio. Stile **TI VA DI GIAPPARE?**, raga.

IL PUNTO
Anche questa volta, qui sarà scritto il punto essenziale della lezione!

Chiaramente, insieme a una bella spiegazione ci saranno molte **FRASI D'ESEMPIO** *(senza roma-ji)*, grazie alle quali potrete vedere subito messi in pratica i concetti appena appresi.

Ma non dimenticatevi mai e poi mai che la cosa importantissima è **ripetere ad alta voce** le frasi d'esempio! Ah, dato che la grammatica ci sarà sempre più utile per creare frasi complesse, in mezzo alle lezioni ci ho piazzato una bella pagina (viola) dedicata a una precisa **FORMA GRAMMATICALE**, bella schematizzata e chiara, grazie alla quale si potrà parlare e capire frasi giapponesi sempre più complesse a arzigogolate. Figata.

E come al solito dopo la spiegazione sarà il momento del **DIALOGO**, poi **LE MIGLIORI DOMANDE** che ho ricevuto tra i commenti *(grazie!)*, **L'ORIGINE DEGLI IDEOGRAMMI** con disegni semplici e chiari, **ESERCIZI** (con QR-CODE) e molto altro. 3, 2, 1... *Si riparte!*

ANCHE IN QUESTO SECONDO VOLUME QUI TI DIRÒ UNA CURIOSITÀ SUL GIAPPONE, SULLA SUA LINGUA O SULLA SUA CULTURA!

CURIOSITÀ si dice まめちしき

目次
INDICE

LEZIONE 18	LA FORMA IN -MASU	5
LEZIONE 19	GLI AVVERBI	15
LEZIONE 20	IL VERBO ESSERE	25
LEZIONE 21	POSSO? DEVO?	35
LEZIONE 22	ALTRE PARTICELLE	45
LEZIONE 23	LE INFO EXTRA	55
LEZIONE 24	I SUFFISSI ONORIFICI	65
LEZIONE 25	BUM, MIAO, SPLASH	75
LEZIONE 26	VARI USI DELLA FORMA IN -TE	85
LEZIONE 27	CONTARE LE COSE	95
LEZIONE 28	LA FAMIGLIA	105
LEZIONE 29	IO VOGLIO	115
LEZIONE 30	LE PAROLACCE	125

SOLUZIONI ALLE DOMANDE................136
ORIGINE DEI KANJI................143
VOCABOLARIO................144

Le frasi di esempio sono state tradotte quasi **alla lettera** per farti capire la struttura delle frasi. **Adattale tu** in italiano naturale!

LEZIONE 18
LA FORMA IN -MASU
〜ます形

Lasciami anche tu un commento sotto ai video di TI VA DI GIAPPARE?

"Wait... What? 800 iscritti?!? Tutto qua? Hai tantissimo talento e...? Comunque spieghi meglio della mia prof di italiano XD Sei il migliore! Andiamo tutti a giappare :D"

Chikorita Uchiha

LA FORMA IN -MASU
～ます形

18

こんにちは a tutti, ragazzi! Eccoci qui a proseguire il nostro viaggio alla scoperta del にほんご. Nel primo volume abbiamo affrontato la **FORMA PIANA**, il modo di parlare più breve e immediato (usato tra amici e familiari), ma ci eravamo ripromessi di imparare la **FORMA CORTESE**, per risultare più *seriosi e freddi*... Si parte!

PIANA vs CORTESE

L'avevamo accennato nel primo libro, ricordate? Il giapponese è una lingua che può essere parlata in:

FORMA PIANA = con amici e parenti   **FORMA CORTESE** = con sconosciuti

Finora abbiamo visto nel dettaglio la **FORMA PIANA**, e avevamo accennato che per trasformare in **FORMA CORTESE** una qualsiasi frase **basta aggiungere** in fondo la parolina です. Meraviglioso. Ma c'è un problemuccio... Guardate:

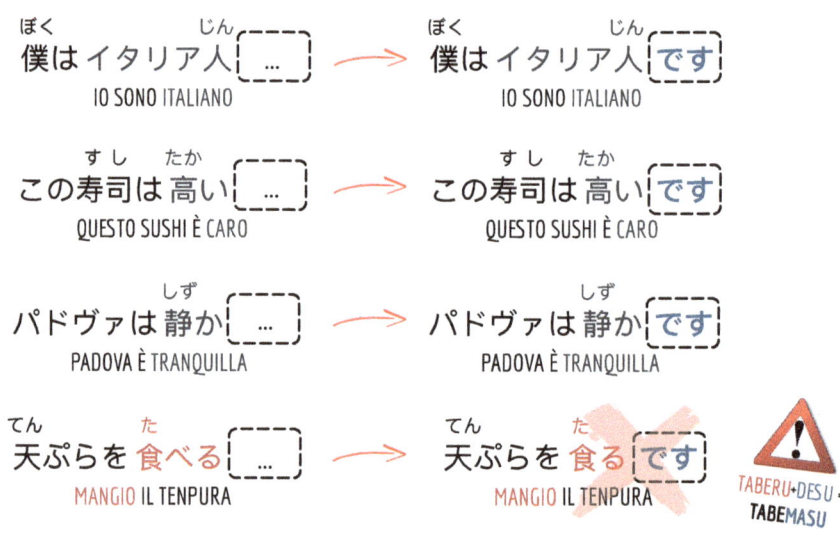

IL PUNTO
VERBO e DESU
<u>non</u> vanno d'accordo vicini!

VERBO+DESU = MASU

Il **VERBO+DESU** non si può fare! Bisogna direttamente <u>abbellire il verbo</u> rendendolo un **VERBO IN -MASU**, e farlo è davvero semplicissimo. Come abbiamo visto nel primo ほん, esistono 3 **GRUPPI DI VERBI**. Ecco la tabella:

レッスン18 ます形

にほんごで話します
PARLO IN GIAPPONESE

1° GRUPPO

I verbi di questo gruppo terminano tutti in る, giusto? Fantastico. Basterà semplicemente togliere questa る finale e sostituirla con ます. Ecco che così otterremo un VERBO IN ます, che equivale a VERBO+DESU. Guardate qui:

食べ~~る~~ = 食べます　　見~~る~~ = 見ます　　寝~~る~~ = 寝ます

開け~~る~~ = 開けます　　入れ~~る~~ = 入れます　　出~~る~~ = 出ます

2° GRUPPO

I verbi del 2° gruppo finiscono con ぶ, む, す, ぬ, く, ぐ, う, è vero? Ecco, basterà prendere questa ultima sillaba e trasformarla in una sillaba della <u>riga delle i</u>. Ok, ok... fate un bel respiro, perché è più facile di quello che sembra.

BU = BI　　MU = MI　　SU = SHI　　NU = NI　　KU = KI　　GU = GI　　U = I

Una volta ottenuta la sillaba con il finale in i, a questa **si aggiungerà il** ます. Una cavolata! Ma attenzione a quei rari verbi del **2° gruppo** che finiscono con la る... in questo caso bisogna trasformarla in り. Guardate che storia:

遊ぶ = 遊びます　　休む = 休みます　　話す = 話します

書く = 書きます　　歌う = 歌います　　分かる = 分かります

3° GRUPPO

Qui c'è poco da dire! Gli unici due verbi di questo gruppo (**FARE** e **VENIRE**) vanno imparati *a memoria*...

する = します　　来る = 来ます

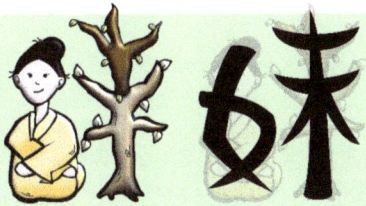

Questo kanji significa **SORELLA MINORE** ed è composto dalla figura di una DONNA, insieme a un ALBERO con i rami giovani (e quindi piccoli). L'idea è quella di **una donna** (quindi femmina) **giovane** e piccola: la **SORELLA MINORE**!

いもうと　　　マイ

Ora capite perché è importante suddividere i verbi in 3 gruppi, come abbiamo visto a **pagina 71** del primo libro?

▷ Lettura **KUN** in hiragana e *lettura **ON*** in katakana

LEZIONE 18 LA FORMA IN -MASU

雑誌(ざっし)は 読(よ)みません
LE RIVISTE **NON** LE LEGGO

SOSTITUIAMO IL ます

E ora, magia... il verbo con il finale ます è **affermativo** *(mangio, guardo, bevo, dico...)*. Per coniugare la FORMA IN ます al *negativo* o al *passato*, basterà prendere il nostro ます e <u>sostituirlo</u> con:

MANGIO

NON MANGIO

HO MANGIATO

NON HO MANGIATO

Facilissimo, vero? Ora possiamo parlare anche in modo <u>formale</u>, per esempio usando la **FORMA CORTESE** con sconosciuti, "superiori" oppure con persone con cui vogliamo rimanere freddi... Ricapitolando, nelle frasi che terminano con un **VERBO** *(che non sia il verbo essere)* prenderemo il verbo e lo *abbelliremo* con la **FORMA IN ます**, mentre nelle frasi che terminano con un **NOME DI COSA** o un **AGGETTIVO** aggiungeremo です alla fine. E ora coniughiamo qualche verbo:

寝(ね)る DORMIRE	DORMO	NON DORMO	HO DORMITO	NON HO DORMITO
PIANA	寝る	寝ない	寝た	寝なかった
CORTESE	寝ます	寝ません	寝ました	寝ませんでした

飲(の)む BERE	BEVO	NON BEVO	HO BEVUTO	NON HO BEVUTO
PIANA	飲む	飲まない	飲んだ	飲まなかった
CORTESE	飲みます	飲みません	飲みました	飲みませんでした

する FARE	FACCIO	NON FACCIO	HO FATTO	NON HO FATTO
PIANA	する	しない	した	しなかった
CORTESE	します	しません	しました	しませんでした

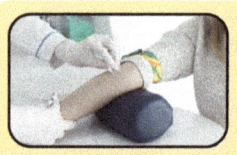

Per molti giapponesi **il gruppo sanguigno** identifica la propria personalità e può servire anche per calcolare l'affinità di coppia ecc... insomma, chiedere quale sia il gruppo sanguigno di uno sconosciuto equivale più o meno a chiedergli **il segno zodiacale!**

私はダヴィデ → 私はダヴィデです
私はダヴィデじゃない → ??? (pagina 27)

FORMA GRAMMATICALE

Ed eccoci qui alla rubrica dedicata alle **forme grammaticali** giapponesi! Vi fornirò istruzioni chiare e semplici su come costruire <u>formulette indispensabili</u> per esprimere varie cose. Tutti pronti? Belin, si comincia a fare sul serio...

〜てしまう

La prima forma grammaticale che vediamo è 〜てしまう, dove quel 〜て rappresenta un qualsiasi verbo nella **FORMA IN -TE** *(andate a ripassare l'ultima lezione del primo libro)*! Basterà coniugare qualsiasi verbo nella **FORMA IN -TE** e aggiungere il verbo しまう, che potremmo tradurre con "finire". Insomma, questa costruzione esprime:

FINIRE PER...
(ed è una cosa brutta)

Cioè dà una leggera **sfumatura negativa**, come se ci fosse <u>un pentimento</u> o una situazione in cui non avremmo voluto trovarci (perché negativa...). L'effetto è *"succede questo, e **non** mi piace"*. Osservate attentamente (ma non troppo):

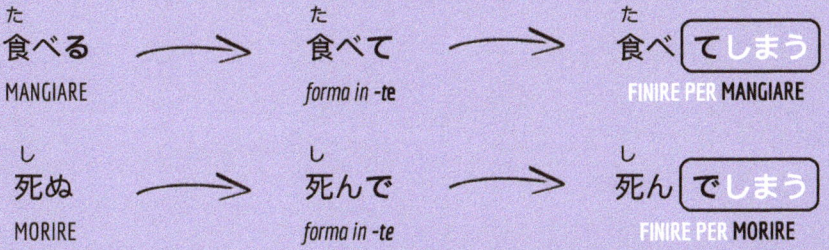

| た
食べる
MANGIARE | → | た
食べて
forma in -te | → | た
食べ**てしまう**
FINIRE PER MANGIARE |

| し
死ぬ
MORIRE | → | し
死んで
forma in -te | → | し
死ん**でしまう**
FINIRE PER MORIRE |

Consideriamo 食べてしまう o 死んでしまう come un "blocco unico". Se vogliamo coniugarlo al <u>passato</u> o al <u>negativo</u> basterà **coniugare** il mini-verbo しまう, che si comporta come un verbo del 2° gruppo, tipo かう o いう! Chiaramente, dato che 〜てしまう esprime una sorta di "pentimento", sarà quasi sempre al **passato**... Per esempio:

と
閉じる CHIUDERSI ←

め と
うん、目が**閉じて**しまう
SÌ, MI SI CHIUDONO GLI OCCHI

かえ
→ 帰る TORNARE

えりこ かえ
絵里子さんは**帰って**しまった
ERIKO È TORNATA (A CASA)

わら
やばい！**笑って**しまうよ！
CAVOLI! SCOPPIO A RIDERE

わす
はい。**忘れて**しまいました
SÌ, ME NE SONO SCORDATO

わら
笑う RIDERE

わす
忘れる SCORDARSI

FORMA IN -MASU
しまう → しまいます

LEZIONE 18 LA FORMA IN -MASU

Le vostre domande!

Scusa una domanda, ma quindi se **non** uso la FORMA CORTESE risulto una maleducata? Con i miei amici e parenti dovrei usare la FORMA CORTESE, giusto?

👍 👎 ❤️ RISPONDI Visualizza risposta ⌄

TI VA DI GIAPPARE?

In realtà no! Usare in FORMA PIANA <u>non</u> significa essere rozzi, ma semplicemente "sciolti e amichevoli"... anzi, è proprio parlare in FORMA CORTESE che significa **essere freddi**, e difatti si usa quando si vuole esprimere "cortesia **fredda e distaccata**".

ESEMPI

Padroneggiare la **FORMA IN** ます è davvero intuitivo e (diciamocelo) coniugare i verbi nella forma in ます è *mooolto* più semplice che coniugarli nella forma piana... Figo, e ora non ci resta che vedere **qualche succosissimo esempio**!

FORMA PIANA
日本の食べ物は美味しい [...]

にほん　た　もの　おい
日本の食べ物は美味しい [です]
IL CIBO GIAPPONESE È BUONO

日本の食べ物
CIBO DEL GIAPPONE

⚠️ La frase finisce con un **AGGETTIVO** (buono) quindi basta aggiungere DESU! Al negativo diventa: OISHI**KUNAI** DESU

うん、そう [...]！11時に地下鉄に [乗った]

　　　　　じ　ちかてつ　の
はい、そう [です]！11時に地下鉄に [乗りました]
SÌ, È COSÌ! [SONO SALITO] SULLA METROPOLITANA ALLE 11

地下鉄に乗る
SALIRE SULLA METRO

11時に
ALLE ORE 11 (le ore vogliono NI)

ごめん！私は友達にお金を [貸さない] よ

　　　　わたし　ともだち　かね　か
すみません！私は友達にお金を [貸しません] よ
SCUSA! IO [NON PRESTO] SOLDI AGLI AMICI! (che tirchio...)

友達に貸す
PRESTARE AGLI AMICI
Che cosa? お金を

ううん、ゴミを [出さなかった]

　　　　　　だ
いいえ、ゴミを [出しませんでした]
NO, [NON HO MESSO FUORI] LA SPAZZATURA

Notate come cambiano certe parole in forma **PIANA** e forma **CORTESE**!
SÌ うん - はい
SCUSA ごめん - すみません

いぬ　で　　　　　　　　いぬ　だ
犬が出る - il cane esce　犬を出す - far uscire il cane

レッスン 18 ます形

Il nihongo di tutti i giorni

L'ideogramma di <u>SORELLA MAGGIORE</u> è un po' astratto... Possiamo immaginare la figura di una <u>DONNA</u> (quindi la femminilità) con la figura di una <u>SORELLA MAGGIORE</u> con le mani in procinto di accudire quella minore. Facile, dai!

あね シ

LO *SLANG*

Certo, ormai abbiamo capito che **VERBO+DESU** non vanno d'accordo vicini, e bisogna **agghindare** direttamente il verbo usando la FORMA IN ます, ma questo è vero fino a un certo punto, perché ==nella vita di tutti i giorni *(soprattutto nel parlato)* si tende spesso a usare la **FORMA PIANA** del verbo e aggiungerci un bel です==, sebbene non sia proprio corretto (difatti è uno slang). Però attenzione perché questo <u>NON</u> si può fare con la forma PRESENTE e PASSATA!

⚠️ Si può solo dire 開けます

ドアを 開ける です
APRO LA PORTA

ドアを 開けない です
NON APRO LA PORTA

Più giusto dire 開けません

⚠️ Si può dire solo 開けました

ドアを 開けた です
HO APERTO LA PORTA

ドアを 開けなかった です
NON HO APERTO LA PORTA

Più giusto dire 開けませんでした

VERBI UTILI

開ける APRIRE

会う INCONTRARE

洗う LAVARE

貸す PRESTARE

出す METTERE FUORI

E (udite udite) la stessa identica cosa succede con il **VERBO ESSERE**, dove appunto *(nello slang)* basta aggiungere です (escludendo だ e だった):

Si usa o だ *o* です

刺身だ です
È SASHIMI

刺身じゃない です
NON È SASHIMI

刺身だった です
ERA SASHIMI

刺身じゃなかった です
NON ERA SASHIMI

Si usa o だった *o* でした

Anche se, miei cari ragazzuoli, questo **non** è propriamente corretto... infatti il **VERBO ESSERE** ha una sua versione <u>CORTESE</u> (una forma in ます), ma per ora *shhh, no spoiler*! La vedremo a pagina 21! Ora spariamoci un dialogo.

*Prova a coniugarli al presente, passato, negativo e negativo-passato, in forma **PIANA** e **CORTESE**!*

LEZIONE 18 LA FORMA IN -MASU

DIALOGO

Ed eccoci (come da tradizione) al dialogo incentrato sui concetti che abbiamo visto durante la nostra bella レッスン! Siete pronti a vedere la fucking **FORMA IN ます** utilizzata in un bel contesto reale? Eh sì, perché in questa occasione un ragazzo *(distratto come pochi, porello)* è andato a farsi una bella corsetta e, stanco e assetato, si accorge di aver perso la bottiglietta di みず che aveva in tasca. Così entra nel primo negozio che vede ed esclama così...

お
落としてしまった〜
みず
お水、ありますか?

Mi è cadutaaa! Acqua ne avete?

あ、それはないです!
かさ
傘だけですね...

Ah, quella non l'abbiamo! Solo ombrelli...

へ〜そうですか?
ありませんか?

Ehh? Ah sì? Non ne avete?

レッスン18 ます形

ANALISI del TESTO

Siete contenti? Con questa lezione sarete in grado di parlare praticamente in qualsiasi situazione! Con i vostri ともだち userete la **FORMA PIANA** (a meno che non vogliate risultare freddi, ma questi sono fatti vostri) mentre per mettere un bel muro di privacy tra voi e l'interlocutore basterà abbellire i verbi nella forma ます o aggiungere DESU se la frase termina con un NOME DI COSA o un AGGETTIVO. Ecco perché questo modo di parlare è chiamato DESU/MASU! L'analisi:

お水は
è un po' forte, tipo
"E l'acqua, invece?"

Il verbo 落とす (far cadere) è coniugato nella FORMA IN -TE e ha appiccicato しまう. Otteniamo così 落としてしまう (far cadere e pentirsene). Coniugato al passato diventa 落としてしまった (ho finito per farla cadere!). Il ragazzo lo sta dicendo tra sé e sé, per questo è in FORMA PIANA (altrimenti sarebbe stato 落としてしまいました). Poi chiede お水 (con la お di rispetto, perché l'acqua è vita) ありますか? Il verbo ある (esserci, per gli oggetti) è coniugato nella FORMA CORTESE perché ora il ragazzo sta parlando con il negoziante, e mantiene le distanze coniugando il verbo nella **FORMA IN -MASU**. Il か si usa per fare le domande (nel linguaggio DESU/MASU).

Il negoziante esclama それは ないです, ovvero "Questo (questo che dici, quindi l'acqua) non c'è". Abbiamo ない (non c'è) + です, e questo è chiaramente uno slang. La versione "ufficiale" e più corretta di ないです sarebbe ありません, cioè il negativo formale del verbo ある (esserci). Poi prosegue con 傘だけ, dove 傘 significa "ombrello" mentre la particella だけ esprime "solo/soltanto". 傘だけ = solo ombrelli. Dato che la frase NON termina con un verbo, il negoziante aggiunge です per risultare formale, e infine usa la particella enfatica ね che da un tocco di morbidezza a tutta la frase, e suona un po' come "Solo ombrelli, sa...".

Volendo si può usare il verbo
傘だけありますね...
CI SONO SOLO OMBRELLI, SA...

Così il ragazzo assetato sospira un へ～, con l'ondina che allunga in modo espressivo il "Ehhh!?". E subito dopo domanda そうですか?, dove そう significa "così". Dato che il verbo ESSERE non ha bisogno di essere espresso (dettagli a pagina 21), per chiedere "È così?" il ragazzo aggiunge semplicemente il です. Il か finale crea la domanda FORMALE. そうですか? = "È così?", ma si traduce con "Ah sì?/Ma dai?". Se fosse stata in **FORMA PIANA**, questa domanda sarebbe stata semplicemente そう?, perché non serve né です né か. Infine esclama ありませんか?, che significa "Non c'é?"; abbiamo il negativo formale del verbo ある (esserci) + la domanda con il か. Tutto qui!

落	水	傘	有
CADERE/FAR CADERE	ACQUA	OMBRELLO	ESSERCI
おちる/おとす	みず	かさ	ある
ラク	スイ	サン	ユウ

Vi segno i **KANJI** principali che abbiamo incontrato nel dialogo, con **significato**, lettura KUN e lettura ON!

Solitamente **ARU** si scrive in hiragana

LEZIONE 18 LA FORMA IN -MASU

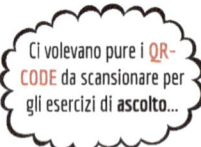

Ci volevano pure i QR-CODE da scansionare per gli esercizi di ascolto...

練習
ESERCIZI

1 Completa la tabella.

BERE	飲 _ _ _	_ _ _ _ ん	_ _ ま _ _	_ み _ せ _ _ _ _
DIRE	_ _ _ _	_ _ ま _ _	_ _ _ _ た	_ _ _ _ ん _ _ _
GUARDARE	_ _ す	_ _ せ _	_ _ _ _	_ _ _ _ _ _ た
_ _ _ _ IARE	_ _ _ ます	勉強 _ _ _ _	_ _ _ _ _ _	_ _ _ ま _ _ _ _

2

A. 飲む B. .... C. .... D. ....
E. .... F. .... G. .... H. ....
I. .... L. .... M. .... N. ....
O. .... P. ....

3 Converti le frasi in FORMA CORTESE!

A この本(ほん)を買(か)うよ
_____

B 何(なに)をしている？
_____ ?

C 僕(ぼく)の猫(ねこ)は黒(くろ)い
_____

D パオロさんはイタリア人(じん)だね
_____

E その映画(えいが)は見(み)なかった
_____

F いや、分(わ)からない
_____、_____

LE SOLUZIONI SONO A PAGINA 136!

Visto? Non era così difficile!

だいじょうぶ
大丈夫?
Tutto bene?

Frasi che si trovano sempre negli ANIME!

LEZIONE 19
GLI AVVERBI
副詞

し　まい
姉妹 = SORELLE

↙ sorella maggiore
↘ sorella minore

"L'N1 da autodidatta significa che sei veramente eccezionale"
Suzume Yuzuka

GLI AVVERBI
副詞

19

Alè, la prossima!

Bene (ma non benissimo). In questa succosissima lezione 十九 impareremo a creare frasi sempre più むずかしい e articolate, provando a utilizzare i famigerati AVVERBI. Ma sapete cosa sono gli AVVERBI? Sono quelle paroline che si mettono <u>prima</u> dei verbi e rispondono alla domanda "In che modo?". Dai, ora vi spiego tutto.

COSA SONO GLI AVVERBI?

Siori e siore, la domanda da quantordici miliardi di えん è... cosa diamine sono gli AVVERBI? In realtà è semplicissimo! Anzitutto vediamo le loro regole generali:

- DI SOLITO SI SCRIVONO IN HIRAGANA

- NON CAMBIANO MAI FORMA

- RISPONDONO ALLA DOMANDA *"IN CHE MODO?"*

- VANNO PRIMA DEL VERBO (O DELL'AGGETTIVO)

Per esempio ゆっくり si scrive in hiragana, resta sempre così e si mette prima del verbo, come in ゆっくり行く = ANDARE... in che modo? LENTAMENTE.

Fico, no? Quindi in linea generale **li riconoscete subito all'interno di una frase**, perché non terminano né in い né in な (come gli aggettivi), né terminano con i classici finali dei verbi (tipo る, ない, ます ecc). Insomma, gli AVVERBI sono delle mini-paroline a sé stanti, tristi e sole, lasciate al loro destino. Ok. Tra i più importanti troviamo:

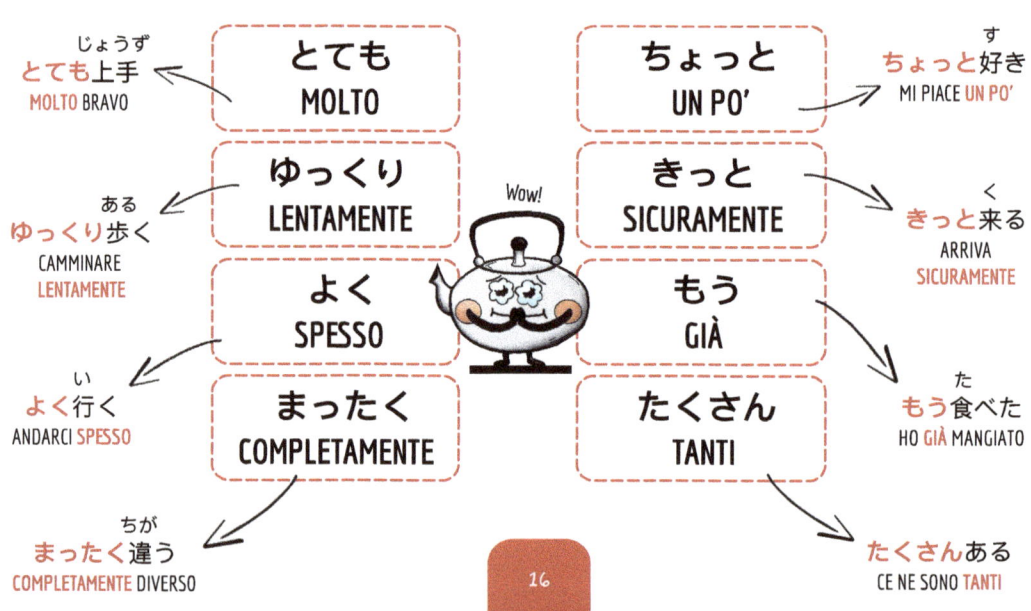

レッスン 19 副詞

ゆっくり<ruby>話<rt>はな</rt></ruby>してね!
PARLA **LENTAMENTE**, EH!

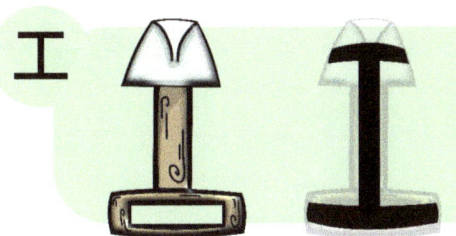

Questo kanji significa **COSTRUIRE** qualcosa a mano; deriva dalla figura di un UTENSILE, usato appunto per **limare, tagliare, affilare**, e quindi... costruire qualcosa come armi, oggetti e altro. Non si trova praticamente <u>mai</u> da solo!

コウ

<ruby>私<rt>わたし</rt></ruby>は ルチアさんと [よく] <ruby>会<rt>あ</rt></ruby>います
IO MI INCONTRO [SPESSO] CON LUCIA *(per fare che?)*

> ルチアと 会う
> MI INCONTRO CON LUCIA
> *Come info-extra, ci aggiungo anche* よく *(SPESSO)*

> 会う = INCONTRARSI
> Tolgo la U e metto IMASU per renderlo FORMALE (pag. 7)

へ〜? <ruby>何<rt>なに</rt></ruby>? やばい... [もう] １０<ruby>時<rt>じゅうじ</rt></ruby>だよ!
EHHH? COSA!? CAVOLI... SONO [GIÀ] LE 10!

<ruby>彼<rt>かれ</rt></ruby>は [きっと] <ruby>来<rt>き</rt></ruby>ます。<ruby>信<rt>しん</rt></ruby>じてください
LUI VERRÀ [SICURAMENTE]. CREDIMI PER FAVORE *(seh, credici...)*

> 信じる = CREDERE
> *Lo coniugo in FORMA -TE e ci appiccico* KUDASAI

> 彼は 来ます
> LUI VERRÀ
> *In che modo?*
> きっと (SICURAMENTE)

<ruby>妹<rt>いもうと</rt></ruby>に お<ruby>金<rt>かね</rt></ruby>を [たくさん] <ruby>貸<rt>か</rt></ruby>してしまいました...
HO FINITO PER PRESTARE [TANTI] SOLDI A MIA SORELLA... *(male...)*

> 妹に お金を 貸す
> PRESTARE SOLDI ALLA SORELLA
> *Ma in che modo?* たくさん

<ruby>俺<rt>おれ</rt></ruby>は ４<ruby>月<rt>しがつ</rt></ruby>から [ちょっと] <ruby>忙<rt>いそが</rt></ruby>しいな〜
AHH, IO DA APRILE SONO [UN PO'] IMPEGNATO

> 貸す = PRESTARE
> *Lo coniugo in FORMA TE e ci appiccico* SHIMAU *per esprimere il pentimento* "Azz, che ho fatto...?"

Bastaaa

Le vostre domande!
Aspetta un attimo... Ma もう *non si traduce solo con "già", dico bene? Me lo spieghi?*

👍 👎 ❤ RISPONDI   Visualizza risposta ⌄

 (TI VA DI GIAPPARE?)

In realtà もう *ha principalmente 3 funzioni... anzitutto si usa per esprimere "già", come nell'esempio* もう食べた *= ho già mangiato. Però se il verbo è al* negativo *dobbiamo tradurlo in "più", per esempio:* もう食べない *= non mangio più. Infine, se lo mettiamo prima di un contatore si traduce con "ancora"; per esempio:* もうひとつ = ancora uno.

AVVERBI come ゆっくり, ちょっと, きっと ecc derivano in realtà da onomatopee (pagina 80)!

17

LEZIONE 19 GLI AVVERBI

> Lo so, sono KANJI **un po' complessi** *(sigh)*... Un giorno ve li spiegherò!

AVVERBI IN KANJI

Meraviglioso, mozzafiatante. Gli **AVVERBI** sono un qualcosa di così utile e comodo (e pure facile, cribbio). Succose paroline che ci aiutano a esprimere un sacco di robe! Ah, solo una cosa... come abbiamo visto prima, la stragrande maggioranza degli AVVERBI giapponesi si scrive in **ひらがな**, ma capita che alcuni di questi vengano scritti in **KANJI**:

ぜんぜん 全然 PER NIENTE	おおぜい 大勢 TANTA (GENTE)	ぜ ひ 是非 ASSOLUTAMENTE	けっこう 結構 ABBASTANZA

ぼく かんじ 〔ぜんぜん〕 わ
僕は 漢字が 〔**全然**〕 分かりません
IO **NON CAPISCO** 〔**PER NIENTE**〕 I KANJI ('gnurant)

→ 漢字が 分かりません
NON CAPISCO I KANJI
Ma in che modo? **PER NIENTE**

Dopo 全然
ci va un NEGATIVO
(tipo: NON *capisco)*

ひと 〔おおぜい〕 なら むりょう
人が 〔**大勢**〕 並んでいる！ コーヒーが無料なの？
SONO IN FILA 〔**TANTE**〕 PERSONE! MA È GRATIS IL CAFFÈ?

→ 並ぶ = ESSERE IN FILA
並んで・いる =
stare in fila ora

〔ぜ ひ〕 き
ロレンツォさんも 〔**是非**〕 来てくださいね！
ANCHE TU VIENI 〔**ASSOLUTAMENTE**〕 EH! *(sì, ma stai calmo)* → *Tu (Lorenzo-san)*

→ 人が 並んでいる
LE PERSONE SONO IN FILA
In che modo? 大勢 **TANTE**
大勢 è come たくさん,
ma si usa con le persone

〔けっこう〕 むずか がんば
〔**結構**〕 難しいですけど、頑張ります！
È 〔**ABBASTANZA**〕 DIFFICILE, MA FARÒ DEL MIO MEGLIO!

→ 来てください
VIENI PER FAVORE

ことし さんがつ にほんご べんきょう はじ
はじめまして！アンドレアです。今年の ３月から 日本語の勉強を始め
むずか にほんご す
ました。ちょっと難しいですね！でも日本語が とても 好きです。ところ
がっこう じん おおぜい ほんとう たの ばしょ
で、学校に イタリア人が **大勢**います！本当に楽しい場所です。

Piacere! Sono Andrea. Ho iniziato lo studio del giapponese da marzo di quest'anno. È un po' difficile, eh! Però mi piace molto il giapponese. A proposito, a scuola ci sono tanti italiani. È un posto davvero divertente.

Ce la spariamo o no una bella frasona lunga, tanto per fare un po' di pratica per il JLPT?

FORMA GRAMMATICALE

Qui facciamo grandi progressi, ragazzi. Siamo già alla nostra seconda **forma grammaticale**... roba da non crederci (come passa il tempo, *sigh*). In questa pagina vedremo una costruzione とても importante, perché serve per <u>unire due frasi</u>.

～から

In pratica basta posizionare un qualsiasi elemento **prima di** から per ottenere l'espressione **"siccome..."**, "perché...", "dato che...". Per chi mastica l'inglese, il から esprime esattamente il *because*. Ah, occhio a non confondere questo から con l'altro から, quello che indica la provenienza (**da...**).

Però bisogna fare molta attenzione ed abituarsi a ragionare <u>al contrario</u> (ahh, che mal di testa), e tenete conto che generalmente la frase che si trova prima di から è in **FORMA PIANA**! Ecco a voi qualche esempiazzo:

Come vedete, se subito prima di から troviamo un **AGGETTIVO IN** な oppure un **NOME DI COSA** (come 静かな, イタリア人 oppure 寿司) ci andrà il だ **obbligatorio** (coniugato al negativo o al passato, se necessario), e in questo caso <u>perde ogni sua "forza"</u>, perché **ci vuole**, cascasse l'universo. Dai, scriviamo qualcosa anche dopo から!

LEZIONE 19 GLI AVVERBI

Il ラーメン è un caldo e saporito piatto a base di **tagliatelle servite in uno squisito brodo di carne o pesce**, guarnito con fette di maiale, uova, porri, alghe... e chi più ne ha più ne metta! Bacchette alla mano e... SLURP!

COSTRUIRE AVVERBI

Bene! Fino ad ora abbiamo visto tutti AVVERBI che in pratica sono paroline uniche, a sé stanti, speciali e senza parentela con nessun'altra... per esempio ゆっくり. Vedete che è una parola unica e speciale, riconoscibile perché **non** termina con i classici finali dei verbi e degli aggettivi? La notizia del giorno è che non esistono solamente gli AVVERBI visti nelle pagine precedenti, ma in pratica possiamo **trasformare quasi qualsiasi aggettivo** in AVVERBIO!

Com'è?
NUOVO → AGGETTIVO *nuovo* → AVVERBIO *nuovamente*
In che modo?
NUOVAMENTE

Comodissimo, vero? Se ti stai chiedendo come si fa a compiere questa magia, guarda qui:

AGGETTIVI IN い → tolgo la い → metto く

AGGETTIVI IN な → tolgo il な → metto に

Un qualcosa di estremamente facile ma <u>utilissimo</u>. Per esempio:

あたた
暖か い → 暖か く
CALOROSO   CALOROSAMENTE

しんせつ
親切 な → 親切 に
GENTILE   GENTILMENTE

あぶ   はや
危ないから、そこから 早く 出てください
DATO CHE È PERICOLOSO, ESCI VELOCEMENTE DA LÌ

早い veloce
早く velocemente

早く出る
USCIRE VELOCEMENTE
Uscire... in che modo?
VELOCEMENTE

かのじょ   おお   か
彼女は「バカ」と 大きく 書きました
LEI HA SCRITTO IN GRANDE "SCEMO"

大きい grande
大きく grandemente

            じょうず   うた
すごいですね！ 上手に 歌いますね！
PAZZESCO! CANTI BENE, EH! (lecchino...)

上手な bravo
上手に bravamente

かんたん せつめい
簡単に説明するよ
TE LO SPIEGO FACILMENTE!
TE LO SPIEGO (in che modo?)
IN MODO FACILE!

Come vedete, ormai le frasi d'esempio sono un po' in forma **PIANA** e un po' in forma **DESU/MASU**. Bisogna abituarsi a <u>tutte e due</u> le forme senza distinzioni, perché entrambe sono *"giapponese corretto"*.

IL PUNTO
Gli AVVERBI si mettono prima di verbi e aggettivi.

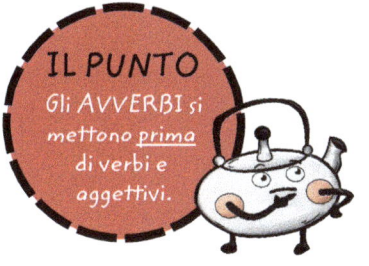

Nell'ultima (e grammaticissima) lezione del **primo ほん** avevamo visto la mitica **FORMA IN て**, quella che serve per incollare due robe, del tipo "mangio e bevo", ma serve anche per dire "sto facendo adesso", ovvero て + いる, e la richiesta てください. Vi va qualche frase con **FORMA IN て**, AVVERBI, **から**, しまう e chi più ne ha più ne metta? Su.

とても (MOLTO) nel parlato slang diventa とっても

食べてしまって finire per mangiare e...

きょう / てん / た / なか / いた
今日は とってもまずい天ぷらを 食べてしまって お腹が ちょっと痛い...
OGGI HO FINITO PER MANGIARE UN TEMPURA MOOOLTO SCHIFOSO E MI FA UN PO' MALE LA PANCIA...

お腹が痛い la pancia è dolorante

親切な gentile - 親切で gentile e...

しんせつ / ほんとう / たの / はな / でんわ
親切で 本当にかっこいい人と 楽しく話している から 電話しないでね!
SICCOME STO PIACEVOLMENTE PARLANDO CON UNA PERSONA GENTILE E DAVVERO COOL, NON CHIAMARMI!

楽しい divertente - 楽しく divertentemente

の / た
コーヒーを もう飲んでしまった から, もう食べない
SICCOME HO GIÀ FINITO PER BERE IL CAFFÈ, NON MANGIO PIÙ

飲んでしまった ho bevuto (e me ne sono pentito)

きみ / かお / み / わら
君の顔を見て 笑ってしまって ごめん!
SCUSA SE HO VISTO LA TUA FACCIA E HO FINITO PER RIDERE!

~て ごめん scusa se...

NOME + から ci vuole il verbo だ

はや / かえ / ね / いちじ
早く帰って 寝てください! 1時だからね
TORNA PRESTO E DORMI, PER FAVORE! DATO CHE È L'UNA, EH

Se un italiano vi chiede **NON MANGI?** voi rispondete "NO, NON MANGIO", vero? In giapponese è al contrario! Se vi chiedono
食べない? NON MANGI?
la risposta può essere
うん - **SÌ** (sì, non mangio. Confermo il 食べない)
ううん - **NO** (no, non è così. In realtà mangio)

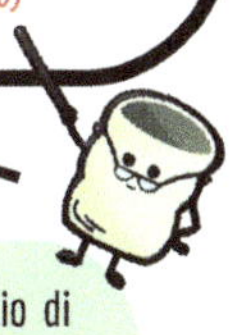

場

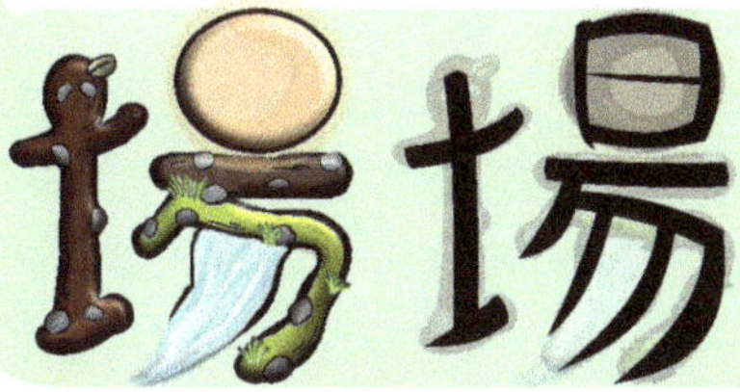

Questo è il kanji di **LUOGO**, composto da un fantoccio di terra che rappresenta la divinità, cioè il SACRO, mentre a destra c'è il SOLE che sorge dal terreno. Il **posto da dove sorge il sole è sacro**... e da qui il significato di **LUOGO**!

ば | ジョウ

VERO è un'eccezione: si dice 本当の e non 本当な
VERO 本当の - DAVVERO 本当に

LEZIONE 19 GLI AVVERBI

DIALOGO

Wow.. che bella novità abbiamo imparato in questa lezione, eh? Gli **AVVERBI**. Il trucco è ricordarsi che rispondono sempre alla domanda IN CHE MODO (si fa questa cosa)?, mentre gli aggettivi rispondono alla domanda COM'È (questa cosa)? Ecco perché 早いはしる è sbagliata! **CORRO VELOCEMENTE** si dice 早くはしる, perché 早く risponde alla domanda **CORRERE** *in che modo?* = VELOCEMENTE. Dai, nel DIALOGO una babysitter fa assaggiare il suo piatto a un bambino, e...

ごゆっくりどうぞ！

ぜひぜひ！

Buon appetito! Forza, forza!

ちょっと辛いから、
あまり好きじゃないな

Ahh, non mi piace molto, perché è un po' piccante

辛かったですか？
本当にすみません！

Piccante? Perdonami, davvero!

レッスン19 副詞

ANALISI del TESTO

Il こども non è stato molto contento di assaggiare il piatto, eh? Nel frattempo volevo farvi notare i vari **AVVERBI** che sono apparsi nel dialogo (sono segnati in rosso). Mi raccomando, considerate sempre gli **AVVERBI** come elementi extra, in più, non essenziali. Per esempio se io dicessi solo 辛い andrebbe benissimo così! Significa "è piccante". Ma io ci aggiungo in più l'**AVVERBIO** ちょっと per esprimere "**è un po' piccante**", cioè "*è piccante in che modo?*" = **un po'**.

La babysitter porge il piatto dicendo ごゆっくり, "lentamente" (ご è di cortesia), e in questo caso è seguito da どうぞ (Prego! Serviti! Entra!). Cioè ごゆっくりどうぞ letteralmente significa "lentamente, prego!", nel senso di "prego, fai con calma, goditela pure!" e viene spesso usato nelle occasioni in cui noi diremmo "buon appetito!".
Poi la babysitter continua con l'espressione ぜひぜひ. In realtà si tratta dell'avverbio 是非 (che di solito si scrive in kanji), ovvero "assolutamente". Normalmente ぜひ viene accompagnato da un verbo, e in effetti il significato di questa frase sarebbe ぜひ食べてね!, ovvero "mangia assolutamente eh!", nel senso di "**forza**, non fare complimenti!".

La babysitter parla in forma DESU/MASU e il bambino no!

Il bambino assaggia ed esclama ちょっと辛い, dove l'aggettivo 辛い significa "piccante", e aggiungendoci l'avverbio ちょっと otteniamo "un po' piccante". Questa piccola frase è seguita da から, ovvero ちょっと辛い**から** vuol dire = "**dato che** è **un po' piccante**". Nella seconda parte di frase troviamo あまり, un nuovo avverbio che significa "non molto". Fate attenzione al **NON**! Infatti あまり vuole sempre un **negativo** dopo! In questo caso abbiamo l'aggettivo 好きな (mi piace) coniugato al negativo, ovvero 好きじゃない (non mi piace). Ci aggiungiamo l'avverbio e otteniamo あまり好きじゃない = non mi piace molto (il な finale è un "ahh" molto espressivo)!

In forma DESU/MASU sarebbe:
ちょっと辛いですから
あまり好きじゃないです

Allora la babysitter si allarma e domanda 辛かったですか?, dove troviamo l'aggettivo in -i 辛い (piccante) coniugato al passato (**era piccante**). Questo perché è naturale in giapponese dare questa sfumatura di passato (nel senso: quando l'hai assaggiato, era piccante?). La babysitter parla in modo formale nei confronti del bambino (*questione di carattere, o vuole mantenere distacco professionale...*) e quindi aggiunge un bel です, dato che la frase finisce con un aggettivo (altrimenti avrebbe coniugato direttamente il verbo in forma ます). Infine esclama 本当にすみません, dove 本当に è un avverbio che significa "**davvero**", mentre l'espressione すみません vuol dire "perdonami" ecc.

是	非	辛	好	本	当
È COSÌ	NON È COSÌ	PICCANTE	PIACEVOLE	RADICE	COLPIRE
		からい	すきな	もと	あてる
ゼ	ヒ	シン	コウ	ホン	トウ

ZEHI letteralmente significa *"così o non così"*, quindi "che ti piaccia o non ti piaccia... fallo **assolutamente**"

23

LEZIONE 19 GLI AVVERBI

'ca miseria, lo sapevo che **non** era una buona idea continuare...

練習
ESERCIZI

1 Completa la tabella.

DOLOROSO	DOLOROSAMENTE	TRANQUILLO	TRANQUILLAMENTE	NUOVO	NUOVAMENTE
_____	_____	_____	_____	_____	_____

DIVERTENTE	GIOIOSAMENTE	VELOCE	VELOCEMENTE	BRAVO	BENE
_____	_____	早い	_____	_____	_____

2 Traduci le seguenti frasi (in forma cortese).

彼はきっと買ってしまいます

FINIRÀ PER _____

本当にいいから是非見てね

VISTO CHE _____

NON MANGIO PIÙ PERCHÉ MI FA **MOLTO** MALE LA TESTA

_____ から _____

QUI CI SONO **TANTI** BEI BAMBINI

_____ います

3 Completa il cruciverba utilizzando solamente lo ひらがな.

(griglia del cruciverba con le caselle 1, 2, 3, 4, 5, 6, 7, 8, 9, 10; caselle riempite: つ, い, と)

ORIZZONTALI
3 Molto bello, in modo sciolto
5 Il passato informale di おりる *(scendere)*
7 Evento, all'inglese
10 Cantare, in modo formale

VERTICALI
1 Dire lentamente...
2 Non piccolo, ma *piccolamente*
4 Già, ancora o più
6 Ho mangiato, in modo informale
8 N.I.
9 La radice di FERMARSI

LE SOLUZIONI SONO A PAGINA 137!

E anche gli avverbi sono OK! Prossima!

もういい
Basta!
(*va già bene*)

LEZIONE 20
IL VERBO ESSERE
である

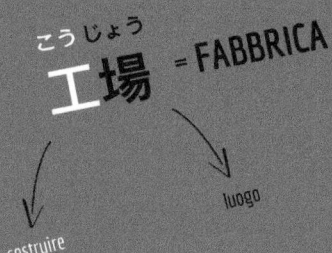

こうじょう
工場 = FABBRICA

costruire

luogo

"Mi piacerebbe imparare il giapponese. Gli ultimi quindici anni (e tutt'ora) ho guardato solo anime in giapponese sottotitolati, poi non ho più smesso. Rifiuto proprio di guardarli in italiano! Mi dispero se non li trovo in lingua originale! Scusami ma ti ho conosciuto proprio ora, i tuoi video mi sono stati suggeriti da YouTube. Bel canale, mi piace! Ma vivi in Giappone?"

Massimiliano Max

IL VERBO ESSERE
である

Come come come? Il VERBO ESSERE? Cioè IO <u>SONO</u>, TU <u>SEI</u> ecc? Ma non è un argomento da prima elementare? Forse può esserlo in italiano, ma per quanto riguarda il VERBO ESSERE giapponese, ci sono così tante cose meravigliose da dire che dobbiamo dedicargli una lezione e farla finita una volta per tutte... Siete carichi?

FINORA...

Eh sì, abbiamo già parlato del VERBO ESSERE sul primo libro, でしょ (non è vero)? Avevamo detto che come tutti gli altri verbi va alla fine della frase e ha le sue belle <u>4 coniugazioni</u>, che in **FORMA PIANA** sono:

E fin qui tutto ok... parlando in **forma piana**, possiamo usare il VERBO ESSERE in questo modo, senza troppi problemi, però sempre facendo attenzione a quel maledetto だ che è <u>veramente forte</u> da usare così (ma ora ci arriviamo). ⚠

Il problema è che non tornano たくさん (tante) cose. Per esempio, non vi siete fatti delle domande del tipo:

| MA <u>LA FORMA CORTESE</u> DEL VERBO ESSERE? | MA QUANDO <u>SI PUÒ</u> USARE だ? |
| PERCHÉ IL VERBO ESSERE <u>NON</u> SI SCRIVE <u>IN KANJI</u>? | PERCHÉ じゃ È LA <u>CONTRAZIONE</u> DI では? |

ecc ecc? Beh, per rispondere a queste e a tutte le altre domande relative al **VERBO ESSERE**, il concetto da tenere sempre a mente <u>è solo e soltanto uno</u>. Finiamola con le fesserie e le balle. Il verbo **VERBO ESSERE** è (rullo di tamburi)...

Esatto, signore e signori. Il vero, autentico, genuino e ipocalorico **VERBO ESSERE** è solo e soltanto で ある. Il trucco è tenere a mente che questo verbo è composto da un bel で + ある (esserci), ricordatevelo sempre! Noi dobbiamo focalizzarci sul verbo **ある** e le sue 4 coniugazioni (viste a pagina 94 del primo libro), che sono:

ある = ESSERCI (c'è un libro)
である = ESSERE (è un libro)

FORMA PIANA

レッスン 20　である

FORMA -MASU
あります　ありました
ありません　ありませんでした

E いま (ora), sapendo che il **VERBO ESSERE** si coniuga prendendo il verbo **ある** e declinandolo nelle sue varie forme, possiamo かんたんに (facilmente) scoprire qual è la sua FORMA PIANA e la sua FORMA -MASU, in modo da poter parlare liberamente in ogni occasione! Ecco a voi una tabella, anche se bisogna fare attenzione ad alcuni punti essenziali...

FORMA PIANA

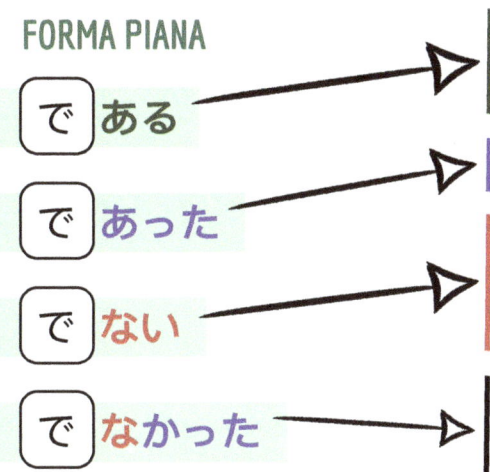

DE ARU (è) non si usa quasi mai, e il 99% delle volte viene contratto in DE ARU = DA. Ecco perché DA è il vero VERBO ESSERE, anche se usato così com'è suona forte, tipo "IO SONO ITALIANOOOO!" . Sia DE ARU che DA esprimono una sorta di grido, e se si vuole evitarlo non si mette nulla!

DE ATTA (era), come DE ARU, viene spesso spremuto in DE ATTA = DATTA. Ma DATTA, a differenza di DEARU e DA, non esprime "potenza".

DE NAI è una negazione (non è), ma per la logica giapponese se si nega qualcosa si nega soltanto quella, escludendo il resto! Ecco perché viene aggiunta la particella WA dopo DE - DE WA NAI. E così con WA si crea l'effetto "Un gatto... non lo è (è qualcos'altro)", ma occhio perché spesso questo DE WA viene spremuto e diventa JA. Quindi DE WA NAI = JA NAI!

Stessa sorte spetta a DE NAKATTA (non era). Essendo un negativo, un giapponese negherà soltanto quello - escludendo il resto - e quindi... si aggiungerà WA - DE WA NAKATTA (Un gatto... non lo era). Chiaramente anche qui il DEWA viene spesso contratto in JA - JA NAKATTA.

FORMA CORTESE

DE ARIMASU (è) non viene davvero quasi mai usato, essendo forte come DE ARU/DA. Il problema è che nel linguaggio cortese si vuole evitare questa "potenza" di DE ARIMASU e per questo motivo viene sostituito dal buon DESU , che non è il verbo essere e non ha nessuna "forza"!

Attenzione che DE ARIMASHITA (era) il 99% delle volte viene contratto in DE ARIMASHITA = DESHITA!

DE ARIMASEN (non è) si può usare tranquillamente, ma attenzione che - essendo un negativo - gli verrà aggiunta la particella WA per negare solamente quello, escludendo tutto il resto. Ecco che si sentirà sempre DE WA ARIMASEN (Ramen... non sono. Sono qualcos'altro). Ovviamente anche qui il DEWA verrà molto spesso contratto in JA - JA ARIMASEN.

Al negativo DE ARIMASEN DESHITA (non era) verrà aggiunta WA per negare solo quello ed escludere il resto. Ecco che otterremo DE WA ARIMASEN DESHITA, spesso contratto in JA ARIMASEN DESHITA!

In Giappone c'è una presenza davvero mooolto massiccia di **MASCOTTE**, chiamate **YURU-KYARA** in giapponese. Praticamente ogni attività ne ha una che la rappresenta: negozi di elettronica, banche, templi, città e addirittura... onoranze funebri!

だれ？　だれだ？　だれである？
だれですか？　だれでありますか？

Ecco i vari modi per chiedere CHI È?
Prova a capire la sfumatura che ognuno porta con sé!

LEZIONE 20 IL VERBO ESSERE

であります è tipico delle **voci narranti dei film**

Lo vediamo qualche esempiuccio? Ve li metto in **FORMA PIANA** e **FORMA CORTESE**! Fateci caso, *neh*!

あのイケメンは ダヴィデ [...]
QUEL BONAZZO **È** DAVIDE

Se ci metti だ è come **gridato**

あのイケメンは ダヴィデ [です]
QUEL BONAZZO **È** DAVIDE

です si aggiunge **in più**

この エロ漫画(まんが)は どう [だった]?
QUESTO MANGA EROTICO COM'[ERA]?

La contrazione di であった

この エロ漫画(まんが)は どう [でした] か?
QUESTO MANGA EROTICO COM'[ERA]?

La contrazione di でありました

タイ人(じん)[で] パスタが好(す)き [...]
[SONO] TAILANDESE **E** MI PIACE LA PASTA

La forma in -te di であるè で = ESSERE E...

タイ人(じん)[で] パスタが好(す)き [です]
[SONO] TAILANDESE **E** MI PIACE LA PASTA

パスタが好き
La pasta è adorata

Dopo gli *aggettivi in -na* si può aggiungere です

あれは 島(しま) [ではない]?
QUELLA [NON È] UN'ISOLA?

Nelle domande PIANE non serve か

あれは 島(しま) [ではありません] か?
QUELLA [NON È] UN'ISOLA?

Nel **NEGATIVO** si aggiunge は

上手(じょうず) [ではなかった]
[NON ERO] BRAVO

は dà l'effetto "Bravo... non ero"

上手(じょうず) [ではありません でした]
[NON ERO] BRAVO

Solo でした significa **ERA**

Il kanji di **MARE** è raffigurato dalla stilizzazione dei movimenti dell'ACQUA con a destra due mammelle (quindi una MAMMA) che si pettina i CAPELLI NERI. Dall'idea dell'acqua nera (perché profonda) nasce il kanji di **MARE**!

うみ　カイ

*Il **VERBO ESSERE** è forse il verbo più problematico in giapponese (troppe sfumature e cose strane). Coraggio!*

FORMA GRAMMATICALE

Ed eccoci qui, come nostra tradizione, nella pagina dedicata a una gustosissima **FORMA GRAMMATICALE**. Siete pronti a esprimere <u>concetti sempre più utili</u> e interessanti? Con calma e tranquillità, vediamo un po' cosa ci aspetta...

〜しか ない

Dico davvero, la FORMA GRAMMATICALE che vediamo ora è proprio semplicissima. Basta mettere un qualsiasi **VERBO** in **forma piana** (mangiare, bere, dormire, andare ecc) e appiccicarci la particella しか, che significa "nient'altro che". Per esempio たべる しか (nient'altro che mangiare). Dopo di che basterà aggiungerci il verbo ない (non c'è).

NON RESTA CHE...
(è l'unica cosa da fare...)

Ecco che se a たべる しか (nient'altro che **mangiare**) ci incolliamo ない (non c'è), otteniamo たべるしかない, ovvero "non c'è nient'altro che **mangiare**". Insomma, questa forma grammaticale si usa proprio per esprimere la rassegnazione "non c'è altra scelta...", "non resta da fare altro che..." . Ok? Su su su, vediamo subito qualche frasettina:

<ruby>現金<rt>げんきん</rt></ruby>を<u>忘</u>れてしまった！カードで <u>払</u>うしか ない。いい？
HO DIMENTICATO <u>I CONTANTI</u>! NON MI RESTA (CHE PAGARE) CON LA CARTA. VA BENE?

<ruby>幸<rt>しあわ</rt></ruby>せに<u>生</u>きるには、<u>生</u>まれ<u>変</u>わるしか ない。悲しいよね？
<u>PER</u> VIVERE FELICEMENTE, NON MI RESTA ALTRO DA FARE (CHE RINASCERE). È TRISTE, VERO? *(ehh, che esagerazione)*

あの<u>本</u>は とってもよくて<u>面白</u>いから、<u>僕</u>も <u>買</u>うしか ない！
QUEL LIBRO, <u>VISTO CHE</u> È <u>MOLTO</u> BELLO E INTERESSANTE, ANCHE IO NON POSSO FAR ALTRO (CHE COMPRARLO)!

<ruby>電車<rt>でんしゃ</rt></ruby>がもうなかった<u>から</u>、お家まで <u>歩</u>くしか なかった... ← ない al passato!
<u>SICCOME</u> NON C'ERANO <u>PIÙ</u> TRENI, NON HO AVUTO ALTRA SCELTA (SE NON QUELLA DI CAMMINARE) FINO A CASA...

Chiaramente, essendo ない la forma negativa del verbo ある (esserci), nel caso in cui volessimo parlare <u>FORMALE</u> basterà sostituirlo con la sua *forma in -masu*, ovvero ない = ありません. Facilissimo, no? Certo, nello *slang parlato* capita spesso di aggiungere semplicemente です (quindi ないです) anche se non è molto corretto... per esempio:

<ruby>笑<rt>わら</rt></ruby>うしか ありません
NON POSSO FAR ALTRO (CHE RIDERE)

<ruby>飲<rt>の</rt></ruby>むしか ありませんでした
NON C'ERA ALTRO DA FARE (SE NON BERE)

LEZIONE 20 IL VERBO ESSERE

あれは金(かね)だ
QUELLI **SONO** SOLDI!!

SMORZARE IL だ

Come abbiamo ormai capito, usando だ così com'è dopo **NOMI DI COSA** o **AGGETTIVI IN -NA** si esprime come una sorta di grido, come se si stesse affermando in maniera *davvero forte* ciò che si sta dicendo. Infatti ==è raro trovarlo, a meno che voi non entriate in camera vostra e vediate *un koala*... ecco, in quel caso ci starebbe benissimo un コアラだ!==

Ma per il resto dei casi è "innaturale" usare **un nudo e crudo** だ, ma possiamo __addolcirlo__, renderlo alla portata di ogni occasione. Basterà aggiungere le particelle よ o ね (ma anche altre) che abbiamo visto a pagina 119 nel primo libro!

うん、俺(おれ)は元気(げんき) [...]
SÌ, IO SONO IN FORMA.

うん、俺は元気 [だ] ⚠
SÌ, IO SONO IN FORMAAA

うん、俺は元気 [だよ]
SÌ, IO SONO IN FORMA!!!

お〜本当(ほんとう)に上手(じょうず) [...]
OHH SEI DAVVERO BRAVO.

お〜本当に上手 [だ] ⚠
OHH SEI DAVVERO BRAVOOO

お〜本当に上手 [だね]
OHH SEI DAVVERO BRAVO EH!

E ricordiamoci che だ in realtà è la forma *spremuta* del verbo である, e quindi anche である esprime *molta potenza*... ma se だ si può addolcire con よ o ね, invece である non viene praticamente *mai usato* nel parlato. Certo, si trova ogni tanto in qualche libro o film e dà quella sfumatura di **"tono autorevole"**, in stile "voce narrante"...

[ERA] UNA BELLA CITTÀ

VOCE NARRANTE
いい街(まち) [であった]   いい街 [でありました]

VOCE NATURALE
いい街 [だった]   いい街 [でした]

IL PUNTO
Il verbo DA (cioè DE ARU) è molto forte e "convinto".

やほ〜！ここは結構(けっこう)小(ちい)さい街(まち)で、とっても静(しず)かで自然(しぜん)が本当(ほんとう)に重要(じゅうよう)だから、みんなチャリを使(つか)う（健康(けんこう)にいいし）。すごい旅行(りょこう)だな〜。うん、僕(ぼく)はチャリが全然(ぜんぜん)好(す)きじゃないけど、ここでは使(つか)うしかないね！

Weilà! Questa **è** una città abbastanza piccola ed è un posto molto tranquillo **e** __visto che__ la natura è davvero importante, tutti usano la bici (che poi *fa bene alla salute*). Ahh, **è** un viaggio fantastico! Già, a me non piace per niente la bici, __ma__ qui non posso far altro che usarla!

街で - è una città e...   静かで - è tranquilla e...
La forma in -te di **NOMI DI COSA** e **AGGETTIVI IN -NA**

レッスン 20 である

Questo è il kanji di **STELLA** ed è composto in alto da una sfera luminosa (quindi una STELLA in cielo), mentre sotto troviamo una PIANTINA che nasce dal terreno; di notte le **STELLE** cominciano a NASCERE, spuntare nel buio... Wow.

星 　　ほし 　　セイ

です NON È IL VERBO ESSERE

Ok, il verbo である esprime molta potenza e convinzione, e se vogliamo renderlo formale lo coniughiamo in **forma-masu**, ovvero であります. Fantastico, ma se anche sto benedetto であります esprime *potenza*, secondo voi è naturale usarlo nel linguaggio **FORMALE**, ovvero quando vogliamo esprimere gentilezza, delicatezza e fredda cortesia?

La risposta è **NO**.

Infatti であります sarà quasi sempre sostituito dal caro e vecchio です - che rimpiazza であります ma **non è il verbo essere** - e serve solo a rendere la frase cortese e gentile! Non ci credete che です non è il verbo essere? Uhm, vi ricordate che avevamo detto che dopo gli aggettivi in -i non ci va **mai** il verbo essere? みて (guardate) qui:

IL SUSHI È CARO

1) 寿司は 高い ... OK
2) 寿司は 高い です OK
3) 寿司は 高い だ ✗
4) 寿司は 高い であります ✗

すごいだね
è sbagliatissimo!
"Figo, eh?"
si dice
すごいね
oppure
すごいですね
se vogliamo
essere formali.

Le vostre domande!
Quando ero in Giappone alcune volte sentivo でございます dai camerieri. Che roba è?

👍 👎 ♥   RISPONDI

🟠 TI VA DI GIAPPARE?

でございます sarebbe una versione **iper mega formale** del verbo である, quindi il verbo essere. Essendo in una forma così gentile, sebbene sia il verbo essere, perde ogni "potenza" tipica di である, ma rimane pur sempre il verbo essere... quindi usarlo dopo un aggettivo in -i (たかい でございます) è grammaticalmente sbagliato!

Non è caro si dice:
高くない oppure 高くないです

LEZIONE 20 IL VERBO ESSERE

DIALOGO

Ok, e ora con il **VERBO ESSERE** giapponese non dovrebbero più esserci problemi: sapete parlare sia in forma PIANA che CORTESE. Strafico. Ricordatevi solo che だ bisogna addolcirlo con よ oppure ね (altrimenti state gridandooo) e se non volete dare nessuna ニュアンス (sfumatura) basta <u>non mettere niente</u>! In questo DIALOGO due amici sono in un ristorante italiano, e discutono sul dessert... essendo amici, parlano in **FORMA PIANA**. Fate attenzione al verbo essere!

うまい**な**！ 何(なに)？ これ。
カッサータ**じゃない**？

Ma che buono! Che cos'è? Non è la cassata?

えーと何(なん)**だったっけ**？
ティラミス**だ**と思(おも)うよ

Ehm, cos'è che era? Penso che sia tiramisù!

あっ、そう**だ**ね！ おかわりする しかないね！

Ah, è vero! Mi tocca prendere il bis!

レッスン 20　である

ANALISI del TESTO

わかった (capito) tutto? Avete notato quanti bei **verbi essere** sono apparsi nel DIALOGO? Su, facciamo un attimo un mega ripasso: se parlo in FORMA PIANA, il verbo essere lo esprimo con だ, だった, じゃない e じゃなかった (e sto attento alla potenza di だ), mentre se parlo in FORMA DESU/MASU userò です (al posto di であります), でした, ではありません e infine ではありませんでした. Ok, analizziamo per bene il dialogazzo:

何だ? = CHE COS'ÈÈÈ?
何ですか? = Che cos'è?

Il nostro protagonista assaggia il dolce e fa **うまいな**, con il な che crea l'effetto "ah, che buono!", e poi domanda **何？これ**. Sta chiedendo 何？, ovvero "che cos'è?", e dato che sta parlando in FORMA PIANA non serve né mettere **il verbo essere affermativo (だ)** né **la particella か** per fare la domanda! Poi aggiunge これ per indicare "questo". La frase standard sarebbe これは何？ (riguardo questo, cos'è?), ma <u>nel parlato si inverte</u> spesso: 何？これ (cos'è? Questo). Infine chiede **カッサータじゃない？** = "<u>non è cassata?</u>", dove notiamo che ではない si spreme in じゃない. Esatto, in forma DESU/MASU avrebbe detto カッサータではありませんか?

"Penso che sia…"
NOME + だ
AGGETTIVO -NA + だ
と思う

L'amica riflette facendo **えーと** ("ehm") ed esclama **何だった**, ovvero 何 (che cosa) + だった (era), quindi "che cos'era?". Se questa ragazza avesse parlato in DESU/MASU avrebbe detto 何でした? Ah, da notare che **何 (NANI) si contrae in NAN** se dopo c'è だ, だった, でした, です ecc! La particella finale **っけ？** esprime un dubbio, una specie di "che cos'era, <u>che non ricordo</u>?". Poi continua con **ティラミスだ**, quindi un fortissimo "**è tiramisùùù!**". Sta usando il *potentissimo* だ perché subito dopo troviamo **と思う**, ovvero "**pensare che…**". Per la logica giapponese, se si sta pensando qualcosa lo si sta affermando *convinti*, quindi serve proprio un bel だ!

 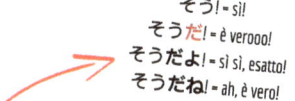

そう! = sì!
そうだ! = è verooo!
そうだよ! = sì sì, esatto!
そうだね! = ah, è vero!

Allora l'amico realizza con **あっ**, dove scopriamo che つ *piccolino* messo alla fine serve a <u>interrompere bruscamente</u> un suono, quindi あっ suona proprio come un **"ah!"**, e continua con **そうだね！** Se そう vuol dire "così", **そうだ** vuol dire un fortissimo **"è cosìì!"**, ma basta addolcire だ con la particella enfatica ね per ottenere l'effetto **そうだね = "è così, eh?"**. Poi continua con **おかわり する**, ovvero il verbo "*fare o-kawari*". La parola おかわり (dal verbo かわる) significa "sostituzione", quindi おかわり する sarebbe "fare una sostituzione", cioè **"fare il bis"**. A questo verbo ci ha messo la costruzione **しかない = "non c'è altro da fare che…"**. Il ね finale ammorbidisce il tutto.

旨	何	思	代
BUONO	COSA?	PENSARE	CAMBIARE
うまい	なに	おもう	かわる / かえる
シ		シ	ダイ

⚠ 代わります CAMBIARE - 代わり CAMBIO
Si toglie il MASU dal verbo per ottenere il SOSTANTIVO

Il kanji di <u>UMAI</u> molto spesso **si evita** e si usa lo hiragana

LEZIONE 20 IL VERBO ESSERE

Perché cacchio complicarsi la vita così con sto VERBO ESSERE?

練習
ESERCIZI

1 Traduci le coniugazioni del VERBO ESSERE aiutandoti con le sillabe già presenti.

IO ERO   だ □ □   IO SONO   □ あ □ □ □

IO NON SONO □ は □ □   IO NON ERO じゃ □ □ □ □

IO SONO   □ よ   IO ERO   □ し □

2

A. ではない   B. ....   C. ....   D. ....
E. .... F. ....   G. ....   H. ....
I. .... L. ....   M. ....   N. ....
O. .... P. ....

3 Trasforma in FORMA PIANA i verbi sottolineati!

今朝、本当に早く<u>起きました</u> [...............] 。5時半<u>でした</u> [...............]。喫茶店で美味しい朝ごはんを食べて、チャリに乗って公園へ<u>行きました</u> [...............] 。いい天気<u>ではありませんでした</u> [...............] けど、僕は雨がとても好き<u>です</u> [...............] よ。

それはともかく、7時に公園に着いたけど、曇り<u>でした</u> [...............] から、誰も<u>いませんでした</u> [...............] ！

LE SOLUZIONI SONO A PAGINA 137!

E via un'altra... Daje con la 21

ジャマだ
Levati di mezzooo
(*sei* una seccatura)

Frasi che si trovano sempre negli **ANIME!**

LEZIONE 21
POSSO?
DEVO?
てもいい？ ないとダメ？

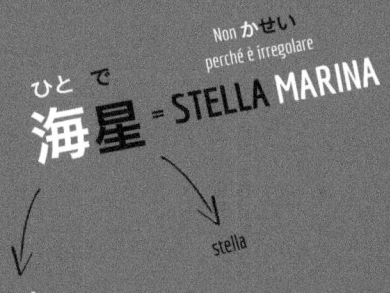

ひと で
海星 = STELLA MARINA

Non かせい
perché è irregolare

↓ mare
↓ stella

"Ciao! Libro comprato e ora ci buttiamo nel giapponese! Gli ho dato solo un'occhiata veloce ma mi piace già! Erano 24 anni che non prendevo in mano il giapponese e ora si riparte!"

Giuseppe F.

POSSO? DEVO?
てもいい？ないとダメ？

21

Certo che puoi!

Tutti pronti a proseguire la nostra fantastica ぼうけん (avventura) alla scoperta della lingua giapponese? In questa LEZIONE 21 incontriamo due temi davvero fantastici, perché ci permetteranno di esprimere (e capire) un sacco di concetti fighissimi. Ci siamo, è il turno di <u>POTERE</u> (avere il permesso) e <u>DOVERE</u> (avere l'obbligo)!

AVERE IL PERMESSO
Per prima cosa impariamo una costruzione semplicissima. Vi capiterà sicuramente di voler esprimere frasi come:

PUOI MANGIARE IL MIO PANINO   **PUOI USARE** IL MIO TELEFONO

Stiamo cioè esprimendo "puoi", il verbo POTERE, nel senso di:

HAI IL PERMESSO DI FARLO   *OK!*

Bene. Per formare una frase del genere basterà prendere un qualsiasi verbo, coniugarlo in FORMA -TE e appiccicarci la particella も, che significa ANCHE. Con questo primo step otteniamo per esempio 食べても (ANCHE se lo mangi) oppure 読んでも (ANCHE se lo leggi). Facile, vero? Poi basterà aggiungerci l'aggettivo いい (è buono, va bene).

...ても いい

ANCHE SE... VA BENE

(quindi **puoi farlo**)

Allora, è una mega cavolata o no? Pensate a quante porte vi si apriranno adesso! Potrete esprimere **un sacco di cose** in più con il vostro amico giapponese. Ordunque, facciamo un paio di sperimentazzi con qualche <u>VERBO</u>:

IL PUNTO
"Puoi farlo" si dice "<u>anche se</u> lo fai, va bene!"

あ
開けても いい
Anche se lo apri **va bene**
Puoi aprirlo

あら
洗っても いい
Anche se lo lavi **va bene**
Puoi lavarlo

い
行っても いい
Anche se vai **va bene**
Puoi andare

だ
出しても いい
Anche se lo tiri fuori **va bene**
Aspè, parliamone...

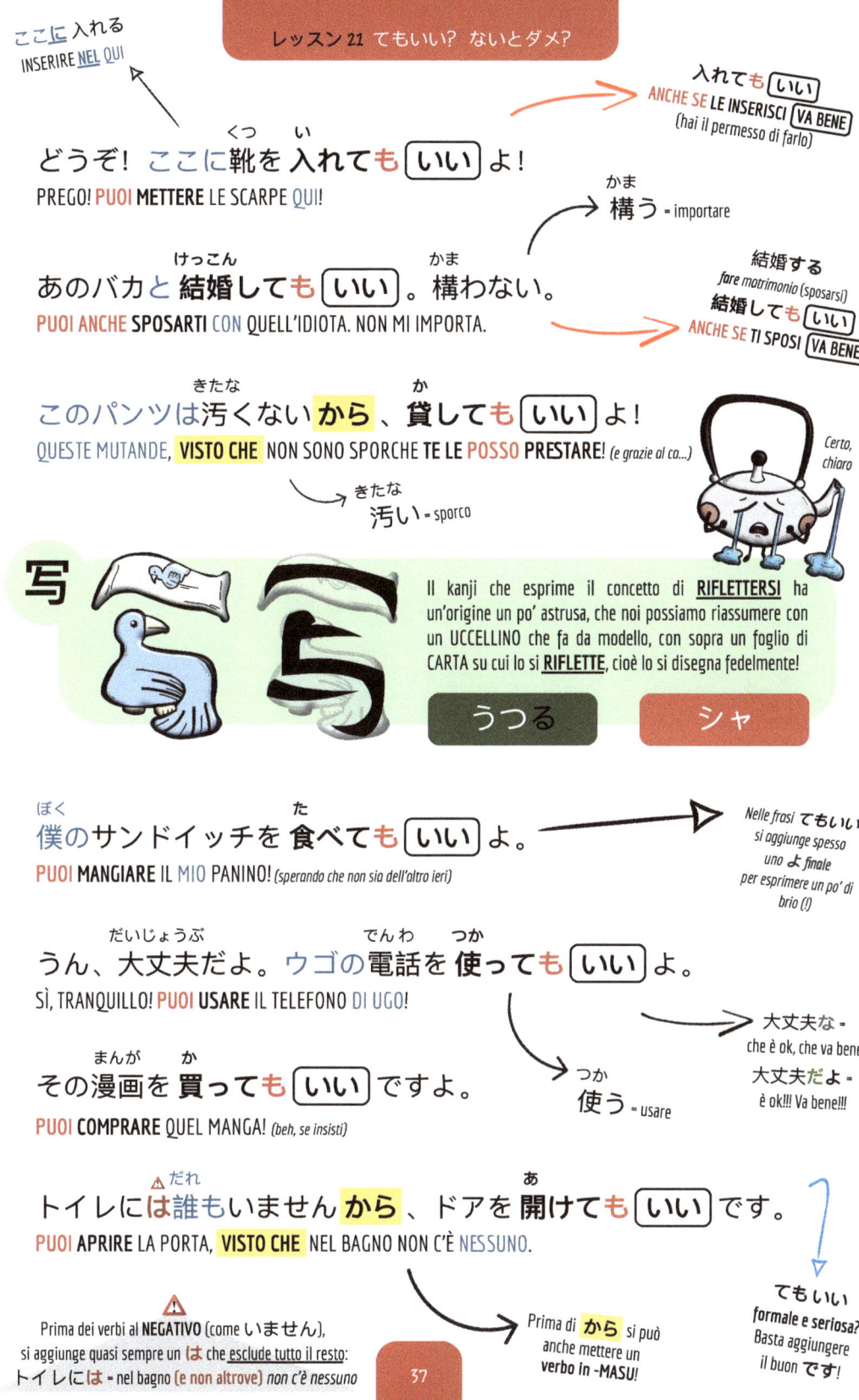

LEZIONE 21 POSSO? DEVO?

ちょっと**聞**いてもいい?
Posso farti una domanda?

Le vostre domande!
Ma il "poter fare qualcosa", per esempio "**posso** parlare giapponese", nel senso di "**so parlare il giapponese**", lo esprimo sempre con la forma ても いい?

👍 👎 ❤️   RISPONDI

🧑 TI VA DI GIAPPARE?

Purtroppo NO, perché la costruzione ても いい indica potere nel senso di AVERE IL PERMESSO, quindi にほんごを はなしても いい suona "**Ho il permesso di parlare** il giapponese". Per esprimere il POTERE nel senso di "ne ho le capacità", dobbiamo usare la forma <u>POTENZIALE</u> dei verbi, che affronteremo nel 3° libro (spoiler)!

POSSO FARLO?
E ora, tenetevi forte, perché ribaltiamo un attimo le cose (vedrete che figata). Se con la forma ても いい esprimo "anche se lo fai va bene ", quindi "puoi farlo", nulla mi impedisce di **trasformarla in una domanda**! Non ci avevate pensato, eh? Ecco che così possiamo chiedere il <u>PERMESSO</u> di fare qualcosa. Basterà fare:

いい?
Va bene?

...て も いい ?
ANCHE SE... VA BENE ?

(quindi **posso** farlo?)

Ecco qualche succoso esempio per chiarire la situazione:

使っても いい?
anche se la uso va bene?

ごめん、**君**の**車**を **使**っても いい ?
SCUSAMI, **POSSO USARE** LA **TUA** MACCHINA? *(un graffio e sei caput)*

La particella di fine frase かな esprime il dubbio "chissà se", "mi chiedo se"

工場から**家**に ちょっと **電話**しても いい かな?
POTREI CHIAMARE UN ATTIMO A CASA **DALLA FABBRICA**?

ちょっと *(un po')* ammorbidisce la richiesta

上手ではありません**けど**、**俺**がお**皿**を **洗**っても いい ですか?
NON SONO BRAVO, **MA POSSO** LAVARE IO I PIATTI? *(eh belin, come minimo, visto che ho cucinato io)*

家 (casa) si può leggere in due modi:
いえ è la casa architettonica, insomma le 4 mura fisiche, mentre うち è la casa in senso intimo, profondo.

俺が
posso lavarli <u>IO</u>?

Dopo いい basta aggiungere です e か per le domande <u>FORMALI</u>!

FORMA GRAMMATICALE

Ci siamo, ci siamo, ci siamo. Indovinate dove. Ma è ovvio: al nostro consueto appuntamento con le FORME GRAMMATICALI giapponesi. Lo so, starete pensando *ma chi me l'ha fatto fare?*, ma fidatevi... questa è davvero **una super cavolata**.

～すぎる

Basta appiccicare il finale すぎる a VERBI e AGGETTIVI per ottenere l'effetto "troppo", quindi "mangiare troppo" oppure "troppo buono" ecc. Iper utile, vero? Per esempio, ora potete dire cose come "*questo libro è **troppo figoooo**"!

TROPPO...
(essere troppo)

Ci sono delle semplici regolette per poter appiccicare correttamente il nostro すぎる: voi coniugate qualsiasi verbo in forma ます, togliete il ます e mettete すぎる. Agli aggettivi togliete la い e il な e mettete すぎる!

食べます = 食べすぎる	若い = 若すぎる	静かな = 静かすぎる
MANGIARE / MANGIARE TROPPO	GIOVANE / TROPPO GIOVANE	TRANQUILLO / TROPPO TRANQUILLO

フィロメーナさんは、スマホを 使いすぎる ね。
FILOMENA **USA** TROPPO IL CELLULARE, EH.

使う = USARE
使います
使いすぎる

そのお店のラーメンは 辛すぎる から、おばあさんは食べないよ
SICCOME IL RAMEN DI QUEL LOCALE **È** TROPPO **PICCANTE**, LA NONNA NON LO MANGIA!

辛い = PICCANTE

パリが 好きすぎる けど、いい天気じゃなかったから 大変だった
MI PIACE TROPPO PARIGI, PERÒ **SICCOME** NON FACEVA BEL TEMPO È STATO TERRIBILE

E attenzione che すぎる si comporta come **un verbo del 1° gruppo**, e lo potete coniugare come vi pare!

Richiesta negativa (pag. 137 del 1° libro)

昨日、飲みすぎた
IERI **HO BEVUTO** TROPPO
→ Al passato

漫画を 読みすぎないで よ
NON LEGGERE TROPPO I MANGA!

お金を 貸しすぎて しまった
HO FINITO PER **PRESTARGLI** TROPPI SOLDI
→ Finire per... てしまう

東京のホテルは 高すぎます
GLI HOTEL DI TOKYO **SONO** TROPPO **CARI**
→ Forma MASU di すぎる

LEZIONE 21 POSSO? DEVO?

ウゴと会^あわないとダメ
Devo **incontrarmi** con Ugo

真

Anche l'ideogramma di <u>REALTÀ</u>/<u>VERITÀ</u> è un po' astratto... Deriva dalla figura stilizzata di un CUCCHIAIO che riempie fino all'orlo un VASO, e dal concetto di "pieno" nasce quello di <u>REALE</u>/<u>VERO</u>, pieno e autentico come la realtà... Bah.

まこと　　　　　シン

AVERE L'OBBLIGO

La faccenda qui si fa *incredibbbile*, perché adesso che abbiamo imparato a usare l'espressione "avere il permesso di fare", allarghiamo un attimo i concetti che possiamo esprimere imparando un'altra forma, ovvero il DOVERE. Tenetevi forte, perché にほんご で (in giapponese) la frase "DEVI FARLO" si esprime con la costruzione:

ダメ!
Non va bene!

....ないと　ダメ

SE NON FAI... È MALE

(quindi devi farlo)

Insomma, è abbastanza semplice. Basta avere un qualsiasi VERBO in forma negativa (ない) e aggiungerci la particella と . Questa particella normalmente indica la compagnia (マリオと = con Mario), ma possiamo anche appiccicarla ai verbi per esprimere il SE. Quindi:

1) prendiamo il verbo 食べる *(mangio)*
2) lo coniughiamo in forma -nai = 食べない *(non mangio)*
3) ci appiccichiamo 食べないと *(se non mangio)*

A questo punto, per ottenere la nostra formuletta "DOVERE", basterà aggiungere l'aggettivo ダメな , che significa che è male , che non va bene (in pratica sarebbe l'opposto di いい). Ecco che per esempio otteniamo:

RIFIUTARE

Se per esempio qualcuno vi chiede *"Vuoi ancora un po' di torta?"* ma voi siete a posto così, potete **rifiutare** con:

けっこう
結構 です
(è abbastanza)

oppure

だいじょうぶ
大丈夫 です
(va bene)

Attenzione che significano "va bene" nel senso di *"va bene così"*, *"sono a posto così"*!

野菜^{やさい}を 食^たべないと　ダメ

SE NON MANGI LE VERDURE　È MALE/NON VA BENE

quindi devi mangiare le verdure

ダメな ovviamente si scriverebbe in kanji (駄目な), ma il primo è così raro e complesso che di solito <u>si evita</u> e si usa il katakana ダメ (ma anche だめ in hiragana va bene)

レッスン 21 てもいい？ ないとダメ？

ゲームをやる
fare i giochi
VIDEO-GIOCARE

明るい部屋で ゲームをやらないと ダメ。
DEVI VIDEO-GIOCARE IN UNA STANZA LUMINOSA

Se non fai i giochi non va bene

なんで泣いているの？ 4時に 起きないと ダメ だから？
MA PERCHÉ STAI PIANGENDO? PERCHÉ DOMANI TI DEVI ALZARE ALLE 4?

ダメ + から
serve il だ

Gli 焼き鳥 YAKI-TORI sono degli squisiti **spiedini di pollo** (come il nome suggerisce: TORI è uccello e YAKI è grigliato). Si possono trovare 焼き鳥 di qualsiasi parte del pollo, dal petto, al fegato, alla cartilagine...

この学校は 制服を着ないと ダメ
RIGUARDO QUESTA SCUOLA, SI DEVE INDOSSARE LA DIVISA

着る = INDOSSARE

バスで来ないと ダメ だよ
DEVI VENIRE IN AUTOBUS!

来る = VENIRE
来ないと = se non vieni
来ないと ダメ = se non vieni non va bene

ここにお金を入れないと ダメ ですよね？
DEVO INSERIRE IL DENARO QUI, VERO?

Si può aggiungere です

もしもし？ お母さん？ ちょっと聞いてもいい？ 今いい？ 新幹線の切符で普通の電車に乗ってもいいかな？ ん？ 無理？ だってね、昨日ね、博多の駅で新幹線の切符を買ってしまったの。「ちょっと高すぎるな〜」と思った... うーん、やっぱりダメだよね？ 新しく、普通の電車の切符を買うしかないよね。 急がないとダメ！ 明日 出発するから。 じゃ、また！

Pronto? Mamma? Posso chiederti un attimo una cosa? Adesso puoi? Mi chiedevo, posso salire su un treno normale con un biglietto dello Shinkansen? Uhm? È impossibile? È che, ieri, sai, ho finito per comprare un biglietto dello Shinkansen alla stazione di Hakata. Ho pensato "è un po' troppo caro"... Uhm, come immaginavo non si può, eh? Non mi resta che comprare nuovamente un biglietto del treno normale, vero? Devo sbrigarmi! Perché parto domani. Ok, a presto!

La parte ないと può essere sostituita da ない + ければ, ovvero なければ, mentre ダメです può essere sostituito da いけません per suonare più formali.

LEZIONE 21 POSSO? DEVO?

DIALOGO

Fantastico, pazzesco, *meravigliossso*. Sono troppo contento per voi, ragazzi! Ve ne rendete conto o no? Sapendo dire **PUOI** (anche se lo fai, va bene) e **DEVI** (se non lo fai, non va bene) possiamo dire un sacco di cose in più al nostro amico di chat (e possiamo capire ancora di più アニメ e まんが). Ahh, evviva la f... ormula grammaticale. Nel DIALOGO di questa lezione due ragazzi sono sulla spiaggia a contemplare il tramonto, quando lui prova a chiedere a lei una cosa.

すぐ聞かないとダメなことがある…キスしてもいい？

C'è una cosa che devo chiederti subito… Posso baciarti?

ごめん！もう１時だから、すぐ帰らないと！

Scusami! Devo tornare subito a casa, visto che è già l'una!

ひどすぎるよ！なんでそんなに早く帰るの？

Sei troppo cattiva! Ma perché torni a casa così presto?

レッスン 21 てもいい？ ないとダメ？

ANALISI del TESTO

Sembrerebbe andata male a questo おとこのこ (ragazzo)... Avete capito perché? Beh, sono apparse praticamente tutte le forme grammaticali che abbiamo visto nella lezione, ovvero ない**と**ダメ (**devi farlo**), して**も**いい (**puoi farlo**) e infine anche la dolce e tenera すぎる (**troppo**). Ok, ragazzuoli, non ci resta che analizzare nel dettaglio il DIALOGO per verificare se vi è entrato tutto correttamente nella capoccia (meglio nella capoccia che nell'uretra).

キスする è un "verbo in -suru", ovvero NOME•SURU

Il palestrato comincia con すぐ (subito) 聞かないとダメ. Abbiamo il verbo 聞く, che abbiamo sempre associato ad "ascoltare", ma significa anche **"chiedere"**! Coniugandolo al negativo otteniamo 聞かない (non chiedo) e ci appiccichiamo と per ottenere 聞かないと (se non chiedo). Quindi 聞かない**と**ダメ (**se non chiedo** non va bene) e lo attacchiamo a こと (una cosa). Dato che ダメ è un aggettivo in NA, si mantiene il な se è davanti a un sostantivo! Uhm, questa cosa (こと) che deve chiedere fa l'azione di **esserci** (ある). E la domanda è: キスして**も**いい？ , cioè il verbo キスする (**fare** un bacio, "baciare") coniugato in forma -te mo ii: **anche se** bacio, va bene?

"Siccome è..."
だから
in forma cortese:
ですから

La ragazza, presa alla sprovvista, fa ごめん！ (scusami!) e continua con もう1時だから, dove l'avverbio もう significa "già, di già", mentre 1時 è "l'una". Attenzione che se prima del から (siccome, dato che) si vuole esprimere il VERBO ESSERE (siccome è l'una), serve per forza aggiungerci だ . Qundi 1時**だ**から = siccome **è** l'una. Con もう otteniamo "siccome è già l'una". Poi troviamo l'avverbio すぐ (subito) con attaccato 帰らないと！ Il verbo in questione sarebbe 帰る (tornare a casa), che al negativo diventa 帰らない (non torno a casa). Questa frase in teoria sarebbe 帰らない**と**ダメ (**se non torno a casa** non va bene), ma nel quotidiano il ダメ viene spesso tagliato!

こんなに in **questo** modo
そんなに in **quel** modo lì
あんなに in **quel** modo là
どんなに in **che** modo？

Il nostro amico ci rimane un po' male, e infatti esclama ひどすぎるよ, dove l'aggettivo che ci interessa è ひどい (cattivo, crudele). Per incollarci il suffisso すぎる (**troppo**) basta togliere la い ed ecco che otteniamo ひどすぎる, **"troppo crudele"**. Basta aggiungere un bello よ finale per esclamare la frase (!!!). Poi continua con なんで (perché?) そんなに早く (così presto). La parola そんなに significa "così, in questo modo", mentre 早く sarebbe l'aggettivo 早い (rapido, veloce) trasformato in un avverbio: 早く (velocemente). Questo perché è appiccicato a un verbo, in questo caso 帰る (tornare a casa). Quindi 早く帰る = tornare a casa *(in che modo?)* 早く (presto).

聞	時	帰	早
ASCOLTARE/CHIEDERE	ORA/TEMPO	TORNARE	VELOCE
きく	とき	かえる	はやい
ブン	ジ	キ	ソウ

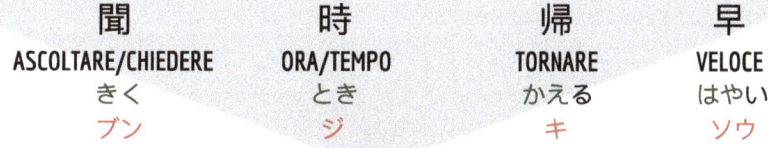

おいしい**だ**から (siccome è buono) è SBAGLIATO! Mai mettere だ dopo gli *aggettivi in -i*

LEZIONE 21 POSSO? DEVO?

Tutta questa **grammatica** fa *bene* al cervello. Certo, auto-convinciti...

練習
ESERCIZI

1 Traduci le seguenti FRASI aiutandoti con gli elementi già presenti.

A) Mercoledì **devi andare** a Caltanissetta con Beppe?

☐　ベッペと　☐　☐　とダメ　です　?

B) Takashi, **devi dormire** alle 9!

たかし、　☐　に　☐　と！

C) Siccome non capisco il giapponese, in classe **posso parlare** in italiano?

☐　分からない　☐　クラスで　☐　話して　?

C) **Devi riposarti** un po'.

ちょっと　☐　ければ　せん

2 Collega con una linea le DOMANDE alle relative RISPOSTE.

パーティ行ってもいい？

ダメです。それは出口です

円を使わないとダメ？

何も！休んでもいいよ！

ここから入ってもいいの？

いいえ、ユーロでもいいです

何をしなければいけませんか？

いいけど10時に帰ってこないと

LE SOLUZIONI SONO A PAGINA 138!

Alla conquista dei manga in originale!

おかしいな
Che strano

LEZIONE 22
ALTRE PARTICELLE
また助詞

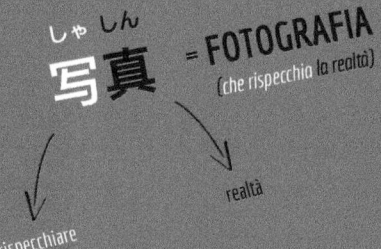

写真 (しゃしん) = FOTOGRAFIA
(che rispecchia la realtà)

rispecchiare

realtà

"Ti ho conosciuto per sbaglio fra dei consigliati e ora non posso fare a meno dei tuoi video! Mi è sempre piaciuto il Giappone e non so, mi sembrava però molto complessa la loro lingua, avevo già in mente di iniziare per conto mio a studiare giapponese, ma non ne avevo tanta voglia e la motivazione per iniziare. Però grazie alla tua simpatia ed energia che emani mi è venuta dal nulla la voglia (ho iniziato da una settimana ormai), ti ringrazio tantissimo per i video che ci porti ogni giorno e per aver acceso la mia voglia di imparare. Spero di imparare l'hiragana e il katakana molto presto!"

Giuseppe F.

ALTRE PARTICELLE
また助詞

22

Eh sì, ce ne sono altre

Già, già, già, notizione in arrivo: le **PARTICELLE** che abbiamo visto a pagina 63 del 1° manuale <u>non</u> sono tutte le particelle esistenti. In realtà ne esistono altre e (tanto per non farci mancare niente) sono composte principalmente da <u>due sillabe</u> (come DAKE o TOKA). Sono tutte utilissime e super mega usate! Vabbè. 3, 2, 1... *Via!*

RIPASSO

Siamo sempre alle solite, みなさん (signore e signori): parliamo di nuovo delle mitiche e intramontabili **PARTICELLE** giapponesi, quei *mini-elementi* che svolgono varie funzioni, solitamente composti da una sillaba hiragana. Per esempio:

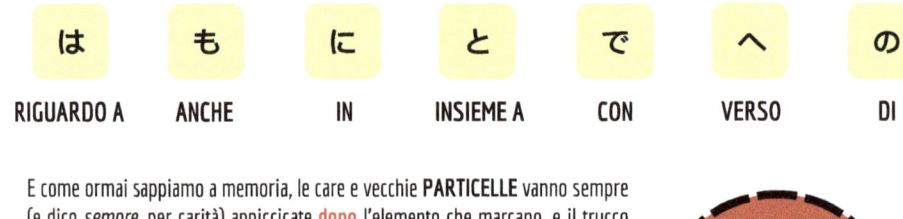

は	も	に	と	で	へ	の
RIGUARDO A	ANCHE	IN	INSIEME A	CON	VERSO	DI

E come ormai sappiamo a memoria, le care e vecchie **PARTICELLE** vanno sempre (e dico *sempre*, per carità) appiccicate <u>dopo</u> l'elemento che marcano, e il trucco super segreto è considerare l'elemento e la particella come **un unico blocco**!

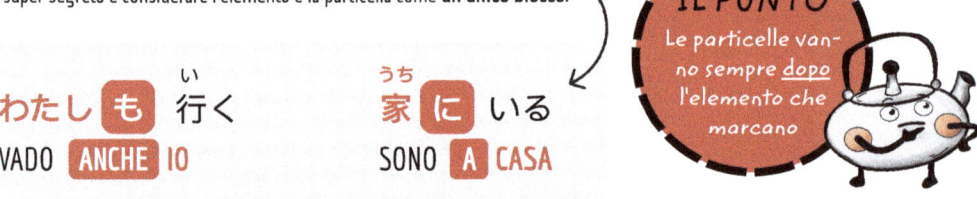

IL PUNTO
Le particelle vanno sempre <u>dopo</u> l'elemento che marcano

Alè, ora che un bel まとめ (ripasso) è stato fatto, non ci resta che affrontare insieme una nuova ondata di **PARTICELLE**, una più utile dell'altra. Ah, vi faccio di nuovo notare che queste **PARTICELLE** sono quasi tutte formate da <u>due</u> sillabe hiragana (*e chissene?* direte voi...). Comunque, trovate una graziosa tabella nella prossima ページ (pagina)! A dopo!

Questo kanji è un po' astratto, perché assume il significato di **TRASFORMARSI** oppure **CAMBIARE**. Infatti deriva dalla forma di due UOMINI spalla contro spalla, a indicare proprio le due direzioni opposte, ovvero il "cambiamento". Ok.

ばける　　　カ

レッスン 22 また助詞

 A parte など, tutte queste particelle spesso si mangiano が e を

だけ	SOLTANTO	Basta appiccicare la particella **DAKE** dopo un **NOME DI COSA** per esprimere **SOLO/SOLTANTO** (l'inglese only). Ah, tenete conto che spesso DAKE si mangia WA, GA e WO!	果物(くだもの)だけ買(か)います COMPRO SOLTANTO FRUTTA
しか	NIENT'AL-TRO CHE	**SHIKA** funziona come DAKE, ma vuole assolutamente un **VERBO NEGATIVO** ! Infatti si traduce con **NIENT'ALTRO CHE** (l'abbiamo intravisto a pagina 29).	パスタしか食(た)べない NON MANGIO NIENT'ALTRO CHE PASTA
とも	TUTTI E	La particella **TOMO** basta posizionarla dopo un **NUMERO+CONTATORE** (dettagli a pag. 96) per poter esprimere **TUTTI E (numero)**. Davvero semplice e utilissima!	三(みっ)つとも 使(つか)ってね! USALI TUTTI E TRE, EH!
ごろ	VERSO LE	Basta mettere **GORO** dopo un qualsiasi **ORARIO** ("alle 3" SANJI NI, oppure "alle 5" GOJI NI) per esprimere **VERSO LE...** Ma attenzione perché GORO si mangia il NI!	7時(しちじ)ごろ 起(お)きたよ MI SONO SVEGLIATO VERSO LE 7!
ぐらい	CIRCA	Anche la fighissima particella **GURAI** (oppure **KURAI**, non fa molta differenza...) si appiccica dopo **NUMERO+CONTATORE** (dettagli a pag. 96) per esprimere **CIRCA**.	2分(にふん)ぐらい 歩(ある)きます SI CAMMINA CIRCA 2 MINUTI
こそ	PROPRIO	La particella **KOSO** la possiamo piazzare generalmente dopo i **NOMI DI COSA** per enfatizzarli e rafforzarli, creando una sorta di **PROPRIO** (è proprio questo).	今年(ことし)こそ 日本(にほん)に行(い)く PROPRIO QUEST'ANNO VADO IN GIAPPONE
⚠ **など**	ECCETERA	Un bel **NADO** si usa principalmente alla fine degli **ELENCHI DI COSE** (questo, questo e questo...) per esprimere esattamente il nostro **ECCETERA**. Comodissimo!	柿(かき)や梨(なし)などが 好(す)き ADORO I KAKI E LE PERE ECCETERA
とか	TIPO	Appiccicare un bel **TOKA** dopo **NOMI DI COSA** o anche VERBI serve a rendere il tutto meno diretto, più "vago", come una sorta di **TIPO/ROBA TIPO**... È usatissima!	明日(あした)とか、暇(ひま)? TIPO DOMANI, SEI LIBERO?
なんて	*AHH...*	**NANTE** si piazza dopo **VERBI, NOMI o AGGETTIVI** per dare enfasi ed emozione (non si traduce) e si può interpretare con **AHH...** Non vuole mai altre particelle vicino!	漢字(かんじ)なんて 嫌(きら)い AHH, I KANJI... LI ODIO
なんか	*PUAH...*	**NANKA** è simile a NANTE ma si attacca solo dopo i **NOMI DI COSA** ; molto spesso dà una sfumatura un po' negativa (**PUAH...**), come se si stesse sminuendo o *schifando*.	金(かね)なんか 要(い)らないよ PUAH, SOLDI... NON NE HO BISOGNO!

なんて e なんか sono come は ma più "intensi"

LEZIONE 22 ALTRE PARTICELLE

石

L'ideogramma di **PIETRA** deriva semplicemente dalla figura molto stilizzata di una grossa **PIETRA** caduta dalla cima di un **PROMONTORIO**, probabilmente un fenomeno osservato in Cina migliaia di anni fa... da qui il significato di **PIETRA**!

いし　セキ

Ovviamente le **PARTICELLE** che abbiamo appena visto hanno anche altre funzioni, ma per ora assimiliamo per bene gli usi principali. Orsù, qualche esempiuccio e non ne parliamo più:

9時ごろ、飴とかケーキとかパンとか 食べてもいい？
VERSO **LE 9** POSSO MANGIARE **TIPO CARAMELLE, TORTE, PANE**? *(calmati...)*

→ Anche se mangio va bene?

Senza に

→ 飴や ケーキ è ok, ma di や ce ne può essere **solo uno**! Sennò si usa とか

僕のカエルは この池でしか 泳ぎません 。まだ小さいですし
LA MIA RANA **NON NUOTA IN** NIENT'ALTRO CHE QUESTO STAGNO. **E POI** È ANCORA PICCOLA

この 池で **in** questo stagno

好きな食べ物は ネズミの肉だけ です。
IL CIBO CHE MI PIACE È **SOLO LA CARNE DI TOPO** *(mmhhh, bona...)*

→ 好きな食べ物
il cibo che piace

しか ない
non ci sono nient'altro che

ここは高すぎる な 。財布に 1000円ぐらい しかない んだもん
AHH, QUI È TROPPO CARO. **È CHE** NEL PORTAFOGLIO **NON HO** NIENT'ALTRO CHE **CIRCA 1000 YEN**

→ 3 + contatore NIN (pagina 97)

La particella finale んだもん esprime una motivazione: "è che...", in modo un po' bambinesco

あの日本人は 三人とも 私の友達です よ 。
QUEI GIAPPONESI SONO **TUTTI E TRE** MIEI AMICI!

I *nihon-jin* fanno **il bagno**... dopo essersi lavati! Nelle case giapponesi, prima ci si insapona e ci si lava seduti su uno sgabello e poi si entra nella **vasca di acqua calda** dove **non** si usa il sapone, ma ci si rilassa e basta: questa pratica si chiama **O-FURO**!

⚠ La particella と significa E (すしとてんぷら - sushi e tenpura) ma si può sostituire con や per esprimere *"e altro"*

FORMA GRAMMATICALE

Ma buonasera, buonasera, buonasera! Voglio scavare nel vostro più intimo passato, ragazzi, perché sto per chiedervi le vostre ESPERIENZE. Sul serio, è proprio questa la **FORMA GRAMMATICALE** che vedremo ora, ovvero *"hai mai fatto...?"*.

～たことが ある?

Il trucchetto è semplicissimo: trasformate al **passato** un qualsiasi VERBO (taberu = ta**beta**, nomu = no**nda**, iu = **itta**...) e ci appiccicate la parolina こと, che significa "il fatto". Per esempio たべたこと significa *"il fatto di aver mangiato"*. A questo punto ci incolli la particella が per rendere たべたこと il soggetto, e infine il verbo ある (esserci).

> **HAI MAI FATTO...?**
> *(l'averlo fatto c'è nella tua vita?)*

Avete capito il giochino? Simpatico, vero? Mi raccomando, il VERBO prima di こと deve essere al **passato**! In pratica con たべたことが ある? state chiedendo *"Il fatto di aver mangiato... c'è?"*, inteso come *"c'è nella tua vita questa esperienza?"*. Chiaramente si traduce con *"hai mai mangiato...?"*. Ah, il verbo ある possiamo coniugarlo come ci pare!

ベッペさんは 馬(うま)の寿司(すし)を 食(た)べたこと が ある?
TU (BEPPE) HAI MAI MANGIATO IL SUSHI DI CAVALLO?

→ 食べたことが ある?
C'è il fatto di aver mangiato

船(ふね)とか で イタリアに 来(き)たこと が ある?
SEI MAI VENUTO IN ITALIA CON TIPO LA NAVE?

→ 来たことが ある?
C'è il fatto di essere venuto

本当(ほんとう)に 漫画(まんが)を 読(よ)んだこと が ない?
DAVVERO NON HAI MAI LETTO UN MANGA?

→ ある si può coniugare al NEGATIVO (non hai mai...?)

お母(かあ)さんと 旅行(りょこう)したこと は ありますか?
CON TUA MAMMA HAI MAI VIAGGIATO?

→ FORMA -MASU!
→ が può diventare は
Il fatto di aver viaggiato... (parlando di quello), ce l'hai come esperienza?

Ovviamente **non** abbiamo l'obbligo di fare una domanda! Ovvero possiamo anche dire **una semplice affermazione** (senza punto interrogativo), e cioè staremo esprimendo *"HO L'ESPERIENZA DI AVER FATTO..."*. Guardate qui:

それなんか 見(み)たこと が ある
QUELLO L'HO GIÀ VISTO

酔(よ)っ払(ぱら)ったこと が ないよ
NON MI SONO MAI UBRIACATO!

→ なんか è per disprezzare それ
(starà indicando un film flop...)

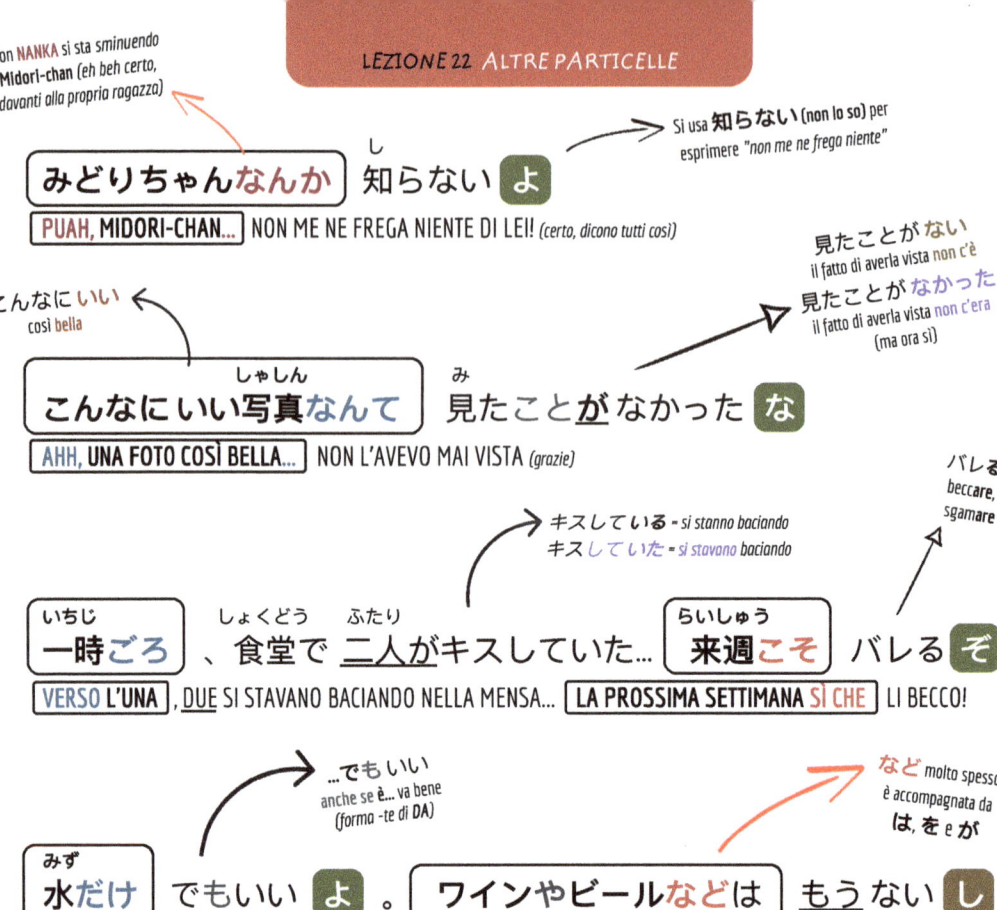

レッスン 22 また助詞

Ma stiamo a scherzà!?

DOPPIE PARTICELLE

Le particelle che solitamente vengono *"mangiate"* dalle altre sono が e を, ma le altre particelle sono indispensabili perché servono proprio a esprimere qualcosa, come:

も	に	で	の	から
ANCHE	A	CON	DI	DA

Ottimo. Beh, cosa succede se per esempio mi serve esprimere sia un だけ (solo) che un に (a) contemporaneamente? Non c'è もんだい (problema), miei cari ragazzi. Semplicemente si schiaffano **insieme le due particelle**! Stra-comodo, no?

マリオに いう + マリオだけ = マリオだけに いう
DIRE A MARIO   SOLO MARIO   DIRE SOLO A MARIO

トレントに 家がある = Ho una casa a Trento
トレントには 家がある = A Trento *(pausa)*, ho una casa
トレントにも 家がある = Anche a Trento ho una casa
トレントこそに 家がある = Proprio a Trento ho una casa

この電車で 行く = Vado con questo treno
この電車では 行く = Con questo treno *(pausa)*, vado
この電車でも 行く = Vado anche con questo treno
この電車だけで 行く = Vado solo con questo treno
この電車なんかで 行く = Puah, vado con questo treno...
この電車でこそ 行く = Vado proprio con questo treno
この電車とかで 行く = Vado tipo con questo treno
この電車でしか 行かない = Non vado con nient'altro che questo treno

E infine il caro e vecchio の si usa per "legare il tutto", senza fare pause... Osserva:

トニノへ手紙を 書いた = Per Tonino, ho scritto una lettera
トニノへの手紙を 書いた = Ho scritto una lettera per Tonino

Quale particella **va prima e quale va dopo** è solo questione di abitudine... Vedrete che con un po' di pratica imparerete le *"combinazioni"* giuste senza problemi!

きょねん
去年 L'ANNO SCORSO

ことし
今年 QUEST'ANNO

らいねん
来年 L'ANNO PROSSIMO

せんげつ
先月 IL MESE SCORSO

こんげつ
今月 QUESTO MESE

らいげつ
来月 IL MESE PROSSIMO

せんしゅう
先週 LA SETT. SCORSA

こんしゅう
今週 QUESTA SETTIMANA

らいしゅう
来週 LA SETT. PROSSIMA

きのう
昨日 = IERI

きょう
今日 = OGGI

あした
明日 = DOMANI

LEZIONE 22 ALTRE PARTICELLE

DIALOGO

E con tutte le fantasticose **PARTICELLE** che abbiamo visto in questa レッスン (lezione), le sfumature e i concetti che possiamo esprimere in giapponese d'ora in poi si ampliano in modo gustosissimo. Beh, non ci resta che vederne qualcuna applicata in un bel dialoghetto, in modo da fare un まとめ (ripasso) generale. Dunque, in questa occasione una coppia che viaggia spesso **è appena arrivata in hotel** e la ragazza si sta finalmente facendo un bagno caldo, quando chiede...

あ〜気持ちいい！ね、スポンジとかあるかな

Ahh, che meraviglia! Ehi, chissà se c'è tipo una spugna...

ないなんて ありえない... あっ、石鹸しかないな

Che non ci sia, non è possibile... Ah, non c'è nient'altro che il sapone

スポンジもないホテルなんかに泊まったことなかった

Non ero mai stata in un hotel che non ha neppure una spugna

レッスン22 また助詞

ANALISI del TESTO

Pretenziosa la tipa, eh? Ma il dialogo l'avete capito fino in fondo? Avete notato l'uso delle varie **PARTICELLE** che abbiamo visto nella lesiùn? Ah, ci tengo a colorare in modo diverso le particelle なんて e なんか giusto per sottolinearvi quel *gusto diverso* che hanno rispetto alle altre. Infatti なんて e なんか sono un po' difficili da capire all'inizio, perché è come se esprimessero una *"pausa emotiva"*, un *"sospiro carico di emozioni"*, traducibile con un **"Ahh..."**. Analizziamo!

スポンジとか può diventare スポンジなど, ma など è più formale

La ragazza immersa nell'acqua calda comincia con un **あ〜** (un *ahh* di sollievo) e poi fa **気持ちいい**, un'espressione che sentirete milioni di volte negli anime. 気持ち significa "sentimento" ma anche "sensazione", mentre l'aggettivo いい vuol dire semplicemente "bello". Insomma, **気持ち いい** vuol dire letteralmente *"che bella sensazione"*, ovvero *"che bello, che piacere"*. Poi chiama il suo ragazzo con **ね** (ehi), **スポンジとか** (tipo una spugna, qualcosa come una spugna) e infine **ある かな**. Il verbo della frase sarebbe ある (esserci, esistere), quindi con ス ポンジとか ある sta chiedendo *"tipo una spugna*, c'è?", e con il かな finale esprime "chissà se...".

石鹸しかない
si può esprimere con
石鹸だけある

E così il fidanzato risponde con **ないなんて**, dove ない sarebbe il negativo di ある (quindi *non c'è*) ma a questo ない ci ha appiccicato **なんて**, una particella molto speciale che enfatizza, ovvero *carica di emozioni la parola* che la precede. Cioè con **ないなんて** sta esprimendo *"ahh, che non ci sia.."* o *"ahh, il fatto che non c'è..."*. Continua con ありえない, il negativo di ありえる (essere possibile), ovvero ありえない = non è possibile. Allora cerca la spugna e dopo un po' fa **石鹸しか**, ovvero *"nient'altro che il sapone"* (ricordiamoci che dopo しか ci va un verbo negativo). E infatti troviamo ない (non c'è), quindi *"non c'è nient'altro che il sapone"*. Il な è come un ね grezzo.

ホテル = un hotel. *CHE HOTEL?*
スポンジもないホテル
un hotel che non ha manco le spugne

E allora lei (un po' altezzosa) risponde con **スポンジもない**, *"non ci sono neppure le spugne"*. Notiamo che も significa "anche" ma assume il significato di "neanche" se il verbo è negativo. Questa frase è come se fosse *un aggettivo* che si riferisce alla parola dopo, ovvero ホテル (hotel): **スポンジもないホテル = un hotel in cui non ci sono neppure le spugne**. A questo hotel ci appiccica **なんか** per "snobbarlo" un po', ma fate finta che なんか non ci sia! Infatti subito dopo troviamo **に**, che serve per esprimere *"in* un hotel in cui non ci sono neppure le spugne". E infine 泊 まったこと (il fatto di aver soggiornato) なかった (non c'era)! Il が dopo こと molto spesso viene tagliato.

気	持	石	鹸
ENERGIA	AVERE	PIETRA	SALINITÀ
	もつ	いし	
キ	ジ	セキ	ケン

KI•MOTSU = KIMOCHI = *energia che si ha*

SEKI•KEN = SEKKEN = *pietra salata*

LEZIONE 22 ALTRE PARTICELLE

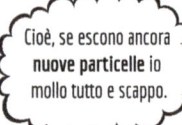

Cioè, se escono ancora **nuove particelle** io mollo tutto e scappo.

練習
ESERCIZI

1 Inserisci la PARTICELLA appropriata osservando la traduzione in italiano!

A メタル [__] 好き? = **Tipo** il metal ti piace?
   (す)

B 二人 [__] 5時 [__] 来ました = Sono arrivati **tutti e due verso** le 5
   (ふたり) (ごじ) (き)

C お茶 [_] 紅茶 [__] を 飲んだ = Ho bevuto **tè verde, tè rosso eccetera**
   (ちゃ) (こうちゃ) (の)

D 箱を 九つ [___] [__] 持っていない = Non ho **nient'altro che circa** 9 scatole
   (はこ)(ここの)   (も)

E ウゲット [_] ありがとう [__] 言った? = Hai detto **solo grazie a** Ughetto?
                           (い)

2 Completa il CRUCIVERBA utilizzando ひらがな だけ!

	1	2		3	4	
5		6ぱ°				7
8 ど	9			10		ん
11				12		
13				ろ		
14 い				15 か	

ORIZZONTALI
1 Soba ecc.
6 Solo pane
8 Doris senza *ri*
10 ジゼン
11 GU-JI con le sonorizzazioni invertite
12 KO SO TA con le sonorizzazioni
13 ラシマロ
14 Seppia
15 Granchio

VERTICALI
2 HA-HA con lineette e pallino
3 Verso che ora?
4 TOTASE SO sonorizzati
5 Circa 5 gradi
7 Solo nella prefettura
9 Nient'altro che sushi

LE SOLUZIONI SONO A PAGINA **139**!

Raga, qui non ci ferma più nessuno

LEZIONE 23
LE INFO EXTRA
関係節

"Mi piacciono un sacco le tue video lezioni! Mi raccomando non smettere! Ciaooo"
Veronica P.

LE INFO EXTRA
関係節

23

Le relative, signori.

Oibò, un argomento davvero utilissimo! Quelle che io chiamo INFORMAZIONI EXTRA, nel linguaggio *grammatichese* si chiamano FRASI RELATIVE. Si chiamano *relative* perché *si relazionano*, si *riferiscono* a un altro elemento della frase, ma vi verrà sicuramente più comodo e intuitivo considerarle come delle *info extra*... Su, ora vi spiego tutto!

COSA SONO?

Vi ricordate che a pagina 86 del 1° libro avevamo visto gli AGGETTIVI (bello, brutto, buono...)? Avevamo detto che si appiccicano subito prima di un NOME, dico bene? Per esempio:

HO COMPRATO UN KAKI GROSSO   LE PERSONE SANE SONO POCHE   ADORO LE CASE ROSSE

Quindi GROSSO , SANE e ROSSE sono delle INFORMAZIONI EXTRA ! Cioè, potrei dire solo "ho comprato un kaki" e la frase reggerebbe, ma voglio <u>specificare</u> per bene com'è sto benedetto kaki, e ci piazzo OOKII: "un kaki **grande**".

Fin qui tutto chiaro, ma se al posto di quei semplici AGGETTIVI ci fosse qualcosa di più complesso, come **una vera e propria frase**? Per esempio, osservate le INFORMAZIONI EXTRA (quindi *in più*) che voglio appiccicare a questi NOMI:

IL PUNTO
Le frasi relative si mettono prima di un NOME, senza CHE

- HO COMPRATO UN KAKI → *CHE KAKI?* Un kaki che **non ho mai visto**
- LE PERSONE SONO POCHE → *CHE PERSONE?* Le persone che **bevono solo acqua**
- ADORO LE CASE → *CHE CASE?* Le case che **sono vicino al fiume**

A questo punto non resterà altro da fare che tradurre per i fatti propri queste frasi scritte in rosso:

見たことがない   水だけ飲む   川に近い
NON HO MAI VISTO   BEVONO SOLO ACQUA   SONO VICINO AL FIUME

e basterà sbattere una di queste **belle frasone** prima di un NOME, proprio come se fosse un normale aggettivo... ed ecco che otteniamo la famosissima FRASE RELATIVA ! Dai, pensavate fosse più difficile, eh? Guardate qui la magia:

UN KAKI <u>CHE</u> **NON HO MAI VISTO**
In giapponese CHE, IN CUI, A CUI ecc <u>non</u> ci sono!

レッスン 23 関係節

L'ideogramma di **MALATTIA** è nato dalla figura molto stilizzata di una PERSONA SDRAIATA su un letto (perché malata), mentre sotto troviamo un tavolino con le gambe aperte, larghe, che indica l'ESPANDERSI della **malattia**... Ok.

やまい / ビョウ

見たことがない 柿を 買った
HO COMPRATO UN KAKI [CHE NON HO MAI VISTO]

見たことがない 柿 è un blocco unico, una cosa sola!

水だけ飲む 人は 少ない
LE PERSONE [CHE BEVONO SOLO ACQUA] SONO POCHE

Al は fermiamoci e facciamo una pausa!
水だけ飲む 人は
Per quanto riguarda le persone che bevono solo acqua...

川に近い 家が 好き
ADORO LE CASE [CHE SONO VICINO AL FIUME]

Se nella frase non trovate nessun は, leggete pure spediti **senza fare pause**!
In realtà qui il は c'è, ma è stato evitato perché è ovvio... In questo caso sarebbe 私は (per quanto riguarda me)!

Capito, vero? Suvvia, un'altra bella sfilza di **esempi** e siamo tutti più contenti!

奈良に行く 電車は これですか?
IL TRENO [CHE VA A NARA] È QUESTO?

⚠ La forma **DESU/MASU** si usa alla **fine**!

昨日見た アニメは 面白かったよ
L'ANIME [CHE HO VISTO IERI] ERA INTERESSANTE!

お金を貸さない 友達なんか 嫌いだ!
GLI AMICI [CHE NON PRESTANO I SOLDI] ... LI ODIO!

Con だ si sta come gridando

OPPURE

Per esprimere "QUESTO **OPPURE** QUESTO?" in giapponese basta fare due domande di fila:

ローマですか
ミラノですか
どこにいきますか?
A Roma? A Milano? Dove vai?
-
VAI A ROMA O A MILANO?

E in forma piana togliamo **DESU** da Roma e Milano ma attenzione che il **KA** rimane comunque:

ローマか
ミラノか
どこにいく?
-
VAI A ROMA O A MILANO?

⚠ La **FRASE RELATIVA** va sempre e comunque in *forma piana*, ad ogni costo! Se volete parlare in forma **DESU/MASU**, basterà *agghindare* **la fine della frase**, lasciando la relativa in piana!

LEZIONE 23 LE INFO EXTRA

Se c'è WA nella frase, anzitutto lo individuiamo, facciamo un respiro e poi traduciamo dal FONDO!

大学に行く
andare all'università

大学に行くバス
autobus che va all'università

あれは 大学に行く バス ではありませんよ
QUELLO NON È L'AUTOBUS CHE VA ALL'UNIVERSITÀ ! *(orbo, c'è scritto davanti)*

僕は 教室で 笑っていた 二人に「うるさい」と 言いました
IO HO DETTO "STATE ZITTI" **ALLE** DUE PERSONE CHE STAVANO RIDENDO IN CLASSE

→ URUSAI TO IU
dire "urusai"

ルイージャは 駅の前にある ポルノショップに 行く？
LUIGIA VA **AL** PORNO SHOP CHE È DAVANTI ALLA STAZIONE ? *(azz...)*

→ DAME è **aggettivo in -na** e mantiene il NA se è prima di un **NOME** *(pag. 40)*

HARAU = pagare

お金を 払わないとダメな 図書館なんて、本当に ある？
BIBLIOTECHE IN CUI SI DEVE PAGARE CON I SOLDI ... CI SONO DAVVERO?

IRERU = inserire

カバンに 入れた 薬を 飲まないとダメですが 苦いので大変です
DEVO BERE LA MEDICINA CHE HO MESSO NELLA BORSA , **MA** SICCOME È AMARA È TERRIBILE

VERSIONI FORMALI

PERÒ
けど = が

SICCOME
から = ので

COME?
どう = いかが

Formalità

Se il verbo in fondo alla RELATIVA è il **verbo essere**, bisognerà utilizzare il caro e vecchio **である** di **pagina 27** (e mai だ o であります)! Ecco qui:

イタリア人である 俺にとって パスタが重要
PER ME CHE SONO ITALIANO , LA PASTA È IMPORTANTE

→ Xにとって
dal punto di vista di X

僕の友達でもある 先生と 会った
HO INCONTRATO UN INSEGNANTE CHE È ANCHE UN MIO AMICO

→ Si può inserire MO in DE ARU per dire ESSERE ANCHE

本でない 物は 捨ててもいいです
LE COSE CHE NON SONO LIBRI PUOI BUTTARLE

→ Ecco che nelle relative è innaturale aggiungere WA a DE NAI *(pag. 27)*

SUTERU = buttare
SUTETE MO II = *anche se le butti, va bene*

FORMA GRAMMATICALE

Buonasera. Mi chiamo Davide e ho voglia di spiegarvi una robetta *grommaticosa*. La **FORMA GRAMMATICALE** di oggi è tanto semplice quanto utilissimissimissima, perché ci servirà a esprimere un concetto fondamentale, ovvero **PRIMA DI**...

〜まえに

Vi ricordate la parolina まえ? In kanji si scrive 前 e letteralmente significa "davanti". Per la logica giapponese (poveri noi) se qualcosa è **AVANTI/DAVANTI** rispetto alle altre cose, significa che è **PRIMA**. Uhm. Ecco perché basterà posizionare un **VERBO** nella "forma da dizionario" (<u>non</u> al passato o nella forma in -masu) prima di まえ に per esprimere:

PRIMA DI...
(davanti a...)

Usato in questa forma, la parola まえ apparirà più spesso in hiragana anziché in kanji! Comunque ecco che per esempio prendiamo il verbo たべる (mangiare), ci piazziamo davanti まえ e otteniamo たべるまえ = **PRIMA DI MANGIARE**. Il に esprime letteralmente "nel prima di mangiare", ma sono dettagli. Il verbo al **PRESENTE**, né! Osservate:

隠す - *nascondere*

けいさつ / く / かく
警察が 来るまえに ハーブを 隠して！
PRIMA CHE ARRIVI **LA POLIZIA** NASCONDI **L'ERBA**!

→ Prima di まえに possono andare solo e soltanto **VERBI** nella "forma da dizionario"

けさ / あさ / た / いの
今朝、朝ごはんを 食べるまえに ちょっと祈った
QUESTA MATTINA, **PRIMA DI** MANGIARE **LA COLAZIONE** HO PREGATO **UN PO'** *(ah)*

祈る - *pregare*

→ 食べるまえに
PRIMA DI MANGIARE
Altre forme del verbo sono sbagliate!

さいご / み / い
最後のエピソードを 見るまえに トイレに行ってもいい？
PRIMA DI GUARDARE **L'ULTIMO EPISODIO** POSSO ANDARE **IN BAGNO**? *(no.)*

りょこう / い / なに
アジアへ旅行に 行くまえに 何をしますか？
PRIMA DI ANDARE **IN VIAGGIO VERSO L'ASIA** COSA FAI?

→ 旅行に行く
andare in viaggio

Il contrario di 〜まえに è 〜あとで, ovvero **DOPO CHE**... (letteralmente *dietro a*...). Se vi dico che è il contrario, è proprio il contrario! あとで vuole la particella で ed esige che il verbo prima di lui sia al <u>PASSATO</u> e mai al presente!

やす / まんが / よ
休んだあとで 漫画を 読んだ
DOPO CHE MI SONO RIPOSATO HO LETTO **UN MANGA**

しゅくだい / まち / い
宿題を したあとで 街に行く
DOPO CHE HO FATTO **I COMPITI** VADO **IN CITTÀ**

→ Il kanji di あと sarebbe 後

→ Fateci caso: è al **PASSATO** sia in italiano che in giapponese

LEZIONE 23 *LE INFO EXTRA*

Questo kanji rappresenta il concetto di **PALAZZO** ed è raffigurato da una SCALINATA (per accedere al palazzo) con a destra un TETTO e una persona con in testa una CORONA ROTONDA che rappresenta i confini del palazzo, le mura...

IL SOGGETTO NELLE RELATIVE

A questo fatidico e sudatissimo punto, bisognerebbe farsi la **domanda** da un miliardo di rupie:

> E SE NELLA FRASE RELATIVA C'E QUALCUNO CHE COMPIE UN'AZIONE?

"Ah già, è verooo"

GLI ANIME [CHE GUARDO **IO**]   LA TORTA [CHE HA FATTO **LA MAMMA**]   IL LIBRO [CHE STA SCRIVENDO **CESARINA**]

IO faccio l'azione di guardarli   **LA MAMMA** ha fatto l'azione di farla   **CESARINA** sta facendo l'azione di scriverlo

Già, in *grammatichese* colui che compie un'azione è... IL SOGGETTO! Quindi andrà marcato con la particella が !

僕(ぼく)が 見(み)る アニメ
GLI ANIME [CHE GUARDO IO]

お母(かあ)さんが 作(つく)った ケーキ
LA TORTA [CHE HA FATTO LA MAMMA]

チェザリーナが 書(か)いている 本(ほん)
IL LIBRO [CHE STA SCRIVENDO CESARINA]

みんなが 使(つか)う ドア
LA PORTA [CHE USANO TUTTI]

→ Se c'è が la frase si legge tutta d'un fiato, senza pause!

Le vostre domande!
Perché "la città dove abito io" la trovo scritta come 私(わたし)の住(す)んでいる 街(まち)? Perché c'è の?

👍 👎 ♥   RISPONDI

(TI VA DI GIAPPARE?)

All'interno delle frasi relative, il **SOGGETTO** (colui che compie un'azione) può essere marcato sia da が che da の, oserei dire **senza alcuna differenza**. Quindi la frase potrebbe essere 私が住んでいる 街 (la città in cui **IO** faccio l'azione di abitare".

In questo caso の <u>non</u> significa più **DI** *(possessivo)*!

レッスン 23 関係節

政治が悪いという意見
L'OPINIONE CHE LA POLITICA SIA MARCIA

LE RELATIVE CON "DIALOGO"

E come gran finale, ancora una cosettina piccina picciò... Tenetevi pronti. Dunque, いままで (fino a ora) abbiamo visto che le **FRASI RELATIVE** si appiccicano direttamente al **NOME**, senza l'aiuto di paroline tipo le nostre *CHE, IN CUI* ecc.

Fantastico. Però il problemuccio lo abbiamo quando dobbiamo appiccicare una **FRASE RELATIVA** a un **NOME** che ci dà una sensazione di "dialogo" scritto, parlato o pensato... Insomma, in parole povere se il **NOME** che ci interessa è:

噂	意見	事	理由	考え
うわさ	いけん	こと	りゆう	かんがえ
DICERIA	OPINIONE	FATTO	RAGIONE	PENSIERO

dovremo richiedere l'aiuto della particella と (le nostre "virgolette") e il verbo いう, DIRE. Aspettate, ora vi spiego meglio... per esempio, おいしいと いう significa DICE "BUONO", giusto? Ecco, ==basterà ficcare il nostro piccolo amico という tra la **FRASE RELATIVA** e il **NOME**== ! Dai, è più facile a farsi che a dirsi:

ひろみがまだ結婚していない という 事を 知っている?
LO SAI IL FATTO [CHE HIROMI NON SIA ANCORA SPOSATA] ?

→ *Conosci il fatto che dice che Hiromi non è ancora sposata?*

俺は 彼がベッドの下に1万ユーロを隠している という 噂を 聞いたよ
IO HO SENTITO LA DICERIA [CHE LUI STIA NASCONDENDO 10 MILA EURO SOTTO IL LETTO] !

→ *BLABLA という 噂 la diceria che dice BLABLA*

まだ食べたことがない日本料理はありますか? 私は自分で鉄板で作るお好み焼きや、東京のもんじゃ焼きなどを、食べたことがありません。実は初めて日本に行くまえに、ニューヨークで5ドルぐらいで、屋台で売っていたたこ焼きを食べた覚えはあります が 、そのあとで屋台の人が優しく勧めてくれたもんじゃ焼きは... パスしました!

Ci sono piatti giapponesi che non avete ancora mangiato? Io non ho mai mangiato le okonomiyaki che si preparano da soli con la piastra, i monjayaki di Tokyo, ecc. In realtà, prima di andare in Giappone per la prima volta, ho il ricordo di aver mangiato un Takoyaki che vendevano in una bancarella per circa 5 dollari a New York, ma il monjayaki che mi ha gentilmente consigliato dopo il tizio della bancarella... l'ho rifiutato!

Invece che un **VERBO AL PASSATO**, prima di まえに e あとで ci può essere un molto generico その, ovvero そのまえに (in quel prima) e そのあとで (in quel dopo)

LEZIONE 23 LE INFO EXTRA

DIALOGO

Dai, dovete ammettere che le temutissime FRASI RELATIVE non sono niente di che! Alla fin fine basta che prendiate qualsiasi <u>frasetta in forma piana</u> e la piazzate prima di un **NOME DI COSA**, punto. E che ce vò? Su, godiamoci il DIALOGO di oggi come se non ci fosse un あした (domani), concentrandoci su ste benedette FRASI RELATIVE. In questa occasione c'è un tizio che invita per la prima volta un collega a casa sua. Quando stanno per arrivare, l'ospite chiede...

えーと、あの大声で歌ってる人は何を…？

Ehmm, ma quella persona che sta cantando ad alta voce, che cosa...?

いつも、１時間ぐらい歌ったあとで、帰りますね

Di solito, dopo che ha cantato per circa un'ora, se ne torna a casa.

そうですか。こんなにうるさいっていう理由は…？

Ah sì? Ma il motivo per cui fa così tanto rumore...?

レッスン23 関係節

ANALISI del TESTO

Allora? Avete fatto caso alle FRASI RELATIVE o no? *Psst, ve le ho segnate di rosso!* Il punto veramente essenziale da capire è solo e soltanto uno: sì, queste due persone sono colleghi, ma siccome non hanno tanta confidenza tra di loro stanno usando la forma **DESU/MASU** (pagina 7). Benissimo. Nonostante questo, le FRASI RELATIVE andranno sempre e comunque in forma piana, cascasse il mondo. Ahh, che c'è di meglio di una bella analisi del dialogo, in questi casi?

あの人 - quella **persona**
あの**歌ってる**人 - quella **persona** che canta

Il collega è appena arrivato nel quartiere dove abita l'amico, quando nota un tizio strano sul ciglio della strada, e comincia con えーと (ehm), ma concentriamoci sulla parte あの (quel), saltiamo la parte rossa e arriviamo a 人 (persona). Abbiamo あの人 (quella persona), con però una bella informazione extra piazzata tra あの e 人, ovvero 大声で 歌ってる (star cantando ad alta voce). La parola 大声 significa "voce grossa, voce alta" e con で si esprime il "tramite": 大声で (**con** voce grossa, **tramite** voce grossa). Il verbo "cantare" si dice 歌う ma noi lo coniughiamo nella forma ～ている per esprimere "star cantando ora", cioè 歌っている. Notate che la い di いる di solito viene mangiata! E infine fa なにを, ovvero "che cosa?". Il verbo è stato tagliato, ma sarebbe "che cosa <u>sta facendo</u>?".

1 時 - l'una
1 時間 - un'ora

E l'amico (che conosce il quartiere) risponde con いつも, una parola che significa "sempre" e che quindi possiamo tradurre con "di solito", e continua con 1 時間ぐらい (circa un'ora). Poi troviamo il verbo 歌う (cantare) coniugato al **passato**, ovvero 歌った. In questo caso è al **passato** perché lo troviamo appiccicato alla parolina あと で (dopo che, dopo di), che esige sempre un verbo al **passato** in forma piana! Ecco che otteniamo 1 時間 歌った あとで = dopo aver cantato circa un'ora. Cosa succede poi? Succede 帰ります, ovvero il verbo 帰る (tornare a casa) coniugato in forma ～ます. Notiamo che sebbene sia forma ～ます, la parte prima di あとで rimane **piana**!

こんなにうるさい**理由**
non basta! Serve という

Infine il ragazzo (turbato) risponde con そうですか, letteralmente "è così?" (そう = così) ma lo traduciamo con "ma dai?" oppure "ah sì?". Poi continua con こんなに (così, in questo modo) うるさい (rumoroso). Finora abbiamo こんなに うるさい (così rumoroso): è scritta in rosso e quindi è un'info extra (una frase relativa)! Se però andiamo avanti notiamo la parola 理由 (motivo, ragione) e questa è una di quelle paroline speciali che necessitano del collante という per appiccicarle a una frase relativa! Ecco che la parte "il motivo per cui è così rumoroso" diventa こんなにうるさいという理由 (と diventa って nel parlato). Uhm, a questo piace troncare le frasi…

声	時	間	理	由
VOCE	TEMPO	INTERVALLO	LOGICA	MOTIVO
こえ	とき	あいだ		
セイ	ジ	カン	リ	ユウ

理由 = motivo che ha una logica

LEZIONE 23 *LE INFO EXTRA*

Vedo **il mondo** sotto un altro punto di vista, il punto di vista del *vaff...*

練習
ESERCIZI

1 Collega con una linea la FRASE RELATIVA al buco adatto!

___ 食べ物はパスタだけ。	みんなが死んだという
あの ___ おじいさんは誰?	うちで作る
___ 考えが強い	僕を見ている

2

DIALOGO 1
A (V)(F) B (V)(F) C (V)(F) D (V)(F)

DIALOGO 2
A (V)(F) B (V)(F) C (V)(F) D (V)(F)

3 Traduci queste frasi in giapponese aiutandoti con i BLOCCHI!

A [La borsa] [che ho comprato ieri a Shinjuku] [è] [questa] !

[__、新宿_買__] [___は] [__] ですよ!

B [Hai mai sentito] [la diceria] [che Ugo vive con la mamma] ?

[ウゴ_お母さん_住んで__と__] [噂_] [___ことがある] ?

C [Non posso fare altro che leggere] [i libri] [che si devono leggere in classe] , [eh] ?

[__で____と__な] [__] [読む__ない] 、[ね] ?

LE SOLUZIONI SONO A PAGINA **139**!

Una volta capite queste, il resto... tsè

ゆる
許せない!
Non ti perdonerò mai!

Frasi che si trovano sempre negli ANIME!

LEZIONE 24
I SUFFISSI ONORIFICI
敬称

びょういん
病院 = OSPEDALE
(il palazzo delle malattie)

↓ malattia
↓ palazzo

"Ok... Devo farti i miei più sinceri complimenti. Continua così!"
Azaria S.

I SUFFISSI ONORIFICI
敬称

Lezione delicata, questa

24

Oh, ci siamo, ragazzi! Una lezione veramente ma *veramente* importante. Andiamo a toccare uno dei temi più sensibili e profondi della lingua *(e della cultura)* giapponese: i <u>SUFFISSI ONORIFICI</u>. Scommetto che la maggior parte di voi li conosce già grazie agli anime, ma vediamo di impararli per bene una volta per tutte! 3, 2, 1... *via!*

DOPO I NOMI

Una lingua si rispecchia nella sua cultura: è questo il concetto alla base dei **SUFFISSI ONORIFICI**, delle minuscole paroline che si appiccicano **dopo i nomi** delle persone. Ma... perché?

Come ormai abbiamo capito, la ぶんか (cultura) giapponese è estremamente <u>attenta alla privacy</u> e al rispetto delle persone; ecco perché in generale:

Senza suffisso si sfonda la privacy, raga

> SI USA <u>SOLO IL NOME</u> CON AMICI INTIMI E PARENTI

Perché nella cultura giapponese usare solamente il nome della persona (tipo **Ciao, Franco**) equivale a sfondare la sua privacy, a togliere ogni tipo di muro tra chi parla e chi ascolta! Che va benissimo, eh, ma solo <u>se stiamo parlando con un amico intimo o con un parente</u>. Per esempio potrei dire:

TU (KUMIKO) STAI BENE?

NOBITA È TORNATO A CASA

IL PUNTO
I suffissi si mettono <u>dopo i nomi</u> delle persone

Dicendo così, cioè usando i nomi nudi e crudi, significa che sia **KUMIKO** che **NOBITA** sono miei amici stretti, oppure sono miei parenti (mia sorella, mia cugina ecc...). Fantastico, nulla di più facile e amichevole, viva la vita, *yeah*.

Ma ecco che in tutti gli altri casi, quindi quando <u>non</u> vogliamo sfondare la privacy della persona, bisognerà *agghindare* il nome con uno dei famosi **SUFFISSI ONORIFICI**! Basterà piazzarne uno subito **dopo il nome (o il cognome)**, così:

Si chiamano **ONORIFICI** perché si va a *onorare* la persona, dandole importanza (e distanza)

⚠ Usare i **SUFFISSI** e usare **la forma piana**... si può!

Sbattiamoli dopo i NOMI della gente!

レッスン 24　敬称

La tabella dei **SUFFISSI ONORIFICI!**

どの

Cominciamo la nostra carrellata di suffissi onorifici con DONO, forse il più **formale e serioso** che ci possa essere. In realtà è **un suffisso dal sapore molto antico**, che non si usa praticamente mai in una conversazione di tutti i giorni. Lo troveremo principalmente **in vecchi film di samurai**, oppure in manga e anime per esprimere una sorta di *"signor padrone"*.

さま　様

SAMA è una versione molto ma *mooolto* più formale di SAN. Se normalmente con una persona con cui abbiamo poca confidenza sarà naturale usare SAN, il suffisso SAMA sarà invece spesso utilizzato **dai negozianti verso i clienti** (ma anche **negli ospedali** si mette spesso SAMA dopo i nomi dei pazienti). Insomma, nella maggior parte dei casi è davvero troppo rispettoso.

し　氏

Il suffisso SHI è molto **distaccato e formale**, nel senso che lo si usa spesso quando la persona in questione non è davanti a noi. Cioè in parole povere è un suffisso che non si usa a voce, ma solo nello **scritto**! Infatti il 99% delle volte lo troveremo negli articoli di giornali o riviste, ma viene anche usato nei documenti seri (atti notarili o giudiziari ecc). Tipo *"il Moscato è qui"*

さん

SAN è il suffisso onorifico più usato; viene tradotto spesso come "signor/signora", ma in realtà è molto di più (e molto di meno al contempo). Si usa per **elevare un muro di privacy tra noi e l'interlocutore**, perché altrimenti **risulteremmo sfacciati, se non è un amico!** Cioè lo useremo con chi "rispettiamo freddamente" (lo usano anche i compagni di classe tra di loro)!

くん

KUN è un classico **per i ragazzi**, ma può capitare (raramente) anche di sentirlo attaccato a nomi femminili. Magari in una coppia giovane che si conosce da poco, la ragazza chiamerà il suo bel maschione aggiungendo KUN (ma si sente anche tra amici maschi, se non si ha ancora così tanta confidenza da usare solo il nome). Inoltre si sente **al lavoro, verso i più giovani**.

ちゃん

Il suffisso CHAN è il più affettuoso della serie, **molto coccoloso e intimo**. Si usa con i bambini, però lo sentiremo spesso incollato a nomi di ragazze, non necessariamente perché non si ha confidenza ma proprio come segno di **affettuosità e coccolosità**. Per esempio non è raro che in una coppia di giovani sposi, il marito aggiunga CHAN al nome della moglie per chiamarla!

Per *purificarsi*, prima di entrare in un SANTUARIO ci si dovrebbe **sciacquare per bene le mani** con un mestolo e una fontanella che si trovano proprio all'entrata. Ci si sciacqua **anche la bocca** e poi si sputa l'acqua fuori dalla vaschetta (non dentro, mi raccomando)!

LEZIONE 24 I SUFFISSI ONORIFICI

ダビデさ～ん
DAVIDEEE

灰

L'ideogramma di **CENERE** è rappresentato da una MANO che tenta di toccare il FUOCO... un fuoco si può toccare con la mano solo quando è spento, ovvero quando è diventato **CENERE**! Lo so, è un po' forzata come cosa ma ci sta, dai.

はい　　カイ

Marco-san si può tradurre anche solo Marco! SIGNOR MARCO è esagerato.

食べてしまう - *finire per mangiare*

マルコさん が 三つとも食べてしまった っていう事、本当?
IL FATTO CHE MARCO-SAN LI ABBIA MANGIATI TUTTI E TRE, È VERO?

è vero che Marco li ha mangiati tutti e 3?

BLABLAという事
il fatto che BLABLA

Chikakino

周子ちゃん 、冷蔵庫に ハムやチーズなどは ありませんか?
CHIKAKO-CHAN, NEL FRIGO PROSCIUTTO, FORMAGGIO ECCETERA NON CI SONO?

CHAN è coccoloso! Forse Chikako è la sua ragazza o una sua amichetta, però lui parla ancora in forma DESU/MASU per non prendersi troppa confidenza...

Egregio Santino

サンティーノ様 、どうぞ! 入ってくださいね!
SANTINO-SAMA, PREGO! ENTRI PER FAVORE!

SAMA si usa di solito con i clienti (o anche con i pazienti ecc...). Insomma il buon Santino è in ospedale e lo stanno chiamando.

Il signor Bonalis

ボノーリス氏 の 新しい番組が 成功でした。
IL NUOVO PROGRAMMA DI BONOLIS-SHI È STATO UN SUCCESSO.

*SHI si trova sui giornali ecc... Questa è di sicuro **una notizia** scritta su un quotidiano!*

*KUN - tipico per **ragazzi** giovani*

それは 翔太くん の 物か 雪ちゃん の 物か、覚えている?
QUELLA È UNA COSA DI SHOUTA-KUN O È UNA COSA DI YUKI-CHAN? TE LO RICORDI?

翔太くんの物か
雪ちゃんの物か
è una cosa di Shouta?
è una cosa di Yuki?

覚えている?
te lo ricordi?

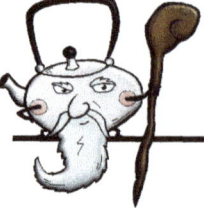

OBOERU = ricordarsi
OBOETE IRU = essere nella condizione attuale di ricordarsi

FORMA GRAMMATICALE

Ohh, ma salve! Chi si rivede, eh? Siamo ancora qui, a tentare di ampliare le nostre possibilità espressive imparando qualche **FORMA GRAMMATICALE** che ci permetterà di dire un sacco di cose! In questa pagina vediamo il *"let's"* inglese.

～ましょう

In pratica con la forma ～ましょう dei verbi si va **a proporre di fare qualcosa insieme**, proprio l'invito "Dai, facciamo così!", esattamente come l'inglese *"let's..."*. Per esempio, proposte di gruppo come "Forza, ragazzi, andiamo!" oppure "Dai, studiamo il giapponese anche oggi!" si esprimono proprio con la forma ～ましょう!

FACCIAMO COSÌ!
(lets' go...)

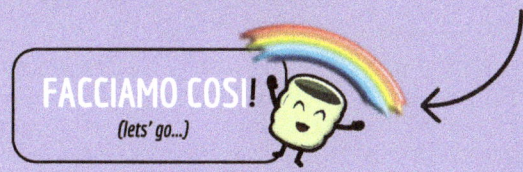

Trasformare un verbo nella sua versione ～ましょう è una cavolata che più cavolata non si può: basta prendere un qualsiasi verbo coniugato in forma **ます** (pagina 7 di questo libro) e sostituire **ます** con ましょう, fine. Per esempio, usiamo l'intramontabile verbo **MANGIARE**: たべる ＝ たべます ＝ たべましょう！ Facile, no?

警察(けいさつ)に早(はや)く**行(い)きましょう**！
ANDIAMO VELOCEMENTE DALLA POLIZIA! (bravo, autodenunciati)

行く andare
行きます andare (formale)
行きましょう ANDIAMO! (formale)

仕事(しごと)が終(お)わったあとで、9時(くじ)ごろビールを**飲(の)みましょう**！
DOPO CHE IL LAVORO È FINITO, **BEVIAMOCI** UNA BIRRA VERSO LE 9!

探す
cercare

危(あぶ)ないですから、この写真(しゃしん)に写(うつ)っている人(ひと)を**探(さが)しましょう**！
DATO CHE È PERICOLOSA, **CERCHIAMO** LA PERSONA CHE APPARE IN QUESTA FOTO! *(seh, è arrivato il detective...)*

写る
rispecchiarsi, riflettersi

バイブルの意味(いみ)を無神者(むしんしゃ)に**教(おし)えましょう**！
INSEGNIAMO AGLI ATEI IL SIGNIFICATO DELLA BIBBIA!

Ma siccome ～ましょう deriva da ～ます, queste sono proposte in forma CORTESE! Per esortare in **FORMA PIANA**, sostituite l'ultima RU dei verbi del 1° gruppo con YOU e l'ultima U dei verbi del 2° gruppo con OU!

宮崎駿(みやざきはやお)のアニメを**見(み)よう**！
GUARDIAMO UN ANIME DI HAYAO MIYAZAKI!

あの電車(でんしゃ)で**行(い)こう**！
ANDIAMO CON QUEL TRENO!

見る - 見よう

行く - 行こう

LEZIONE 24 I SUFFISSI ONORIFICI

Chiamatemi
まっちゃ
先生

I TITOLI

In realtà esistono un paio di **TITOLI** che è meglio utilizzare se la situazione lo richiede... se per esempio noi sappiamo che la persona davanti a noi è **un insegnante**, oppure **un dottore**, *oppure solo uno str*nzo che ci fa sentire più ignoranti di lui*, sarebbe più elegante usare direttamente il titolo **SENSEI**, invece che ～さん e company. Come **TITOLI** abbiamo:

せんせい
先生

Letteralmente significa **INSEGNANTE**, si usa quindi dopo i nomi dei professori o dei maestri, ma si usa in generale con qualsiasi **persona dalla quale si riceve un insegnamento**, come magari un DOTTORE ecc.

せんぱい
先輩

Il suffisso **SENPAI** non si usa per gli insegnanti. Piuttosto si appiccica ai nomi dei nostri **compagni di classe (o di corso ecc...) che ne sanno più di noi**, insomma le nostre "guide", i nostri "mentori" ecc.

ウゴくんは 「山下先生」に バレたことがある？
TU (UGO-KUN) SEI MAI STATO SGAMATO **DA** YAMASHITA-SENSEI ?

Professor Yamashita

先生に può significare:
- al professore
- dal professore

→ *Naomi ne sa più di me*

ジョニーさんは明日、「直美先輩」にも あの物を見せますか？
TU (JOHNNY-SAN) DOMANI MOSTRI QUELLA COSA **ANCHE A** NAOMI-SENPAI ? *(ehi, stiamo parlando della stessa cosa?)*

ね、高尾くん… ちょっと電話してもいい？ いや、真夜中だからメッセージだけ送るね。だってさ、明日はね… 覚えてる？ あたしと高尾くんがはじめて会った日から、もう一年になるよ！ あたしは高尾くんと鈴木ちゃんとボブ先輩に会う前に友達はいなかった！ 三人とも好きだよ！ でも、高尾くんは… 本当に大好き。だから… だから… 付き合ってください！

Ehi, Takao-kun… Posso chiamarti un momento? Anzi, visto che è mezzanotte ti mando solo un messaggio, eh. È che, sai, domani… Ricordi? Dal giorno in cui io e te ci siamo incontrati per la prima volta è già passato un anno! Io, prima di incontrarmi con te, con Suzuki-chan e con Bob-senpai, amici non ne avevo! Voglio bene a tutti e tre! Però, tu… mi piaci davvero tanto. Per questo… per questo… Esci con me, per favore!

一年になる
letteralmente: **DIVENTARE UN ANNO**

レッスン 24 敬称

ねこちゃんは **テーブルの上に**いる
IL GATTINO È SOPRA IL TAVOLO

Il kanji che esprime il concetto di **PIATTO** (inteso proprio come stoviglia) deriva semplicemente dalla forma molto stilizzata di un antico CONTENITORE per alimenti nel quale veniva servito il pasto... da qui il significato di **PIATTO**!

さら　　ベイ

VERBO ESSERE NELLE RELATIVE

Allontaniamoci *un attimino ino ino* dai SUFFISSI ONORIFICI per approfondire una cosuccia interessante. Come abbiamo visto a **pag. 58**, se ci serve usare **il verbo essere** all'interno di una ⎡FRASE RELATIVA⎦ basta sbatterci un bel である, no?

とも だち
いい友達である ⎦ え り こ
絵里子さんは
ERIKO-SAN, ⎡ CHE È UNA MIA CARA AMICA ⎦

→ *Traducibile anche senza pause:* ERIKO-SAN **LA MIA CARA AMICA**

となり
お隣さんである ⎦ ファティマちゃんは
FATIMA-CHAN, ⎡ CHE È LA VICINA DI CASA ⎦

じん
プレーボーイである ⎦ イタリア人は
GLI ITALIANI, ⎡ CHE **SONO** PLAYBOY ⎦

Ecco, la cosa fighissima è che である lo possiamo sostituire con の, e non cambia proprio nulla **(anzi, の è più naturale)**! Però attenzione che solo である si può sostituire con の, e non だった, でない, でなかった ecc. !

とも だち　　え り こ
いい友達の ⎦ 絵里子さんは
ERIKO-SAN, ⎡ CHE È UNA MIA CARA AMICA ⎦

→ Solo **DEARU** (che corrisponde a DA/ DEARIMASU) si può sostituire con **NO**!

となり
お隣さんの ⎦ ファティマちゃんは
FATIMA-CHAN, ⎡ CHE È LA VICINA DI CASA ⎦

じん
プレーボーイの ⎦ イタリア人は
GLI ITALIANI, ⎡ CHE **SONO** PLAYBOY ⎦

→ *Che è diverso da dire:* イタリア人は プレーボーイ である GLI ITALIANI... SONO PLAYBOY

PAROLE UTILI

みぎ
右 DESTRA

ひだり
左 SINISTRA

うえ
上 SU

した
下 GIÙ

まえ
前 DAVANTI

うし
後ろ DIETRO

なか
中 DENTRO

そと
外 FUORI

あいだ
間 IN MEZZO

⚠ Dopo gli **aggettivi in -i** non ci vuole mai il verbo essere, e nel caso degli **aggettivi in -na** serve NA invece che NO!

LEZIONE 24 I SUFFISSI ONORIFICI

DIALOGO

様, さん, くん... Già, i **SUFFISSI ONORIFICI** sono un bel po' (ma neanche così tanti, dai), tutti importantissimi e super usati. Ricordiamoci che si appiccicano **dopo i nomi delle persone** (o anche dopo i cognomi, per risultare un po' più *staccati*) e che ognuno ha la sua bella ニュアンス (sfumatura)... ma vediamoli usati in un bel **DIALOGO**! In questa occasione una coppia di sposi si è recata all'ospedale del piccolo paese in cui abitano e stanno parlando con l'infermiere...

松本様、お車は どこ でございますか?

Matsumoto-sama, la Sua macchina dov'è?

本屋さんの 後ろですよ。
裕美ちゃん、帰ろう?

Dietro la libreria! Hiromi-chan, ce ne torniamo a casa?

ね、私の 先輩の 隆さんに ありがとうと 言わないと!

Ehi, ma devi dire grazie al mio senpai Takashi-san!

レッスン24 敬称

ANALISI del TESTO

Fighissima questa storia dei SUFFISSI, vero? La cosa da tenere sempre a mente è solo e soltanto una: tutti questi SUFFISSI sono una cosa *tipica* giapponese, radicata in profondità nella ぶんか (cultura) nipponica... per questo è difficile - *se non impossibile* - tradurli direttamente nelle altre lingue. Quindi facciamo così: **io li lascerò tali e quali nelle frasi in italiano**, senza tradurli in "signor/signora" ecc. Sta a voi ricordarvi sempre la <u>sfumatura</u> che hanno! E ora analisi!

どこ？ = dov'è?
どこですか？ = dov'è?
どこでございますか？ = dov'è?

L'infermiere si rivolge all'uomo (che ha accusato un malore) chiamandolo **松本様**, dove notiamo il suffisso super-rispettoso **様**. Questo suffisso si usa principalmente per rivolgersi ai propri clienti, ma ultimamente lo si piazza **anche dopo i nomi (o i cognomi) dei pazienti**, come in questo caso. E continua con **お車** (la macchina, ma con la お di rispetto) e poi ci sbatte un bel **は** per avere il tema: *"per quanto riguarda la Sua macchina"* (*Sua* viene espresso proprio dalla お onorifica)! E infine **どこ** (dove) **でございますか?** Il verbo **でございます** sarebbe una versione iper-mega formale di **である (essere)**. Ehi ehi, in linguaggio formale *standard* sarebbe stato **どこですか?**

家の後ろ = il dietro della casa
家の前 = il davanti della casa
家の上 = il sopra della casa

Allora l'uomo (un po' burbero perché si è un po' stressato a fare tutti gli esami, *piccino*...) risponde con **本屋さん**, dove **本屋** significa "negozio di libri", quindi "libreria". Notiamo che molto spesso si appiccica il suffisso **さん** anche dopo i negozi! Poi continua con **の後ろ**. La parola **後ろ** significa **"dietro"** e per collegarla alla parola "libreria" ha usato la particella **の**! Quindi **本屋さんの後ろ**, letteralmente **"il dietro della libreria"**. Infine ci piazza un **です** per risultare freddo e **よ** per esclamare. Poi si rivolge alla moglie *(tutto sdolcinato)* chiamandola **裕美ちゃん** (**ちゃん** è affettuoso e coccoloso) e infine **帰ろう**, ovvero la versione *"dai, facciamo così!"* di **帰る (tornare a casa)**.

ありがとうと言う
DIRE "GRAZIE"

Allora la moglie dell'uomo, che anche lei lavora in ospedale, rimprovera il marito dicendo **ね** (ehi), **私の先輩**, ovvero "il mio senpai, il mio compagno che ne sa più di me". Ma questa frase (**私の先輩**) è appiccicata al nome **隆さん** con un bel **の**! Ecco che abbiamo **私の先輩の隆さん**, che sarebbe potuto essere **私の先輩である隆さん** (*Takashi-san, che è il mio senpai*). Il buon **隆さん** è marcato dalla particella **に** (ovvero **a** Takashi-san), ma proseguiamo con **ありがとうと**, dove la particella **と** *virgoletta* la parola **ありがとう** (grazie). Questo perché alla fine c'è il verbo **言う** (dire), coniugato in "dovere" = **言わないと** (se non lo dici)... Il **ダメ** è stato tagliato!

松	本	様	車	屋	帰	先	輩
PINO	BASE/LIBRO	SUFFISSO	MACCHINA	NEGOZIO	TORNARE	PRIMA	COMPAGNO
まつ	もと	さま	くるま	や	かえる	さき	
ショウ	ホン	ヨウ	シャ	オク	キ	セン	ハイ

Nei <u>cognomi</u> di solito si usa lettura KUN•KUN *(matsu-moto)*

SEN•HAI = SENPAI *(compagno nato prima)*

LEZIONE 24 I SUFFISSI ONORIFICI

Ci mancavano pure i suffissi onorifici. Cos'altro volete da me? SANGUE?

練習
ESERCIZI

1 Inserisci nello spazio il <u>SUFFISSO</u> più adatto e poi... traduci l'intera frase!

A Una vecchietta parla a una bambina:

まりこ [___] 、大丈夫？ = ...
　　　　　　　　だいじょうぶ

B Un commesso del *sushi bar* chiama il nome della prossima cliente sulla lista d'attesa:

こばやし
小林 [_] 、どうぞ！ = ...

C Il capo del ristorante parla al novellino appena arrivato:

もとはら　　　　　さら　あら
本原 [__] 、皿を洗って！ = ...

2 Completa il CRUCIVERBA INTERNO utilizzando ひらがな だけ！

SUFFISSO PER IL MENTORE	せ				ANDIAMO! (formale)		SUFFISSO PER CLIENTI	
SUFFISSO DA SAMURAI				き		ASCOLTARE	SUFFISSO PER INSEGNANTI	
			マナキセ IN HIRAGANA					
		SUFFISSO COCCOLOSO			SUFFISSO PER RAGAZZI GIOVANI	く		
	CIAOO				う			
SUFFISSO CLASSICO	さ				C'È UN BAMBINO		が	

LE SOLUZIONI SONO A PAGINA 140!

Mi fuma il cervello, ma dettagli.

LEZIONE 25
BUM, MIAO, SPLASH
擬音語と擬態語

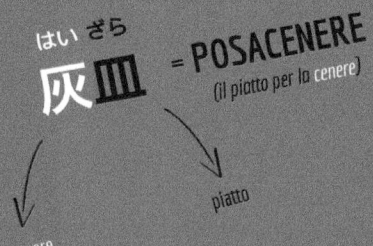

"Ti ho scoperto ieri, e già ho divorato tutte le tue lezioni. Sei bravo, simpatico e chiaro. Grazie ai tuoi video ho trovato l'incentivo che ci voleva per cominciare lo studio del giapponese. Già aspetto la sesta lezione. A presto!"
Monaldo F.

BUM, MIAO, SPLASH
擬音語と擬態語

25

Ci sarà da divertirsi

In questa nuova, fresca, pazzerella e *trita-palle* lezione 25 andremo a vedere uno dei temi più profondi e filosofici del giapponese... le <u>ONOMATOPEE</u>, cioè quei suoni come *bau, miao, cracra, splash, bum, patapum* ecc. Lo so, a prima vista potrebbero sembrare paroline da mocciosi, ma in realtà le usano anche gli alti dirigenti della ditta. Andiamo.

COSA SONO?

Le ONOMATOPEE le usiamo anche noi in イタリアご (italiano): per esempio il BAU BAU del cane è un'onomatopea, ma anche il BUM di un colpo o il SIGH SIGH di un tizio che piange sono onomatopee... insomma, sono **quelle mini-paroline che descrivono <u>un suono</u> oppure un rumore**.

Eh? Le onomatopee le usiamo anche noi?

La stessa cosa la troviamo anche in giapponese, ovviamente! Certo, sono un po' diverse, ma il concetto è sempre quello. Per esempio il nostro BAU BAU in giapponese sarà ワンワン, oppure **BUM** in giapponese diventa ドカン eccetera.

Dai, lo so che sembra strano, ma provate a dire ワンワン come lo direbbe un cane, o provate a gridare ドカン molto veloce e molto forte... non vi sembra proprio lo scoppio di una bomba? Bisogna solo abituarsi. Coraggio, *orsù*.

IL PUNTO
Esistono ONOMATOPEE che descrivono <u>suoni</u> e <u>stati</u>.

DUE TIPI

Fin qui tutto bene, nulla di così complesso, dato che le **ONOMATOPEE** che descrivono i suoni le usiamo anche noi! Fantastico, stupendo, ma ora attenzione: il もんだい (problema) è che in giapponese **non** ci sono solamente ONOMATOPEE che descrivono <u>suoni</u>, ma esistono anche ONOMATOPEE che descrivono <u>stati</u>... Lo so, respirate forte e fatevi il segno della croce.

Immaginate un deserto, secco e arido... lo potresti descrivere con un suono? *Magari sec-sec?* O una cosa che brilla, con che suono la descrivereste? *Bril-bril?* Uhm... oppure immaginate una persona che gira veloce su se stessa. Riuscireste a dire a voce un'ONOMATOPEA che descriva questo stato (lo stato di girare su se stessi)? Che ne so... *gir-gir, forse?* Nah.

Ecco, invece in giapponese... *rullo di tamburi...* **si può fare**! Si può esprimere perfettamente uno stato (una condizione) con un'**ONOMATOPEA**. Già, è un concetto che non esiste in italiano, ma vi giuro che è troppo comodo! Quindi abbiamo:

Parole che imitano un <u>SUONO</u>

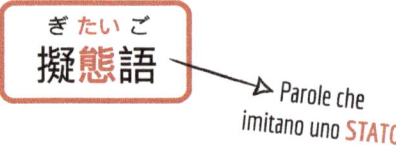
Parole che imitano uno <u>STATO</u>

I **MANGA** sono stra-pieni di onomatopee! Leggendole, <u>ricreerete nella testa i suoni</u>, proprio come **la colonna sonora** di un film!

レッスン25 擬音語と擬態語

Si possono scrivere in **KATAKANA** o in **HIRAGANA**, dipende dai gusti!

Oddio...

SUONI (giongo)

STATI (gitaigo)

ワンワン
BAU BAU (cane)

カラカラ
SECCHEZZA (sec sec)

ドカン
BUM (esplosione)

キラキラ
SBRILLUCCICHIO (bril bril)

しくしく
SIGH SIGH (piagnucolare)

ぐるぐる
GIRARE IN TONDO (gir gir)

ドンドン
TOC TOC (bussare)

イライラ
NERVOSISMO (argh argh)

ニャン
MIAO (gatto)

わくわく
EMOZIONARSI (emoz emoz)

ドキドキ
TU TUM (cuore)

しっかり
RESISTERE (forz)

ぺらぺら
BLA BLA (parlare)

すっきり
SOLLIEVO (ahhh)

モーモー
MUU MUU (mucca)

ニコニコ
SORRISO (tliiin)

Scusate, ma qualche tempo fa anche da noi non c'era la moda di dire **PENS-PENS**? Ovvero la *"condizione di pensare"*? Ecco, i **GITAIGO** sono la stessa cosa!

Non si possono tradurre in italiano! Per esempio noi <u>non</u> abbiamo un **SUONO** che esprime *"il resistere sforzandosi"*... ma in giapponese esiste!

Il kanji di <u>PIANO</u> (inteso come **PIANO DI UN PALAZZO**) è composto da una **SCALINATA** *mooolto* stilizzata, **DUE PERSONE** allineate e un **TESCHIO**, che rappresenta una serie di ossa; da qui il significato di "serie", "fila", cioè <u>PIANI</u>...

カイ

Solitamente le **ONOMATOPEE** si comportano come **AVVERBI** (pag. 16) e si piazzano <u>prima dei verbi</u>

Le adoro e le odio al contempo

LEZIONE 25 BUM, MIAO, SPLAH

パチパチ
CLAP CLAP (*applausi*)

Il concetto di <u>GRADINO</u> (inteso come SCALINO) è ben rappresentato da una ripida SALITA rocciosa, con due MANI che afferrano dei BASTONI per appunto aiutarsi a superare, a *scalare* questi <u>GRADINI</u> di roccia. Poetico ed efficace.

ダン

UTILIZZO REALE

A prima vista queste paroline potrebbero sembrare infantili, ma in realtà <u>le usano TUTTI</u>, fanno proprio parte della cultura giapponese (e sono comodissime perché ci risparmieranno un sacco di giri di parole)! Per esempio, con il semplice suono KIRA KIRA evitiamo di dire *"brilla in modo luccicoso e abbagliante"*... dai, piazziamo le <u>ONOMATOPEE</u> prima di un **verbo**:

なんで 俺(おれ)の犬(いぬ)だけ 鳴(な)き声(ごえ)は ワンワンじゃない ?
PERCHÉ SOLO MIO CANE (FA) UN VERSO CHE NON È BAU BAU ?

→ 俺の犬だけ
SOLO IL MIO CANE

鍋(なべ)が ドカンと爆発(ばくはつ)した なんて、信(しん)じないよ
CHE LA PENTOLA SIA ESPLOSA CON UN BUM , NON CI CREDO!

→ ドカンと
"BUM" (virgolettato)

→ 爆発する
ESPLODERE
(*fare esplosione*)

→ なんて - pag. 47

怖(こわ)いので、ちょっと ドキドキしています 。
SICCOME HO PAURA, MI STA UN PO' BATTENDO IL CUORE

→ ドキドキする - *fare tu tum*

← ので - から formale (pag. 58)

シクシク泣(な)いてしまう 前(まえ)に、人形(にんぎょう)を買(か)おう！
PRIMA CHE SI METTA A FRIGNARE , COMPRIAMOLE UNA BAMBOLA!

← シクシク泣く - *piangere sigh sigh*

→ 買う - *comprare* (pag. 69)

リーくんは 日本語(にほんご)が ぺらぺらです ね！
LEE-KUN HA UN GIAPPONESE FLUENTE , EH!

DOMANDE PIANE

Abbiamo visto che per le domande in forma DESU/MASU basta aggiungere KA:

よみます**か**?
LO LEGGI?

おいしいです**か**?
È BUONO?

Beh, nelle domande in forma PIANA <u>non</u> si mette KA!

よむ?
LO LEGGI?

おいしい?
È BUONO?

Se dite よむ**か**? *state aridando sorpresi* LEGGI!?!

→ Per quanto riguarda Lee... il giapponese fa l'azione di essere PERA PERA (*bla bla*)

FORMA GRAMMATICALE

Eccoci eccoci eccoci, sempre pronti a infilare nel c... *cervello* una nuova **FORMA GRAMMATICALE** giapponese! In questa bella pagina viola come l'*ammmore*, vediamo il verbo なる, utilissimo perché significa **DIVENTARE**. Un bel respiro e via.

〜になる

Il fantastico, digeribile e ben lievitato verbo なる fa parte del 2° gruppo *(si coniuga in* ならない NON DIVENTA, なった È DIVENTATO, なりません FORMA -MASU ecc...*)* e significa proprio **DIVENTARE**, quindi ci permetterà di esprimere concetti davvero utilissimi e vedrete che vi verrà voglia *(mmmh)* di utilizzarlo in migliaia di occasioni!

DIVENTARE
(trasformarsi in...)

Basterà appiccicare il verbo なる a un qualsiasi **NOME DI COSA**, usando la particella に come collante. Possiamo quindi ottenere concetti come せんせいになる *(diventare un sensei)* oppure おとこになる *(diventare un uomo)* o ancora イタリアじんになる *(diventare una persona italiana)*. Facilissimo! Vediamo qualche esempiazzo:

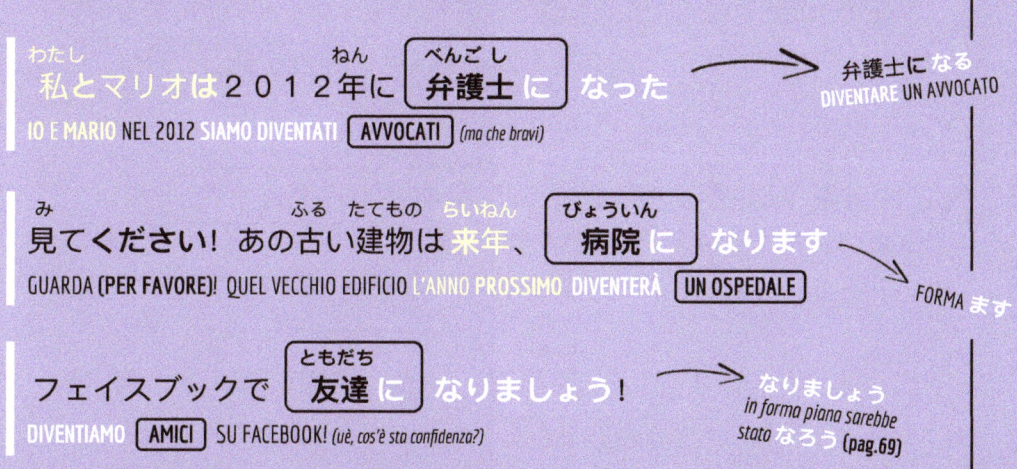

私とマリオは２０１２年に 弁護士に なった
IO E MARIO NEL 2012 SIAMO DIVENTATI AVVOCATI *(ma che bravi)*
→ 弁護士になる DIVENTARE UN AVVOCATO

見てください！ あの古い建物は来年、 病院に なります
GUARDA (PER FAVORE)! QUEL VECCHIO EDIFICIO L'ANNO PROSSIMO DIVENTERÀ UN OSPEDALE
→ FORMA ます

フェイスブックで 友達に なりましょう！
DIVENTIAMO AMICI SU FACEBOOK! *(uè, cos'è sta confidenza?)*
→ なりましょう in forma piana sarebbe stata なろう (pag.69)

Ma la figatona è che il verbo なる si può appiccicare anche agli **AGGETTIVI** (bello, brutto, fresco, grasso ecc...)! Come fare? Basta trasformare gli aggettivi in successissimi **AVVERBI** (pagina 20), ovvero: い = く e な = に . Insomma, state tranzi che nella vostra vita il verbo なる lo troverete sempre dopo un に o un く, e niente più *(e fa pure rima)*.

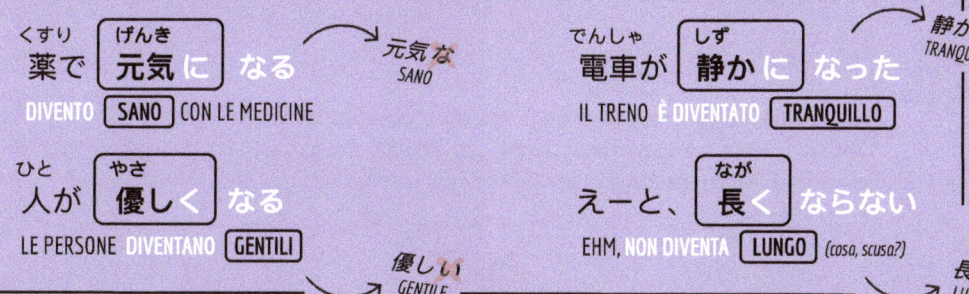

薬で 元気に なる → 元気な SANO
DIVENTO SANO CON LE MEDICINE

電車が 静かに なった → 静かな TRANQUILLO
IL TRENO È DIVENTATO TRANQUILLO

人が 優しく なる → 優しい GENTILE
LE PERSONE DIVENTANO GENTILI

えーと、 長く ならない → 長い LUNGO
EHM, NON DIVENTA LUNGO *(cosa, scusa?)*

LEZIONE 25 BUM, MIAO, SPLAH

La gola è KARA KARA

先月から涼しい けど 、僕はいつも 喉が カラカラだ な
DAL MESE SCORSO FA FRESCO **MA** IO HO SEMPRE LA GOLA **SECCA**

XとXの間に ← nel mezzo di X e X

ボブくんとソファの間に キラキラしている 何かが あるよ
TRA BOB-KUN E IL DIVANO C'È **QUALCOSA CHE** LUCCICA !

→ キラキラしている何か
qualcosa che sta facendo KIRA KIRA

回転寿司なんか、嫌いだよ。 ぐるぐる回りすぎる から。
IL KAITEN SUSHI, LO ODIO! PERCHÉ GIRA TROPPO IN TONDO .

→ ぐるぐる回る
girare GURU GURU

首都の東京ではない けど 、それでも わくわくしている !
NON SARÀ TOKYO, CHE È LA CAPITALE, **MA** NONOSTANTE QUESTO SONO EMOZIONATO !

Sto facendo
→ WAKU WAKU

このお菓子はめっちゃ甘くて、本当に ふわふわだ ね!
QUESTO DOLCETTO È SUPER DOLCE ED È DAVVERO SOFFICE EH!

È
→ FUWA FUWA

甘い = è dolce
甘くて = è dolce e...

ね、ね... マッテオさんは灰皿を じっと見ている よ... 怖い!
EHI, EHI... MATTEO-SAN STA FISSANDO IMMOBILE IL POSACENERE... CHE PAURA!

→ Sta guardando
JITTO

Le vostre domande!
Scusa, una domanda. Vedo spesso un と dopo alcune ONOMATOPEE? Perché?

👍 👎 ♥ RISPONDI

 TI VA DI GIAPPARE?

Già, è la particella と usata come "virgolette", quindi è come se si stesse trattando l'ONOMATOPEA in questione come un "dialogo" (come じっと, ovvero "ji", l'immobilità). Purtroppo bisogna abituarsi a quali (poche) onomatopee richiedono il と...

レッスン 25 擬音語と擬態語

わくわく
CHE EMOZIONE!

I DIALOGHI CON と

Già che abbiamo toccato と, approfittiamone per chiarirla *(non è una minaccia)*. Come abbiamo visto a **pagina 64 del 1° libro,** la particella と serve a marcare i dialoghi, cioè funge come *"virgolette"*. La figata è che possiamo marcare dialoghi detti a voce, pensati, ascoltati o scritti... per farvela breve, dopo と appaiono spesso i verbi: いう (dire), おもう (pensare), きく (ascoltare) o かく (scrivere):

⚠️ Se il dialogo nel baloon *termina* con un **NOME DI COSA** o un **AGG. IN NA**, prima di と serve
だ

Il 唐揚げ **KARA-AGE** è una tecnica di frittura davvero eccezionale, e la sua variante più comune consiste in squisiti **bocconcini di pollo**, che dopo essere stati marinati e insaporiti vengono leggermente **fritti** nell'olio!

(おいしい) と 言う
DICE CHE (È BUONO) → Dire "oishii"

(おいしい) と 言った
HA DETTO CHE (È BUONO)

(おいしい) と 思う
PENSA CHE (SIA BUONO) → Pensare "oishii"

(おいしい) と 思わない
NON PENSA CHE (SIA BUONO)

(おいしい) と 聞く
SENTE CHE (È BUONO) → Sentire "oishii"

(おいしい) と 聞いた
HA SENTITO CHE (È BUONO)

(おいしい) と 書く
SCRIVE CHE (È BUONO) → Scrivere "oishii"

(おいしい) と 書いた
HA SCRITTO CHE (È BUONO)

最近、気温が**ぐっと**上がって**24度**になりました！暑すぎて、ちょっと**すっきり**したいなと思いませんか？私は**もうすぐ**夏が来る事に**わくわく**しています！**なぜ？**と**イライラ**してしまう人が多いと思いますが、我々の**低価格の**エアコンがあれば、暑い夏でも**適度に**過ごす事ができます。**ぺらぺら**話してしまって、すみません！我々の製品を紹介します！

Di recente, la temperatura si è alzata **improvvisamente** *(con un GUU)* ed è diventata **di 24 gradi**! Non pensate "ahh, **fa troppo caldo e vorrei risollevarmi** *un po' (vorrei fare SUKKIRI)*?" Io **sono emozionato** *(sto facendo WAKU WAKU)* per il fatto che <u>tra poco</u> arrivi l'estate! Credo che siano numerose le persone che **finiranno per innervosirsi** *(fare IRA IRA)* chiedendosi **"perché?"**, ma se avete il nostro condizionatore, <u>che è a buon prezzo</u>, potrete trascorrere <u>come si deve</u> anche un'estate calda. Scusate se **ho finito per parlare troppo** *(parlare PERA PERA)*! Presento il nostro prodotto!

1) VERBO ことが できる = POTER FARE
2) ある = c'è, あれば = se c'è (condizionale)

LEZIONE 25 BUM, MIAO, SPLAH

DIALOGO

Ragazzi, vi svelo il mio segreto più tetro e oscuro: le **ONOMATOPEE** giapponesi sono il mio punto debole. Tante, troppe, troppo simili... mi hanno sempre fatto impazzire ma, ahimè, <u>sono indispensabili</u> perché i giapponesi (tutti) le usano ogni maledetto giorno. Alè, vediamo qualche **ONOMATOPEA** in un bel dialogone: in questa occasione osserviamo un discorso che si sente in un アニメ: i nostri due giovani protagonisti sono nascosti quando vengono trovati dalla **tizia cattiva** della serie *(te pareva)*, che punta loro un'arma mega-iper-fotonica minacciandoli in questo modo:

さっさと ぶっ殺してあ
ころ
げるからね！ クスクス…

Perché vi ammazzerò immediatamente! Ks ks...

あっ、びっくりした…
大谷君、しっかりして！
おおたにくん

Ah, che spavento... Ootani-kun, resisti!

なにイチャイチャしてる
のよ！ 二人とも覚悟して！
ふたり　　かくご

Ma cosa state a fare gli sdolcinati! Preparatevi tutti e due!

レッスン25 擬音語と擬態語

ANALISI del TESTO

Già... se per i GIONGO (che imitano i suoni) non ci sono molti problemi dato che le usiamo anche noi in italiano *(anche se sono diversi)*, mi rendo conto che i suoni GITAIGO siano davvero qualcosa di assurdo. Descrivere **gli stati o le situazioni con dei suoni che si possono scrivere concretamente...** un concetto che noi non abbiamo! Noi non riusciremmo a scrivere neppure il grugnito del maiale *(come diamine lo scrivereste voi?)* mentre in giapponese possiamo scrivere in modo *tangibile* il suono della **condizione del *"resistere con sforzo"***. Assurdo. Comunque sia, analizziamo il **DIALOGO**!

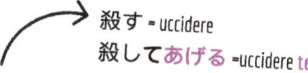

殺す = uccidere
殺してあげる = uccidere te

La cattivona della serie punta l'arma al ragazzo gridando さっさと, ovvero l'onomatopea さっさ marcata da と, che la "virgoletta". Ecco che otteniamo la parola *"con un SASSA"*, che ha assunto il significato di *"immediatamente"*. Il verbo seguente è 殺す, **"uccidere"**. Aggiungendoci un bel ぶっ davanti si esprime molta violenza (ぶっ殺す = t'ammazzo!), ma notiamo che il verbo è in *forma -te*, e ha appicciccato あげる = ぶっ殺してあげる. Il verbo あげる dà la sfumatura di *"a te, a voi"*, ma lo vedremo nella lezione 28. Completiamo il tutto con un bel から, cioè **"siccome"**: ぶっ殺してあげるから = "siccome vi ammazzo (a voi)...". La parte seguente, *"preparatevi a morire"*, è stata tagliata. Poi ride con un クスクス (ks ks), ovvero una **risatina crudele** e maligna (un bel giongo)!

しっかりして!
Fai *shikkari!* (resisti!)

L'amica *(seh certo)* del protagonista viene colta alla sprovvista ed esclama びっくりした! L'onomatopea びっくり esprime l'atto di *"sorprendersi"*, ed ecco che la possiamo trasformare nel verbo びっくりする *(fare bikkuri, sorprendersi)*, che al passato diventa びっくりした *(ho fatto bikkuri, mi sono sorpresa, mi sono spaventata)*. Poi si allontana un po' e comincia a urlare il nome del suo amico, ovvero 大谷君! Notiamo che 大谷 è il cognome di lui (quindi la ragazza mantiene un po' di freddezza), ma notiamo anche che il suffisso くん (pag. 67) si può scrivere con il kanji 君 (che è quello di **kimi**)! Infine しっかり esprime *"la resistenza"*, quindi しっかりする = resistere.

イチャイチャする
FARE ICHA-ICHA

La cattivona nota che la nostra eroina grida しっかりして! al suo amico, e comincia a sfottere dicendo なに (che cosa?) e イチャイチャしている. L'onomatopea イチャイチャ esprime il "flirtare toccandosi", o meglio *"fare la coppietta che si sbaciucchia"*. Ecco che può diventare イチャイチャする (fare icha-icha, fare i mielosi, toccandosi l'un l'altro). Basta coniugare il verbo する in している per ottenere **"star facendo icha-icha"**. Il の esprime la domanda *"ma....?"*, più よ che esclama. E infine fa: 二人とも (tutte e due le persone, tutti e due), 覚悟して, dove il verbo è 覚悟する (fare preparazione, **prepararsi**) nella **forma in -te + ください** (tagliato)!

殺	大	谷	君	覚	悟
UCCIDERE	GRANDE	VALLE	TU	IMPARARE/RICORDARE	CAPIRE
ころす	おおきい	たに	きみ	おぼえる	さとる
サツ	ダイ	コク	クン	カク	ゴ

Nei **cognomi** di solito si usa lettura KUN+KUN *(oo-tani)*

KAKU+GO = imparare e capire *(preparazione)*

LEZIONE 25 BUM, MIAO, SPLAH

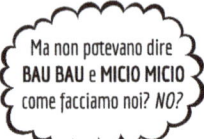

Ma non potevano dire **BAU BAU** e **MICIO MICIO** come facciamo noi? *NO?*

練習
ESERCIZI

1 Collega il ぎおんご al suo corrispettivo in italiano!

TU TUM	パチパチ
CLAP CLAP	どきどき
BUM	ドカン
MIAO	にゃん

2 Collega il ぎたいご che secondo te esprime al meglio la situazione descritta!

IMPROV-VISAMENTE	ニコニコ
RESISTERE CON SFORZO	きらきら
SORRISO A 32 DENTI	しっかり
SBRILLUC-CICHIO	ぐっと

3 Prova a tradurre queste frasi aiutandoti con i BLOCCHI:

A Il gatto **ha girato tutto intorno** al tavolo e ora **sta fissando immobile** me

は を 回って は を ＿＿＿見ている

ICHI-BAN
il numero uno, il più

B La torta più **morbida** penso che sia questa

一番 ＿＿＿＿の ＿＿＿＿は ＿＿だ ＿思う

LE SOLUZIONI SONO A PAGINA 140!

Superata questa, la strada è in salita...

し
知るか!
E che ne so!

LEZIONE 26
VARI USI DELLA FORMA IN -TE
~て形の色々な使い方

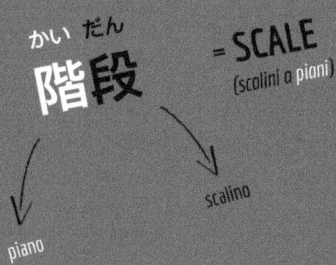

かい だん
階段 = SCALE
(scalini a piani)

piano

scalino

"Grande video, come sempre! Comunque, ti invidio molto: se io avessi un decimo della competenza che hai tu in giapponese, sarei veramente molto contento. Oltretutto, considerando anche il fatto che non vivi in Giappone. Ciao Davide, un salutone"

Ηρακλής Eracle

VARI USI DELLA FORMA IN -TE
〜て形の色々な使い方

26

La vendetta della -te

La magica, storica, intramontabile <u>FORMA IN -TE</u>, che abbiamo visto a pag. 134 del primo libro. Sappiamo come si crea e sappiamo i suoi utilizzi base... ma dovete sapere *(è una minaccia)* che la nostra cara <u>FORMA IN -TE</u> ha molte altre funzioni, tutte utilissime, una più bella dell'altra. Vediamole in questa lesiùn, miei prodi! In bocca al lupo.

COME SI CREA?

TA = <u>TE</u>, ok!

Eccoci qui a riparlare della famosa **FORMA IN -TE** dei verbi, perché – *vi giuro* – è troppo utile e serve per mille cose... ma facciamo un ripassino su come si ottiene: voi mi prendete un <u>qualsiasi verbo</u>, lo coniugate al passato (forma piana) e cambiate la **A** finale con una bella **E**! Nulla di più semplice. Ecco:

た		た		た
食べる	→	食べた	→	食べて
MANGIARE		HO MANGIATO		FORMA IN -TE

の		の		の
飲む	→	飲んだ	→	飲んで
BERE		BEVUTO		FORMA IN -TE

IL PUNTO
La FORMA IN-TE da sola non vuol dire niente...

Ok, fantastico, abbiamo ottenuto la nostra bella **FORMA IN -TE**, ma non è che ci possiamo fare molto così com'è. In effetti la **FORMA IN -TE** è una pecorella smarrita, è vergine, è tenerella... perché <u>non ha tempo</u>! Non ha ne passato, né presente, né niente... insomma, 食べて significa *"mangiare e..."*, e basta. Ci serve assolutamente appiccicare un altro verbo dopo 食べて per poter mettere la frase al passato, al negativo ecc... ma, aspettate!

Ora che ci penso, abbiamo già visto questa magia a **pag. 9** di questo libro, dove abbiamo imparato la formuletta:

〜てしまう

Ricordate? Avevamo detto che questo costrutto significa *"finire per fare..."* ed è semplicemente composto dalla **forma in -te** di qualsiasi verbo più il verbo SHIMAU... ecco, al posto di SHIMAU si possono mettere molti altri verbi per ottenere effetti diversi. Vediamoli tutti nella tabella della prossima pagina, ma iniziando dalla **forma in -te** pura! Eccola:

| 〜て | FARE E...

ESSERE E... | Ecco la **FORMA IN -TE** pura e semplice di un verbo. Usandola state unendo due frasi, ovvero significa *"fare questo e..."*, e la frase continua! Ecco perché ci serve mettere un verbo dopo: sarà lui che mi darà il negativo, il passato ecc... Usata da sola non ha senso. | べんきょう　　ほん　よ
勉強<u>して</u>、本を読む
STUDIO <u>E</u> LEGGO UN LIBRO |

Se fosse 読んだ*, si tradurrebbe* 勉強<u>して</u> *con "ho studiato e..."*

Potete coniugare questi VERBI come vi pare! Al negativo, al passato...

レッスン26 〜て形の色々な使い方

〜ている	**STAR FACENDO ORA** --- **ESSERE NELLA CONDIZIONE DI**	Appiccicando il verbo IRU alla FORMA IN -TE di un altro verbo si può esprimere il nostro gerundio, cioè **"star facendo ora"**. Occhio che IRU **non** significa più **"esserci"**! Questa forma può significare anche **"essere nella condizione di"**, ma lo vedremo dopo!	漢字を書いている STO SCRIVENDO UN KANJI *(ora)* *lo sto scrivendo in questo preciso momento*
〜てある	**ESSERE IN QUESTO STATO** *per azione di qualcuno*	Se IRU è un verbo per le cose "animate", ARU è per le cose "inanimate", "ferme", "immobili". Ecco che FORMA IN -TE + ARU non esprime "star facendo", cioè un'azione in corso, ma esprime **uno stato**, una *scena immobile*, cioè **"il suo stato è questo..."**.	漢字が書いてある C'È SCRITTO UN KANJI *(da qualcuno)* *il kanji fa l'azione di essere stato scritto*
〜てみる	**PROVARE A FARE**	MIRU da solo significa "vedere", e basterà appiccicarlo a un verbo coniugato nella FORMA IN -TE per esprimere *"fare così e vedere come va"*, quindi **"provare a fare"**. Come sempre, possiamo coniugare questo MIRU come meglio crediamo (passato ecc).	漢字を書いてみる PROVO A SCRIVERE UN KANJI *lo scrivo e vedo che succede*
〜ておく	**PREPARARE PERCHÉ SERVIRÀ**	Il verbo OKU usato da solo significa "mettere lì, posizionare lì". Lo si può piazzare dopo un verbo nella FORMA IN -TE per dare l'effetto **"fare e mettere lì"**, nel senso di **"fare così perché** questa azione servirà più avanti", ovvero "intanto questa azione la metto lì".	ビールを買っておく COMPRO LA BIRRA *(che servirà dopo)* *la compro e la metto lì, che non si sa mai*
〜ていく	**FARE E... ANDARE**	Come sappiamo bene il verbo IKU significa **"andare"**, ed ecco che possiamo piazzarlo direttamente dopo un verbo nella FORMA IN -TE per creare il composto FORMA IN -TE + IKU, che dà la sfumatura **"fare così e andare da qualche parte"**. Davvero molto utile!	ビールを買っていく COMPRO LA BIRRA E VADO *(al party)*
〜てくる	**FARE E... VENIRE QUI**	Il verbo KURU è praticamente **l'opposto di IKU**, quindi significa **"venire, venire qui"**. Ecco che possiamo appiccicare il buon KURU direttamente dopo un verbo nella FORMA IN -TE per dare la sfumatura **"fare così e venire qui"**. Fidatevi, è molto usata!	ビールを買ってくる COMPRO LA BIRRA E TORNO QUI
〜ても	**ANCHE SE FACCIO**	Ohh, ed eccoci infine all'unica formuletta di questa lista che **non** presenta un verbo dopo la FORMA IN -TE, ma bensì troviamo la particella MO! Come sappiamo, MO significa "anche", ed ecco che con la formula -TE MO si può esprimere **"anche se faccio"**.	買っても読まない ANCHE SE LO COMPRI NON LO LEGGO

Capito...

てくれる, てあげる e てもらう li vediamo nel 3° libro!

*Se c'è una di queste parole (o altre), la forma -TE IRU non significa più "star facendo ora", ma **fare di solito, fare come abitudine***

LEZIONE 26 VARI USI DELLA FORMA IN-TE

SURU = fare
SHITE IRU = star facendo ora o avere l'abitudine di fare

毎朝、子供たちが廊下で何を [しています] か?
OGNI MATTINA CHE COSA [FANNO] I BAMBINI IN CORRIDOIO? *(tacete, please)*

OGNI...

まいあさ
毎朝 OGNI MATTINA

まいにち
毎日 OGNI GIORNO

まいばん
毎晩 OGNI SERA

まいしゅう
毎週 OGNI SETTIM.

まいつき
毎月 OGNI MESE

まいとし
毎年 OGNI ANNO

ご飯を作っている - sto preparando il riso *(azione)*
ご飯が作ってある - il riso fa l'azione di essere stato preparato *(stato)*

ご飯が [作ってある] から、さっさと食べよう!
VISTO CHE [È PRONTO] IL RISO, MANGIAMOLO SUBITO!

IU = dire
ITTE MIRU = provare a dire

[言ってみた] けど、パッと [逃げてしまった]
[GLIEL'HO PROVATO A DIRE] MA [È SCAPPATO] ALL'IMPROVVISO

con un "PA"

NIGERU = scappare
NIGETE SHIMAU = finire per scappare

山頂まで登る前に、これを [食べておこう]!
PRIMA DI SALIRE FINO ALLA CIMA, [MANGIAMO] QUESTO! *(vabbene)*

TABETE OKU = mangiare, che servirà dopo

行く - andare/arrivare là dove sei tu

[写真を撮ってから] 行くから、あそこで [待っていて] ください!
DATO CHE ARRIVO [DOPO AVER SCATTATO UNA FOTO], [RESTA AD ASPETTARMI] LAGGIÙ PER FAVORE!

TOTTE KARA = dopo aver scattato

MATTE IRU = stare ad aspettare

ということで、明日までに宿題を [してきて] ください。
E QUINDI, ENTRO DOMANI [FATE] I COMPITI PER FAVORE.

SHITE KURU = fare e venire qui dove sono io

La parola **OCCIDENTE** deriva dalla figura di alcuni rivoli di ACQUA e la testa di una PECORA grande, che dà l'idea della grandezza. Dall'unione di ACQUA e GRANDE nasce il concetto di "oceano", ovvero l'**OCCIDENTE** per i giapponesi.

ダン

まっている significa "star aspettando", quindi まっていてください significa "stai ad aspettare per favore"

FORMA GRAMMATICALE

Ah ah, credevate di scamparvela almeno per questa volta, eh? E invece no, eccoci di nuovo qui con una nuovissima ed emozionante **FORMA GRAMMATICALE**, nonostante ne abbiamo già viste parecchie nel corso della lezione. Un bel respiro.

〜てから

Già che siamo caldi di **FORMA IN -TE**, perché non approfittarne per vedere un piccolissimo costrutto grammaticale che utilizza proprio questa forma? *(chiedo eh, se non vi interessa, niente)*. Comunque, ricordate から, che abbiamo visto a ページ (pagina) 64 del 1° libro? Indica la provenienza, cioè *"da"*. Beh, possiamo appiccicarlo a **un verbo in forma -te!**

DOPO CHE...
(da questo fatto in poi...)

Se から indica *"da"*, possiamo piazzarlo dopo un verbo in **FORMA IN -TE** per esprimere *"da* **questa azione"**, quindi *"da* **dopo questa azione"**. *Capite il giochino?* La costruzione 〜てから indica *"da questo punto in poi"*, *"dopo che"*, proprio come 〜たあとで di pag. 59, ma 〜てから ha la sfumatura *"immediatamente dopo che"*, **"subito dopo"**.

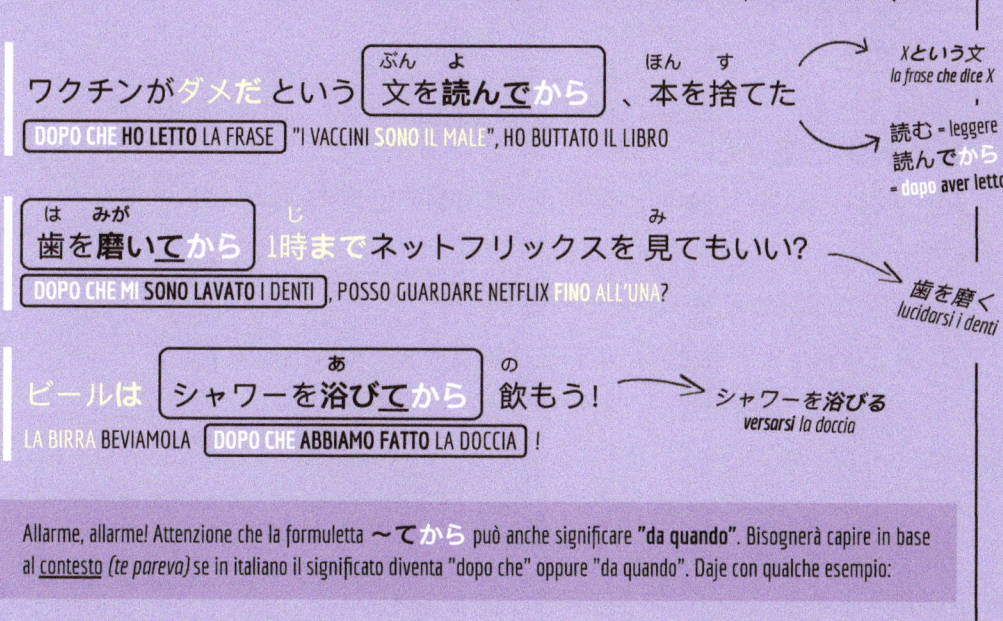

Allarme, allarme! Attenzione che la formuletta 〜てから può anche significare **"da quando"**. Bisognerà capire in base al contesto *(te pareva)* se in italiano il significato diventa "dopo che" oppure "da quando". Daje con qualche esempio:

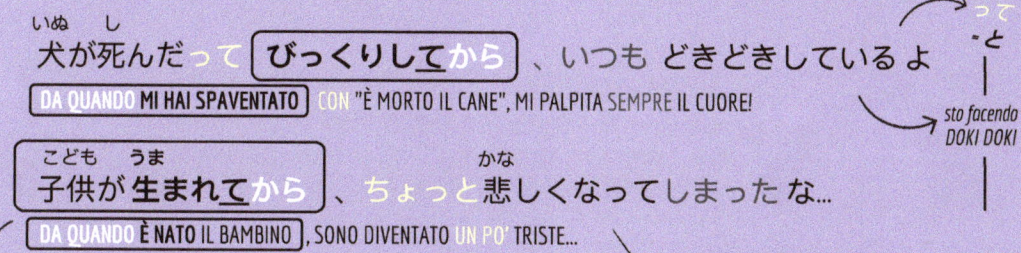

LEZIONE 26 *VARI USI DELLA FORMA IN-TE*

服  服

Il kanji di **VESTITI** è un po' astratto: deriva dalla figura di una BARCA e la stilizzazione di una PERSONA con sopra una MANO; l'idea è quella di aggrapparsi con le mani alla barca, quindi aderire: la cosa che aderisce al corpo sono i **VESTITI**!

フク

帰って**から**、君がくれたワイロを すぐ 隠して**おく**よ！

DOPO CHE TORNO A CASA , **NASCONDO** SUBITO LA MAZZETTA CHE **MI HAI DATO**!

KURERU = dare a me

NANI GA OKIRU = Che cosa succede
NANI GA OKITE MO = Anche se succedesse che cosa

KAKUSU = nascondere
KAKUSHITE OKU = nascondere (che servirà dopo)

何が 起きて**も**、頑張って**いきます**！

QUALUNQUE COSA SUCCEDA , CE LA METTERÒ TUTTA ! *(un applauso?)*

GANBATTE IKU = impegnarsi e andare avanti

MOTTE IKU = portare e andare là
MOTTE KURU = portare e venire qui

彼の誕生日**だから**、小さいプレゼント**ぐらい**は 持って**いって**ね

VISTO CHE **È** IL SUO COMPLEANNO, **ALMENO** UN PICCOLO REGALO **PORTAGLIELO** EH!

nome + *da* + *kara*

GURAI = almeno

HARA-U = pagare
HARATTE MO = anche se pago

HARAWANA-I = non pago
HARAWANA-KUTE MO = anche se non pago

本当にお金を 払わなくても いい？

DAVVERO **ANCHE SE NON PAGO** I SOLDI VA BENE?

OKANE = SOLDI

La forma **-なくてもいい?** significa "anche se non lo faccio, va bene?" quindi si traduce con "non c'è bisogno di farlo?"

ウゴさんが 作ってみた バジルソースを ここに 置いておく ね！

METTO QUI IL PESTO CHE **HA PROVATO A FARE** UGO-SAN, EH!

Doppio verbo OKU!
OITE OKU = mettere qui, che servirà

Tra gli **INCHINI** giapponesi troviamo quello a **15 gradi**, usato per i saluti un po' più sciolti, quello a **30 gradi**, da fare rivolti al proprio capo oppure a un superiore, e infine l'inchino addirittura a **45 gradi**, usato di fronte a personalità *big* come l'imperatore!

La forma -TE MO si può usare anche al negativo (-NAKUTE MO) ma si può usare anche con gli aggettivi! MUZUKASHI-KUTEMO = anche se è difficile, SHIZUKA DEMO = anche se è tranquillo

レッスン 26 ～て形の色々な使い方

Con l'intuito e la pratica riuscirete a capire quando un verbo è DURATIVO o ISTANTANEO...

VERBI DURATIVI vs VERBI ISTANTANEI

E ora, un problemaccio. Abbiamo sempre trattato la forma **-TE IRU** come il gerundio, cioè "star facendo ora", ma purtroppo non è sempre così! Questo perché in giapponese esistono **VERBI DURATIVI** (che possono **durare**, che hanno una durata) e **VERBI ISTANTANEI** (che durano **un istante**; o è così o non è così, come accendere o spegnere la luce). Ecco:

DURATIVI
hanno una durata, cioè possono essere "in corso", ovvero si può esprimere "star facendo ora"

→ 寝る (ね) DORMIRE　勉強する (べんきょう) STUDIARE　食べる (た) MANGIARE　飲む (の) BERE

Mettendo questi verbi nella FORMA IN -TE + IRU, si può esprimere "star dormendo ora" oppure "star studiando ora", perché questi hanno una durata e possono essere "in corso"

ISTANTANEI
non possono essere "in corso" perché non hanno una durata.
O è così o non è così.

→ 死ぬ (し) MORIRE　結婚する (けっこん) SPOSARSI　入る (はい) ENTRARE　行く (い) ANDARE

*Invece questi verbi non possono essere "in corso", perché **non hanno una durata**! Cioè, o si è morti o non lo si è, o si è sposati o non lo si è, o si è andati o non lo si è... già, ecco perché coniugandoli nella FORMA IN -TE + IRU il significato diventa "essere in questa condizione"*

寝ている (ね) **STA** DORMENDO (ORA)　勉強している (べんきょう) **STA** STUDIANDO (ORA)　食べている (た) **STA** MANGIANDO (ORA)　飲んでいる (の) **STA** BEVENDO (ORA)

死んでいる (し) **È** MORTO *(è in sta condizione)*　結婚している (けっこん) **È** SPOSATO *(l'azione è già completata)*　入っている (はい) **È** ENTRATO *(è dentro)*　行っている (い) **È** ANDATO *(e ora è là)*

↙ <u>Non</u> significa "sta morendo"

↙ <u>Non</u> significa "si sta sposando ora" perché o si è sposati o non lo si è; KEKKON SURU non ha durata.

↙ <u>Non</u> significa "sta andando" perché il verbo IKU è già stato completato! Si è già arrivati là

君 (きみ) だけに話 (はな) しておくけど、今朝 (けさ) エホバの証人 (しょうにん) がやってきたよ。二人 (ふたり) とも背 (せ) が高 (たか) くて「エホバを信 (しん) じてみてください」と書 (か) いてあるバッジをつけていた。俺 (おれ) が住 (す) んでいる 7階 (かい) まで上 (あ) がるのは大変 (たいへん) だけど... 上 (あ) がってきた!

Ne parlo solo a te, ma **stamattina sono arrivati** i testimoni di Geova! Erano entrambi **alti** e avevano attaccata una spilla **con scritto** *"prova a credere a Geova"*. Salire fino al settimo piano, **dove abito** io, è dura ma... **sono saliti**!

やってくる = fare e venire qui, ovvero "ARRIVARE QUI", 背が高い = la statura è alta, 上がるの = il fatto di salire

LEZIONE 26 VARI USI DELLA FORMA IN-TE

DIALOGO

Ohh, ce l'abbiamo fatta! Mi rendo conto che abbiamo visto molte **FORME -IN TE** accompagnate da diversi verbi, le sfumature sono tante e ci vuole un po' di れんしゅう (esercizio) per padroneggiare il tutto, ma vi giuro che queste forme sono troppo importanti: le troverete di continuo, sempre e comunque, in qualsiasi circostanza *(sto cercando di non farmi odiare)*. Ma vediamone un po' in un **DIALOGO**! In questa occasione due amici hanno saputo che uno youtuber molto famoso terrà un evento nella loro città, ma <u>non hanno ancora capito dove e quando</u>... all'ora di pranzo discutono:

本当に知らないの？なんでまだ調べてないの？

Ma davvero non lo sai? Ma perché non ti sei ancora informato?

起きてから調べてみたけど、何も出てこなかった

Ho provato a informarmi subito dopo che mi sono svegliato, ma non è uscito niente

お腹がペコペコでも構わないよ！さっさと調べよう

Anche se hai fame non mi interessa! Informiamoci subito!

レッスン26 ～て形の色々な使い方

ANALISI del TESTO

Allora? Ci avete *quasi* preso gusto, vero? Vero...? VERO? Comunque, avete notato quante belle e succose **FORME IN -TE + VERBI** sono sbucate fuori durante il dialogazzo? I concetti da tenere sempre a mente sono pochi ma essenziali: 1) ognuna di queste forme esprime delle sfumature che <u>non sempre</u> si possono tradurre in italiano; 2) i **verbi** dopo le **forme in -te** li possiamo coniugare come diamine ci pare; 3) in alcuni casi dopo le **forme in -te** appare una particella, come in **-TE + KARA** e **-TE + MO**... fine della storia. Ordunque, tutti pronti? Via all'analisi del dialogo!

知る =sapere
知っ**ている** = lo so
知らない = non lo so

L'amico comincia con **本当に (davvero)** e **知らない (non sai)**. Il punto è che 知る (sapere) solitamente si coniuga in forma -TE IRU, che indica "star facendo ora". Questo perché che se io so una cosa, il mio cervello continua a processare per saperla; quindi "lo sai?" si dice 知っ**ている**? (lo **stai** sapendo? Stai facendo l'azione di sapere?). Questa forma funziona anche al negativo (ovvero -TE INAI = non star facendo), ma <mark>il verbo 知る è un'eccezione e al negativo è sempre <u>senza</u> forma -TE INAI</mark> ! Infine notiamo il verbo 調べる (indagare, informarsi) che diventa 調べて**みる** (provare a informarsi). Coniughiamo みる nella forma -TE (I)NAI (non star facendo – non avere ancora fatto). ⚠

出る = uscire
出て**くる** = uscire venendo qui
出て**いく** = uscire andando là

E la risposta del compagno è 起きて**から**, ovvero il verbo 起きる (svegliarsi) coniugato nella forma -TE KARA = "subito dopo aver fatto". Uhm, subito dopo che si è alzato... che ha fatto? 調べて**みた** (provare a indagare, al passato). Ed ecco un bel けど (però) che spezza. Nella seconda porzione di frase dice 何も (niente) e <mark>infine 出てこなかった (non è uscito)</mark>. Qui il verbo che ci interessa è il semplice 出る (uscire), ma lo coniughiamo nella forma -TE KURU, che dà la sfumatura **"fare e venire qui"**. Ecco che 出てくる significa "uscire e venire qui, uscire verso di me". Ovviamente è solo una sfumatura e non si può tradurre in italiano! Insomma, "non è uscito niente (verso di me)".

お腹が ペコペコ
La pancia è peko-peko

E così l'altro si infuria un po' dicendo **お腹 (la pancia)**, che azione fa? Di **essere ペコペコ**. Questa onomatopea è proprio quella del *brontolio* della pancia quando si ha fame. Ma ecco che di interessante troviamo la forma <mark>**-TE MO** (anche se faccio), solo che in questo caso è il VERBO ESSERE (だ) a essere in **forma in -te**! Osservate: ペコペコ**でも** = anche se **è** peko-peko, anche se **fosse** peko-peko</mark>. Ma che cosa? Ovviamente お腹 (la pancia)! Quindi "anche se la tua pancia fa l'azione di essere peko-peko...". E dopo aggiunge il verbo 構う (interessarsi) al negativo, ovvero "non mi interessa, non me ne frega nulla". Infine fa さっさと (immediatamente) e 調べる in forma ましょう piana!

知	調	起	何	出	構
SAPERE	**INDAGARE**	**SVEGLIARSI**	**COSA?**	**USCIRE**	**INTERESSARSI**
しる	しらべる	おきる	なに	でる	かまう
チ	チョウ	キ		シュツ	コウ

⚠ Attenzione che 食べ**ていない** significa sia "ora non sto mangiando" sia "per ora non ho ancora mangiato".

食べる (mangerò)   食べ**ている** (sto mangiando)
食べない (non mangerò)   食べ**ていない** (non sto mangiando)

LEZIONE 26 ALTRI USI DELLA FORMA IN-TE

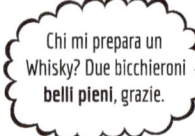

Chi mi prepara un Whisky? Due bicchieroni **belli pieni**, grazie.

練習
ESERCIZI

1 Coniuga queste forme grammaticali al NEGATIVO PRESENTE (forma piana)!

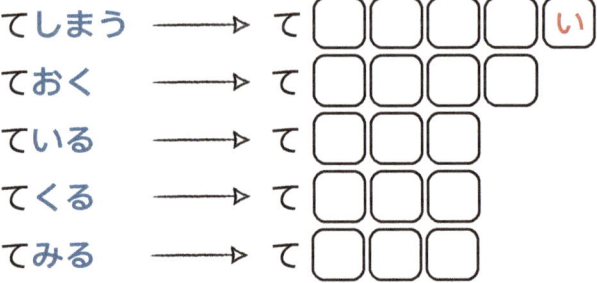

てしまう ⟶ て ⬚⬚⬚⬚ い
ておく ⟶ て ⬚⬚⬚⬚
ている ⟶ て ⬚⬚⬚
てくる ⟶ て ⬚⬚⬚
てみる ⟶ て ⬚⬚⬚

2 Coniuga i verbi grigi nella FORMA IN -TE e aggiungi la sfumatura appropriata!

昨日の夜、友達とちょっと飲みすぎて、〔酔っ払う〕**酔っ払ってしまった**。だから、カバンの中に〔入る〕_____薬を〔飲む〕_____けど、ちょっと元気になっただけで、頭はまだ痛かった。今朝、〔起きる〕_____、街の薬屋に行って、「二日酔いの人」と〔書く〕_____コーナーで〔並ぶ〕_____薬を買った。その薬を飲んで、すぐ元気になりました。

LE SOLUZIONI SONO A PAGINA **141**!

Lezione 27 e non ne parliamo più?

LEZIONE 27
CONTARE LE COSE
一つ、二つ、三つ

"Ero troppo in fissa sui tuoi video (e pure a farmi due risate hahaha), e non avevo ancora commentato, ma sei un grande! Grazie per il tuo lavoro! E tra poco si compra il libro ;)"

Black7life

CONTARE LE COSE
一つ、二つ、三つ

27

Ragazzi, sono emozionato (quasi commosso). Dopo impervie avventure siamo finalmente giunti alla lezione dedicata ai <u>CONTATORI</u> giapponesi, che abbiamo intravisto a pagina 113 del primo libro (andate a darci un'occhiata)! Come il nome stesso suggerisce, questi cosi servono per "contare"... sì, vabbè, approfondiamo.

I NUMERI *NORMALI*

Contare *normalmente* è facilissimo in giapponese! Quindi se voglio dire "3, 2, 1..." prima di una gara, oppure se voglio farmi figo davanti a un amico dimostrandogli che so **contare** in giapponese, basterà usare:

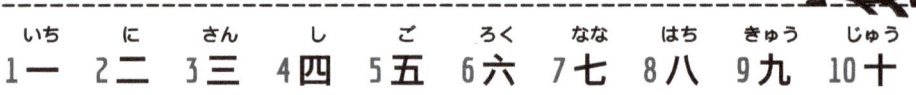

e così via... fino all'infinito e oltre. Ma qui stiamo parlando di **"contare normalmente"**, cioè fare una conta giocando a nascondino ecc. Ma se volessi <u>contare le cose</u>? Quindi se non voglio dire "tre", ma voglio dire **"TRE CANI"**... *come si fa?*

DOPO I NUMERI

E qui entrano in gioco i nostri cari e vecchi **CONTATORI**, dei mini-elementi (composti da un kanji solo) che si appiccicano subito <u>**dopo**</u> **un numero** e che ci permettono di contare le cose (una mela, tre anni, quattro libri, cinque birre...)! Ecco qui:

1
2 ← **NUMERO**   **NUMERO+CONTATORE** → 1 palazzo
3   2 carciofi
                                                   3 koala

Allora, è una figatona o no? Con questa magica e succulenta combo di **NUMERO+CONTATORE** si possono contare un sacco di cose! Mele, anni, libri, grammi... qualsiasi cosa. Uhm, ma quindi esiste un unico contatore per le mele, per i libri, per i cani ecc? Ehm, no. Perché i **CONTATORI** si basano sulla **"forma degli oggetti"**, cioè per contare **le cose lunghe** userò il contatore **HON**, per contare **le cose rotonde** userò il contatore **HIKI**, ecc. Sembra una tragedia, ma ci si abitua presto...

Non ci crederete, ma abbiamo visto たくさん (tanti) **CONTATORI** fino a ora!

年 NEN = ANNI   月 GATSU = MESI   週 SHUU = SETTIMANE
日 NICHI = GIORNI   時 JI = ORE   分 FUN = MINUTI

Li abbiamo usati <u>**dopo**</u> **i numeri**, no? 4 年 (4 ANNI) ecc. Ok, vediamone altri!

IL PUNTO
I CONTATORI si basano sulla <u>forma</u> degli oggetti da contare

レッスン27 一つ、二つ、三つ

Si scrive: 一つ *oppure* 1つ

✓	つ	**CONTATORE JOLLY**	Il contatore **TSU** è quello jolly, nel senso che si può usare praticamente **per qualsiasi cosa**, ma attenzione perché **TSU** arriva solo **fino a 10**, e inoltre (sfiga vuole) le letture dei numerini prima di **TSU** sono tutte <u>strane</u>!	1 = hito**tsu**, 2 = futa**tsu**, 3 = mi**ttsu**, 4 = yo**ttsu**, 5 = itsu**tsu**, 6 = mui**tsu**, 7 = nano**tsu**, 8 = ya**ttsu**, 9 = kokono**tsu**, 10 = too *(e basta)*.
🍎	こ 個	**COSE PICCOLE E TONDE**	**KO** è in teoria il contatore delle **cose piccoline e tondeggianti** (mele, sushi, palle di sterco), ma nella vita di tutti i giorni si usa un po' come **TSU**, ovvero come contatore jolly (però con **KO** si può contare <u>oltre il 10</u>)!	1 = i**kko**, 2 = ni**ko**, 3 = san**ko**, 4 = yon**ko**, 5 = go**ko**, 6 = ro**kko**, 7 = nana**ko**, 8 = ha**kko**, 9 = kyuu**ko**, 10 = juu**kko**, 11 = juui**kko** ecc...
🚶	にん 人	**PERSONE**	Il contatore **NIN** si scrive con il kanji di HITO perché (rullo di tamburi...) serve **a contare le persone**! Davvero semplice da usare, perché ha quasi tutte le letture regolari, ma non **le prime due**, che sono *strane*...	1 = hitori, 2 = futari, 3 = san**nin**, 4 = yo**nin**, 5 = go**nin**, 6 = roku**nin**, 7 = shichi**nin**, 8 = hachi**nin**, 9 = kyuu**nin**, 10 = juu**nin** ecc...
📄	まい 枚	**COSE PIATTE E SOTTILI**	Basta piazzare un bel **MAI** dopo un numero per contare **le cose piatte e sottili**, come biglietti di qualsiasi genere, coperte, cari e vecchi CD, e molto altro. Siamo fortunati perché **MAI** ha tutte le letture **regolari**! *Yeah*.	1 = ichi**mai**, 2 = ni**mai**, 3 = san**mai**, 4 = yon**mai**, 5 = go**mai**, 6 = roku**mai**, 7 = nana**mai**, 8 = hachi**mai**, 9 = kyuu**mai**, 10 = juu**mai** ecc...
🍾	ほん 本	**COSE LUNGHE E CILINDRICHE**	Le **cose lunghe e cilindriche**, come penne, bottiglie, candele eccetera si contano con il contatore **HON**, che casualmente è il kanji di **"libro"**. *E vabbè*. Fate attenzione ad alcune letture, che sono un po' strane...	1 = i**ppon**, 2 = ni**hon**, 3 = san**bon**, 4 = yon**hon**, 5 = go**hon**, 6 = ro**ppon**, 7 = nana**hon**, 8 = ha**ppon**, 9 = kyuu**hon**, 10 = juu**ppon** ecc...
🐶	ひき 匹	**ANIMALI PICCOLI**	Il contatore **HIKI** viene abbinato ai numeri per contare **gli animali di piccola taglia**, come cani, gatti, peauri dello zucchero ecc. Bisogna fare attenzione che con i numeri 1, 3, 6, 8 e 10 la lettura di **HIKI** cambia un po'.	1 = i**ppiki**, 2 = ni**hiki**, 3 = san**biki**, 4 = yon**hiki**, 5 = go**hiki**, 6 = ro**ppiki**, 7 = nana**hiki**, 8 = ha**ppiki**, 9 = kyuu**hiki**, 10 = juu**ppiki** ecc...
📚	さつ 冊	**LIBRI E RIVISTE**	**SATSU** è usato per contare **le cose rilegate**, ovvero libri, riviste, manga, giornaletti porno ecc. Bisogna solo fare un po' attenzione alle letture di 1, 8 e 10, che sono strane, ma per le altre non ci sono problemi!	1 = i**ssatsu**, 2 = ni**satsu**, 3 = san**satsu**, 4 = yon**satsu**, 5 = go**satsu**, 6 roku**satsu**, 7 = nana**satsu**, 8 = ha**ssatsu**, 9 = kyuu**satsu**, 10 = juu**ssatsu** ecc...
📅	さい 才	**ANNI DI ETÀ**	Il contatore **SAI** è utilizzato per contare NON gli anni (tipo 2019), ma **gli anni di età**, tipo "ho 27 anni". In realtà si scriverebbe con un kanji **più complesso**, ma spesso è preferita questa versione semplificata. Meglio!	1 = i**ssai**, 2 = ni**sai**, 3 = san**sai**, 4 = yon**sai**, 5 = go**sai**, 6 = roku**sai**, 7 = nana**sai**, 8 = ha**ssai**, 9 = kyuu**sai**, 10 = juu**ssai** ecc...
🌡	ど 度	**GRADI o VOLTE**	Attenzione a **DO** che ha una **doppia** funzione: anzitutto **DO** viene usato per esprimere la temperatura, ovvero **contare i gradi centigradi**; ma occhio perché si usa anche per **contare le volte** (1 volta, 2 volte ecc). Utile!	1 = ichi**do**, 2 = ni**do**, 3 = san**do**, 4 = yon**do**, 5 = go**do**, 6 = roku**do**, 7 = nana**do**, 8 = hachi**do**, 9 = kyuu**do**, 10 = juu**do** ecc...
⚙	だい 台	**MACCHINE**	**DAI** è molto versatile perché usato per contare **qualsiasi tipo di macchinario** o macchine in generale: possiamo quindi usare **DAI** per contare computer, automobili, veicoli, macchinari da fabbrica ecc ecc... emozionante.	1 = ichi**dai**, 2 = ni**dai**, 3 = san**dai**, 4 = yon**dai**, 5 = go**dai**, 6 = roku**dai**, 7 = nana**dai**, 8 = hachi**dai**, 9 = kyuu**dai**, 10 = juu**dai** ecc...

Le letture di **1**, **3**, **6**, **8** e **10** di solito si storpiano un po'!
Attenzione al **7** che ogni tanto è **SHICHI** e ogni tanto è **NANA**!

BATTUTA DEL GIORNO: *Quando capisco il giapponese* 5度8才

LEZIONE 27 CONTARE LE COSE

Il kanji del verbo CAPIRE, nel senso di **COMPRENDERE** o risolvere un quesito, deriva dalla forma di un CORNO, una MUCCA e una SPADA, cioè tagliare il corno di una mucca, quindi **separare** il giusto dallo sbagliato (risolvere).

とく　　カイ

Ma dove diamine si mettono sti benedetti CONTATORI? Uhm, per esempio prendiamo la frase りんごを かった (ho comprato **delle mele**). Fantastico, la frase si regge benissimo così, ma se volete specificare *QUANTE MELE* avete comprato, basterà ficcare il nostro NUMERO+CONTATORE appena dopo la parte りんごを. Guardate qui che storia:

八百屋で りんごを 二つ 買った。
DAL FRUTTIVENDOLO HO COMPRATO 2 MELE

りんごを... 買った
OK, MA QUANTE? - りんごを二つ買った

Con le **mele** sarebbe meglio usare 二個 NIKO

つ è jolly, ma arriva a 10

びっくりした！ここに コアラが 三匹 いる！
CHE SPAVENTO! QUI CI SONO 3 KOALA!

コアラが... いる
MA QUANTI?
コアラが三匹いる

匹 è per gli animali

すみません！にぎりを 2 1 個 ください！
MI SCUSI! 21 NIGIRI PER FAVORE! *(a panzoneee)*

にぎりを...ください
QUANTI, SCUSI? 21個

1個 si legge IKKO
21個 diventa NIJUUIKKO

個 è jolly

ボブちゃんは 本当に トラックを 4台 持っているの？
MA BOB-CHAN HA DAVVERO 4 CAMION?

ビールを 1本 しか 飲んでないので、大丈夫です。
VISTO CHE NON HO BEVUTO NIENT'ALTRO CHE UNA BIRRA, STO BENE.

飲んでいない
non star bevendo
oppure
non aver ancora bevuto

Ok

ね、お客様が １４人 来たよ！こんな時間に？
EHI, SONO ARRIVATI 14 CLIENTI! A QUEST'ORA? *(dai, sono palanche in più)*

お客様が... 来た
sono arrivati **dei clienti**
QUANTI? - 14人

今 ドバイが 9度だ ということは、本当ですか？
IL FATTO CHE ORA A DUBAI FACCIANO 9 GRADI, È VERO?

XXXということ
il fatto che dice XXX

本当 = vero
本当に = veramente

ドバイが 9度だ
Dubai *fa l'azione di essere* 9 gradi

FORMA GRAMMATICALE

Ohh, ed eccoci anche questa volta alla mia rubrica preferita, quella dedicata alle **FORME GRAMMATICALI** (sono un po' sadico, lo so). In questa gradevole e incantevole occasione vedremo una formuletta davvero utile, ovvero:

〜てはダメ

Lo so, è una vera pacchia la **FORMA IN** て (ve l'ho detto che serve per un sacco di robe)! Ecco che la possiamo usare anche in questa nuova forma grammaticale: basta infatti coniugare un qualsiasi verbo in **FORMA IN** て e marcarlo con la particella は, per dare l'effetto "per quanto riguarda il fare questa cosa...". Infine ci mettiamo ダメ (non va bene).

NON SI PUÒ...
(farlo non va bene)

Prendiamo per esempio il verbo いく, "andare". Fantastico, lo coniughiamo nella sua **FORMA** て, ovvero いって, e lo rendiamo il tema della frase con は. Ecco che otteniamo いっては (per quanto riguarda いって, per quanto riguarda l'andare)... ダメ (non va bene), ovvero "andare non va bene", cioè "non puoi andare, è vietato andare"!

しばらく、お酒は 飲んではダメ ...
PER UN PO' GLI ALCOLICI NON LI POSSO BERE ... *(che male non ti fa)*
→ Il verbo **NOMU** è **DAME** quindi bere *non va bene*
→ **SAKE** sono gli alcolici in generale!

本当にあの女の子を ナンパしてはダメ なの?
VERAMENTE NON POSSO PROVARCI CON QUELLA TIPA?
→ Con il **NO?** finale, gli aggettivi in -na e i nomi vogliono il **NA**
→ ナンパする *corteggiare*

違う! 卵こそ絶対に 食べてはダメ !
NO! SONO PROPRIO LE UOVA CHE NON PUOI MANGIARE ASSOLUTAMENTE!
→ **ZETTAI NI** *assolutamente*
→ Il verbo **TABERU** è **DAME** cioè mangiare *non va bene*

Come ci era già capitato di notare a **pagina 41** (in fondo), in linea generale l'aggettivo ダメな può essere sostituito dai suoi equivalenti いけない oppure ならない, che chiaramente possono essere trasformati in forma DESU/MASU!

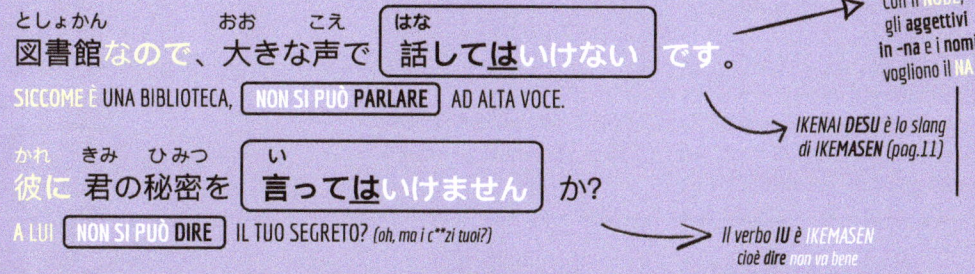

図書館なので、大きな声で 話してはいけない です。
SICCOME È UNA BIBLIOTECA, NON SI PUÒ PARLARE AD ALTA VOCE.
→ Con il **NODE**, gli aggettivi in -na e i nomi vogliono il **NA**
→ **IKENAI DESU** è lo slang di **IKEMASEN** (pag.11)

彼に 君の秘密を 言ってはいけません か?
A LUI NON SI PUÒ DIRE IL TUO SEGRETO? *(oh, ma i c**zi tuoi?)*
→ Il verbo **IU** è **IKEMASEN** cioè dire *non va bene*

LEZIONE 27 CONTARE LE COSE

E ora scopriamo un'altra posizione in cui possiamo mettere il nostro beneamato NUMERO+CONTATORE! Certo, come abbiamo visto nella pagina precedente, possiamo metterlo <u>DOPO</u> l'oggetto da contare, ma in realtà siamo liberi di metterlo anche **PRIMA**; in questo caso basterà usare la particella の per collegarli: NUMERO+CONTATORE の OGGETTO. In questo caso l'effetto che otterremo sarà un po' diverso... osservate attentamente (ma non troppo che vi fate male):

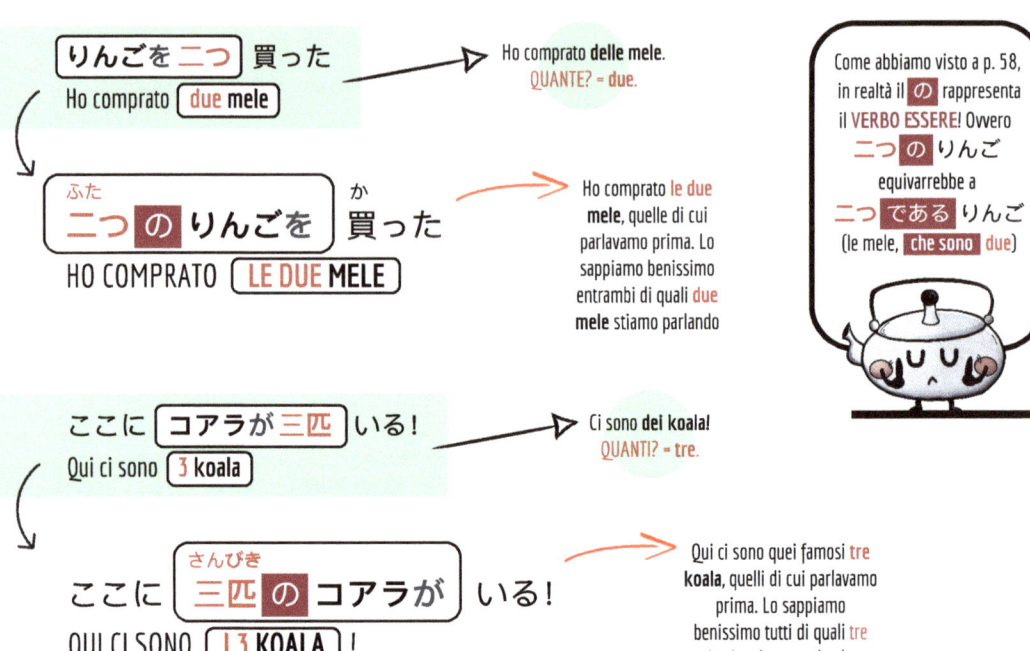

このアパートに住んでいる皆さまへ。
次に記すことはアパートの規則です。犬や猫などのペットは１人につき
１匹までです。地下にある６台の洗濯機は１０才 以下 の子供は使って
はいけません。テラスには共用のパラソルが１５本あります。プールに
は友達や知人を３人まで招待することができます。

Ai signori che **abitano** in questo condominio.
Ciò che riporto qui sotto sono **le regole** del condominio. Riguardo gli animali domestici come cani e gatti, è fino a 1 animale per 1 persona. Per quanto riguarda le 6 lavatrici che sono **nel seminterrato**, i bambini al di sotto dei 10 anni non possono utilizzarle. Nella terrazza, ci sono 15 parasoli a uso comune. Nella piscina, si possono invitare fino a 3 amici o conoscenti.

次の - il prossimo, il seguente *(aggettivo)*
次に - prossimamente, dopo, in modo seguente *(avverbio)*

レッスン 27 一つ、二つ、三つ

何才ですか?
Quanti **anni** hai?

L'ideogramma di **RISPONDERE** è molto astratto: deriva dalla forma di un CONTENITORE con sopra disegnato del BAMBÙ, quindi un coperchio di bambù. L'idea è che **il coperchio combacia** perfettamente, quindi RISPONDE all'esigenza. Ok.

こたえる　　トウ

ANCORA *UNO*

Lo so, i contatori non sono affatto un argomento facile, me ne rendo conto. Certo, abbiamo la fortuna di avere il contatore つ che ci potrà salvare in molte situazioni, ma *sfiga vuole* che le sue letture siano irregolari e che con つ si possa contare solo fino a 10... e vabbè, in caso di dubbio su quale contatore usare buttatevi su **個 KO**, che è abbastanza jolly anche lui! Ma ora vediamo la parolina **もう**, che basterà piazzare prima di un (NUMERO•CONTATORE) per esprimere **ANCORA**:

もう 一つ = **ANCORA UNO** *(ancora 1 tsu, quindi non sappiamo di cosa stiamo parlando)*

もう 二個 = **ANCORA DUE** *(ancora 2 ko, quindi stiamo parlando di 2 cose piccole e rotonde)*

もう 三人 = **ANCORA TRE** *(ancora 3 nin, quindi stiamo parlando di 3 persone)*

もう 4枚 = **ANCORA QUATTRO** *(ancora 4 mai, quindi stiamo parlando di 4 cose piatte)*

もう 五本 = **ANCORA CINQUE** *(ancora 5 hon, quindi stiamo parlando di 5 cose cilindriche)*

LE DOMANDE CON I CONTATORI

Dai, ancora una cosetta piccina picciò e poi vi lascio in pace: se volete chiedere **QUANTI?** basterà piazzare un succosissimo **何 NAN** al posto di qualsiasi numero! Insomma, la nostra struttura (NUMERO•CONTATORE) diventa (NAN•CONTATORE)!

ここ
5個 = 5 KO → なんこ
何個? = **QUANTI KO?**

はちにん
8人 = 8 NIN → なんにん
何人? = **QUANTE NIN?**

よんさい
4才 = 4 SAI → なんさい
何才? = **QUANTI SAI?**

ここの
9つ = 9 TSU → いくつ? = **QUANTI TSU?**

IL SOSTITUTO

Quando volete evitare di ripetere uno stesso **NOME DI COSA** all'interno di una frase, potete sostituirlo con un fantastico **の**, che quindi si può tradurre con **QUELLO**:

あかい ふく がいい
È bello **il vestito** rosso

あかい の がいい
È bello **quello** rosso

――――――――――

食べた すし はこれ
Il sushi che ho mangiato è questo

食べた の はこれ
Quello che ho mangiato è questo

LEZIONE 27 CONTARE LE COSE

DIALOGO

Non preoccupatevi se vi sta esplodendo la testa, è normale: i **CONTATORI** giapponesi (insieme alle onomatopee) sono tra gli argomenti più *merdos*... cioè, *ostici*. Ce ne sono tanti, quando si usano bisogna pensare alla forma degli oggetti e alle varie <u>letture irregolari</u> (che di solito capitano con i numeri 1, 3, 6, 8 e 10), ma per fortuna esiste il contatore jolly **TSU** (che arriva fino a 10) e il contatore jolly **KO** (con cui si può contare all'infinito e oltre). Dai, bando alle ciance, vediamo i **contatori** usati in una conversazione tra un tizio che è andato a dormire a casa di un amico insieme ai due figli.

3人だから2階に布団を
3枚置いた... 上、何度かな
（さんにん・にかい・ふとん・さんまい・お・うえ・なんど）

Visto che siete in 3, al secondo piano ho preparato 3 futon... di sopra chissà quanti gradi saranno

あ、もう1つ！外でタ
バコを1本吸っていい？
（ひと・そと・いっぽん・す）

Ah, ancora una cosa! Posso fumarmi una sigaretta fuori?

いいけど、吸ったあと
ドアをもう1度閉めてね！
（す・いちど）

Va bene, ma dopo aver fumato chiudi di nuovo la porta, eh!

レッスン27 一つ、二つ、三つ

ANALISI del TESTO

Ok, sono apparsi parecchi **CONTATORI** nel dialogo, ma ormai credo che ci abbiate fatto l'abitudine... dai, un bel respiro. Bisogna convivere con questi mostri, ma il processo per usarli al meglio è macchinoso solo all'inizio, poi diventa naturale (*certo...*). Ah, brutta notiziazza: ovviamente non esistono solo questi **CONTATORI**! In questa lezione abbiamo visto i più usati in assoluto, però ne incontreremo altri nel corso della nostra avventura (*magari nel prossimo libro, shhh*). Coraggio, per ora analizziamo nel dettaglio il dialogo e beviamoci un buon bicchiere d'acqua per compensare la tristezza.

何度? = quanti DO?
１８度 = 18 DO

Il padrone di casa comincia con ３人だから (siccome **siete** 3 NIN, siccome **siete** 3 persone) e poi ２階に (al piano 2). Ecco che scopriamo un nuovo contatore, ovvero 階 KAI, il contatore per i PIANI degli edifici. Comodo, no? Quindi ２階 sarebbe il "piano 2", ma attenzione che in Giappone l'1階 IKKAI (il piano 1) è il nostro piano terra! Comunque, cosa ha fatto al piano numero 2? 布団を 置いた (ho messo dei futon). *Sì, ma quanti?* Ecco che va a specificare quanti futon ha messo piazzando ３枚 dopo l'elemento 布団を. I futon (i letti giapponesi) sono piatti, quindi usa il contatore 枚 MAI. E infine 上は (**sopra, di sopra**), 何度 (quanti DO, quanti gradi), かな (chissà).

一つ HITOTSU
Una cosa in generale, una cosa *jolly*.
Non sappiamo di cosa si tratta

Allora il suo amico, cioè l'ospite, si appresta subito a interromperlo con あ、もう１つ！, dove la parola 一つ HITOTSU significa "una cosa", ma una cosa in generale! Non sappiamo di cosa si sta parlando perché つ è jolly e serve un po' per tutto, e con il もう davanti si esprime "ancora". Quindi もう一つ = "ancora una cosa".
E continua con 外で (fuori, nel fuori), タバコを 吸ってもいい？ (anche se aspirassi la sigaretta, andrebbe bene? *Ovvero*, posso fumare la sigaretta?), ma specifica quante sigarette usando １本 IPPON, cioè il contatore delle cose cilindriche (come le sigarette). Notate che il も della costruzione 〜てもいい (pag. 36) spesso sparisce nel parlato!

Parlando tra amici, **molte particelle** spariscono!

E la risposta è いいけど (va bene, però) e continua con 吸ったあと, ovvero il verbo 吸う (aspirare) coniugato al passato e appiccicato alla parola あと (dopo). Ecco che 吸ったあとで significa "dopo aver aspirato, *quindi* dopo aver fumato" ...*cosa deve fare?* ドアを 閉めてね！ (chiudi la porta, eh)! Il verbo è 閉める SHIMERU, "chiudere", coniugato nella forma 閉めてください, ma senza il ください per essere più amichevole. Bene, ma specifichiamo in che modo chiudere la porta... ovvero もう１度, "ancora una volta". Ecco che il contatore 度 si può usare per contare i GRADI ma anche le VOLTE. Certo, もう１度 in italiano si può tradurre con **"ancora, di nuovo"**.

階	布	団	置	外	吸	閉
PIANO	STOFFA	GRUPPO	POSIZIONARE	FUORI	ASPIRARE	CHIUDERE
	ぬの		おく	そと	すう	しめる/とじる
カイ	フ	ダン/トン	チ	ガイ	キュウ	ヘイ

布団 FU-TON = gruppo, insieme di stoffa

LEZIONE 27 *CONTARE LE COSE*

Ma usare i numeri *normali*, no, eh? Pure i **contatori** ci mancavano...

練習
ESERCIZI

1 Che **CONTATORE** useresti per questi oggetti? *(vietato usare il jolly* つ*)*

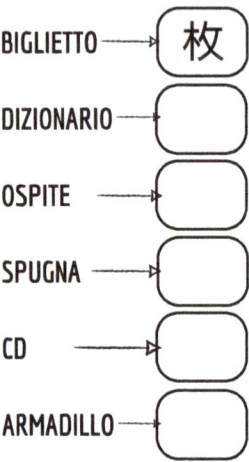

BIGLIETTO → 枚
DIZIONARIO →
OSPITE →
SPUGNA →
CD →
ARMADILLO →

CANNUCCIA →
NOCE →
ALBERO →
VOLTA →
RIVISTA →
COMPUTER →

2 Completa il cruciverba utilizzando solamente il sillabario **HIRAGANA**!

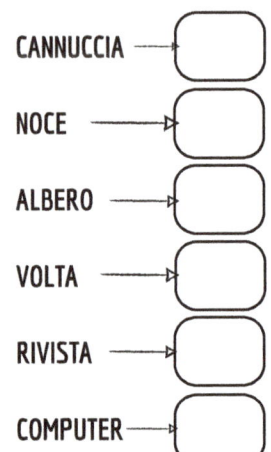

ORIZZONTALI
2 Esprime "ancora" prima di un contatore
4 Il primo piano
7 コイノヒサ
10 Una cosa generica
11 Riyu di Hongo
13 Carpa

VERTICALI
1 Sei cosette rotonde
3 ウマサツユス
5 Contatore per i piani
6 I-no-hi-no-i
8 一人
9 Due cose cilindriche
12 Cinque pesche

LE SOLUZIONI SONO A PAGINA **141**!

Ecco un'altra lezione che se ne va...

LEZIONE 28
LA FAMIGLIA
家族

かい とう
解答 = SOLUZIONE
(risposta risolta)

↙ ↘
risolvere rispondere

"Sei un attore. Bravissimo. L'Istituto d'Arte era proprio la tua scuola. Bravissimo."
Andrea G.

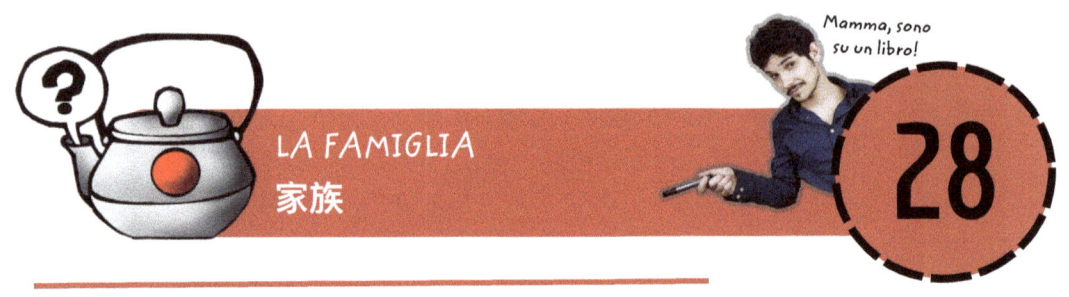

LA FAMIGLIA
家族

Basta grammatica, per favore! Lo state pensando, vero? Ehh, lo so, lo so... ma purtroppo la grammatica rappresenta i mattoncini con cui possiamo costruire le frasi. Belin, è indispensabile! Comunque voglio farvi una bella sorpresa: regalerò a ognuno di voi un bel milioncino di eur... niente, <u>un elenco di vocaboli</u> nuovi. *La family*.

IL RISPETTO

Anzitutto vediamo come dire **FAMIGLIA** in giapponese: si dice 家族 KA ZOKU. E fin qui ci siamo, parola utilissima e comodissima. Fantastico, viva la vita.

Il もんだい *(problema)* è che in giapponese ci sono termini per riferirsi ai membri *(non in senso anatomico)* della **"propria famiglia"** e termini un po' più arzigogolati per riferirsi ai membri della **"famiglia degli altri"**. Ok, ve l'ho detto.

IL PUNTO
Di solito si aggiunge SAN ai famigliari delle <u>altre</u> persone!

Come regola generale, ai membri della famiglia degli altri si aggiunge (chiaramente) il suffisso さん che abbiamo visto a pagina 67, ma attenzione che **molto spesso aggiungere solo さん non basta**... un bel respiro. Ecco le tabellazze:

LA MIA FAMIGLIA

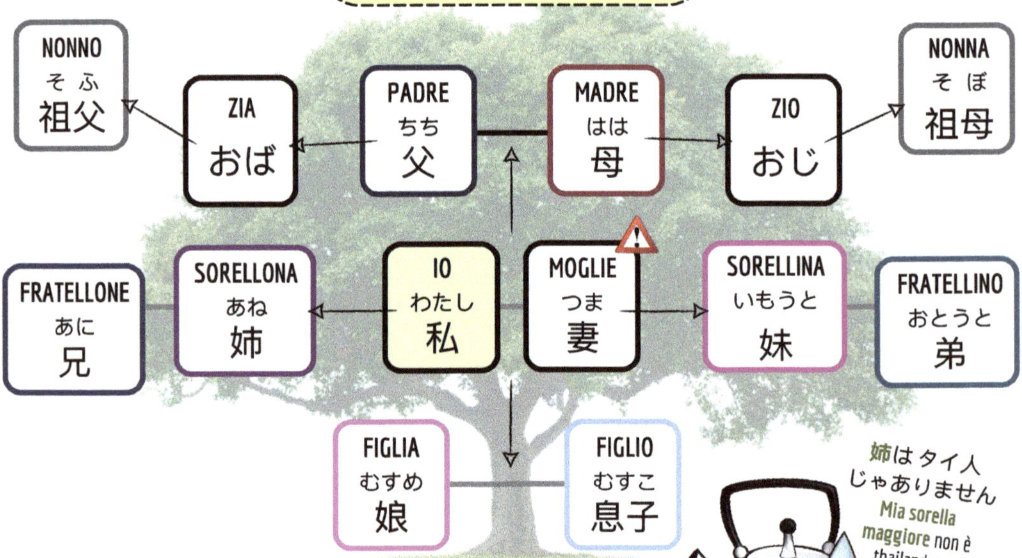

NONNO そふ 祖父	**ZIA** おば	**PADRE** ちち 父	**MADRE** はは 母	**ZIO** おじ	**NONNA** そぼ 祖母	
FRATELLONE あに 兄	**SORELLONA** あね 姉	**IO** わたし 私	**MOGLIE** つま 妻	**SORELLINA** いもうと 妹	**FRATELLINO** おとうと 弟	
		FIGLIA むすめ 娘	**FIGLIO** むすこ 息子			

姉はタイ人じゃありません
Mia sorella maggiore non è thailandese

⚠ Oppure 夫 OTTO (marito)

レッスン28 家族

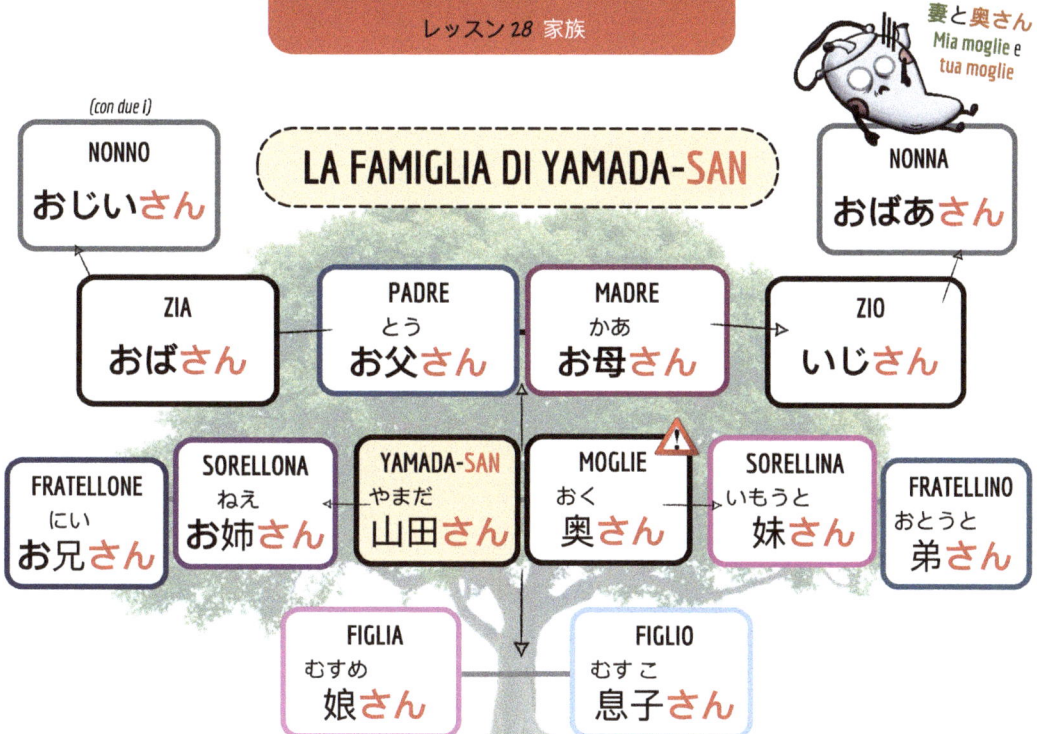

USARLI COME TITOLI?

Vi ricordate che a pagina 67 abbiamo visto come il suffisso **SAN** si usi per esprimere "rispetto" verso qualcuno? Difatti è un suffisso onorifico usato per chiamare un'altra persona, tipo *"Mariko-san, genki?"*. Ok, mettiamo che io abbia un fratello maggiore di nome **SHINJI** e una sorella maggiore di nome **YUKIKO**. Benissimo, li devo rispettare e perciò non li chiamerò **SHINJI** e **YUKIKO**, ma userò i loro titoli al posto dei loro nomi! Dirò: **ONIISAN, GENKI?** oppure **ONEESAN, GENKI?**

Ecco che i giapponesi usano il **TITOLO+SAN** per chiamare **anche i membri della propria famiglia** più grandi di loro (quindi non i propri figli o i propri fratelli minori), e perciò chiamano i propri fratelloni **ONII-SAN** e le proprie sorellone **ONEESAN**; stessa cosa per la propria mamma (**OKAASAN, GENKI?** = Mamma, come stai?), il proprio papà (**OTOUSAN, GENKI?**), zii e nonni. Quindi attenzione che non chiamano il proprio figlio **MUSUKOSAN**, ma lo chiamano per nome!

Parole come "suocero/suocera" oppure "genero/genera" esistono, ma si sentono davvero di rado... per esempio, io chiamerò la mamma di mia moglie **OKAASAN**, cioè la chiamerò con il suo titolo: "mamma". Cioè, un professore lo chiamo **SENSEI**, un supervisore lo chiamo **SENPAI** e una mamma... la chiamo proprio MAMMA (**OKAASAN**)! Qualche situazione:

Parlando con mia mamma:	**Okaasan**, genki? *(mamma, stai bene?)*	- **Ojiisan** wa genki? *(il nonno sta bene?)*
Parlando con Yamada:	**Haha** wa genki desu *(mia mamma sta bene)*	- **Okaasan** wa ogenki desu ka? *(tua mamma sta bene?)*
Parando con la mia sorellina:	**Yukiko**, genki? *(Tu, Yukiko, stai bene?)*	- **Oniisan** wa genki? *(il nostro fratellone, sta bene?)*
Parlando con mia moglie:	**Chikako**, genki? *(Tu, Chikako, stai bene?)*	- **Takashi** wa genki *(nostro figlio Takashi sta bene)*
Parlando con Yamada:	**Okusan** wa ogenki desu ka? *(tua moglie sta bene?)*	- **Sobo** wa genki desu *(mia nonna sta bene)*

Lo so, è un casino, ma ci si abitua

HAHA, CHICHI, SOBO ecc. sono parole seriose. Per sciogliersi un po' si usano anche **OKAASAN** e **OTOUSAN** per i propri genitori, parlando con gli altri!

LEZIONE 28 LA FAMIGLIA

息子が七人いる
Ho sette *figli maschi*

着

L'ideogramma di **INDOSSARE** nel senso di **VESTIRSI** è un po' cambiato nel tempo, ma il concetto è quello di prendere tante FIBRE VEGETALI e disporle su una TAVOLA DI LEGNO, per intrecciarle per bene e... creare un **VESTITO**. Uhm.

きる   チャク

にい
お兄さん ！ 静かに 遊んでくださいよ〜
しず   あそ
FRATELLONE！ GIOCA IN SILENZIO, PER FAVORE

→ Mio fratello maggiore lo chiamo ONIISAN, senza usare il nome

SHIZUKA NA = tranquillo
SHIZUKA NI = tranquillamente

ちが   あに   かぜ ひ
違います。 兄 が 風邪を引きました！
NO. È **MIO FRATELLO MAGGIORE** CHE HA PRESO IL RAFFREDDORE!

→ Per riferirmi a **mio fratello più grande** parlando con qualcuno, userò ANI, oppure ONIISAN per essere più sciolto

KAZE WO HIKU = prendere il raffreddore

とう   おんな こ
お父さん は来てはダメだよ！女の子だけのパーティだ から
TU, PAPÀ, NON PUOI VENIRE! PERCHÉ È UN PARTY DI SOLE RAGAZZE

→ Mio papà lo chiamo OTOUSAN. Uso CHICHI solo per parlare di lui con qualcuno in modo molto formale

---

ゆき   かあ   い
雪さんの お母さん も行かなければ なりません
DEVE ANDARE ANCHE TUA **MAMMA**

→ La mamma di Yuki-san, quindi la mamma di te (tua)

AKIKO è la mia IMOUTO

かあ   あきこ か
お母さん、明子が買ったゲームはどこ？
MAMMA, IL GIOCO CHE HA COMPRATO AKIKO DOV'È?

きのう   そぼ   いぬ し
昨日、祖母の犬が 死んでしまいました
IERI, IL CANE DI **MIA NONNA** È MORTO

→ SOBO è serio e formale. Altrimenti si usa sempre OBAASAN

SHINU = morire
SHINDE SHIMAU = finire per morire

                            た
おばあちゃん 、ナスは食べないでね
NONNINA, LE MELANZANE NON MANGIARLE EH!

Tutti i SAN di pag. 107 si possono sostituire con CHAN!

DEKIRU

Il verbo できる significa POTER FARE, nel senso di:

ESSERE CAPACE
AVERE LE CAPACITÀ

Lo vedremo meglio nel prossimo libro, ma per ora piazzatelo dopo un VERBO・こと が

Per esempio, se HANASU significa PARLARE, HANASU-KOTO significa IL FATTO DI PARLARE. Lo trasformo nel soggetto con GA e dico HANASU-KOTO GA DEKIRU (il fatto di parlare, si può fare = posso parlare, sono capace di parlare).

FORMA GRAMMATICALE

E a gran sorpresa, in questa pagina color viola melanzana sbiadita, facciamo una divertentissima... **FORMA GRAMMATICALE**, come al solito. Fidatevi, ora mi state odiando, ma un giorno mi ringrazierete (credo). Forza e coraggio.

〜たり 〜たり する

Vi ricordate che avevamo visto la particella や per fare un elenco "non finito" di cose? Per esempio, se PASTA と PIZZA significa "pasta e pizza, e basta.", dicendo PASTA や PIZZA si esprime "pasta e pizza, eccetera...". Ecco, la stessa cosa si può fare con i verbi! Invece che dire "mangiare e dormire, e basta." si può dire "mangiare e dormire, eccetera...". Facile!

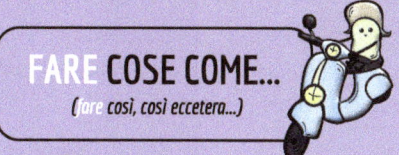

FARE COSE COME...
(fare così, così eccetera...)

Basta prendere un qualsiasi verbo coniugato al passato (たべた, のんだ...) e aggiungerci una bella り dopo. Ecco che dobbiamo ottenere due di questi verbi coniugati al **passato + り**, metterli uno dopo l'altro e alla fine aggiungerci il verbo **する**. Per esempio たべたり のんだり する, che significa "fare cose come **mangiare, bere** ecc ecc...".

にちようび 日曜日、勉強したり 音楽を聞いたり する！
DOMENICA, FACCIO COSE COME STUDIARE, ASCOLTARE MUSICA ECC!

→ 勉強して 音楽を聞く
significherebbe "studio e ascolto la musica (e basta)"

Faccio i verbi:
1) 勉強する 2) 聞く
e altri, che non ti sto a dire

えいが この映画では、よく歌ったり 踊ったり するね。
IN QUESTO FILM, SI FANNO COSE COME CANTARE MOLTO, BALLARE ECC, EH!

Si fanno cose come
1) 歌う
2) 踊る
e molte altre...

トイレに行ったり 水を飲んだり する 時間も ない...
NON HO NEPPURE IL TEMPO DI FARE COSE COME ANDARE IN BAGNO, BERE L'ACQUA ECC...

Non ho il tempo di fare
1) 行く
2) 飲む ecc...

Io vi ho messo le traduzioni letterali, ma la forma 〜たり 〜たり する in italiano si esprime con il tono "**faccio questo, e quest'altro ecc...**". E ora, notiziona: possiamo coniugare il buon **する** come m*nchia ci pare, regà! Guardate:

たいちょう わる 体調が悪いから、歩いたり 走ったり しないでね！
VISTO CHE STAI MALE, NON FARE COSE COME CAMMINARE, CORRERE ECC, EH!

→ **する** = fare:
しないで
（ください）
= non farlo
(per favore)

Non fare:
1) 歩く
2) 走る

今、掃除したり 洗濯したり しています
ADESSO, STO FACENDO COSE COME FARE LE PULIZIE, FARE IL BUCATO ECC.

→ **する** = fare
している = star facendo (pag. 87)
しています = è la versione -MASU

掃除して 洗濯しています = sto facendo le pulizie e sto facendo il bucato (e basta)

LEZIONE 28 LA FAMIGLIA

Il kanji di **COSA FISICA**, quindi **OGGETTO**, è un po' astratto... A sinistra troviamo l'immagine di una MUCCA (cioè una cosa concreta) mentre a destra abbiamo delle BANDIERINE che sventolano (cioè la varietà). Quindi abbiamo le **VARIE COSE**.

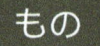 

UCHI e SOTO

Come ormai vi ripeto da pagine e pagine (amen), la lingua parlata si rispecchia nella しゃかい (società), nella ぶんか (cultura) e viceversa. Ecco perché ci ritroviamo a parlare di **un concetto fondamentale** della lingua giapponese nella lezione dedicata alla famiglia... tutti pronti, perché stiamo parlando dei famigerati:

Dove うち rappresenta "la mia cerchia", quindi la mia famiglia, i miei amici più intimi, i miei colleghi, mentre そと rappresenta tutte le persone "della cerchia esterna", ovvero le persone estranee, gli studenti di un'altra scuola, le persone di un'altra azienda... dai, tentate di capire questo modo di pensare e tutto vi sarà più chiaro in futuro. Giuro.

Già, quello di うち e そと è un concetto *molto giapponese* a cui ci si deve abituare (anche se non è facile), perché tutto questo si rispecchia irrimediabilmente anche nella lingua parlata! L'abbiamo visto per esempio nelle pagine precedenti, imparando che esistono termini per i membri della mia famiglia (i membri del mio うち) e termini per i membri della famiglia degli altri (membri di そと). E ora vi dico come si mette in pratica tutto ciò, con DARE e RICEVERE.

Le vostre domande!
Ma quindi non posso usare HAHA per chiamare mia mamma?

   RISPONDI

 TI VA DI GIAPPARE?

In teoria potresti, ma chiamare la propria mamma HAHA, il proprio papà CHICHI, il proprio nonno SOFU eccetera, risulta davvero freddo e serioso, tipo "Ciao, **madre***" o "****Padre****, come state?". Puoi usare HAHA per riferirti a tua madre* parlando con qualcuno *in modo molto formale e serio (****Mia madre*** *non c'è), ma se non vuoi essere così freddo, meglio usare OKAASAN, OTOUSAN, OJIISAN ecc anche per riferirti ai tuoi parenti!*

レッスン 28 家族

Per me, **TU** sei esterno e fai parte di **SOTO**

DARE e RICEVERE

Ecco uno dei temi più legati a うち e そと, cioè i verbi **DARE** e **RICEVERE**. Ecco le possibilità:

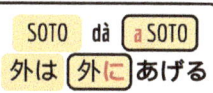

Azz

あげる (DARE)

Il verbo AGERU significa **DARE** in generale, come lo intendiamo noi. DARE A UGO si dice UGO NI AGERU, ma bisogna fare attenzione che <u>al posto di UGO non ci posso essere IO!</u> Cioè per dire **DARE A ME** non si usa *AGERU*...

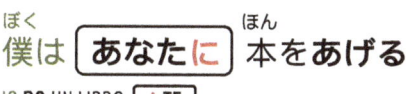

IO **DO** UN LIBRO A TE

TAKA-SAN **DÀ** UN LIBRO A YUKI-SAN

くれる (DARE A ME)

E ora attenzione, perché anche il verbo KURERU significa sempre DARE, ma necessariamente **DARE A ME**. Quindi WATASHI NI KURERU significa proprio DARE A ME, cioè sei TU che compi l'azione di DARE A ME... vabbuò.

あなたは 僕に 本をくれる
TU **DAI** UN LIBRO A ME

奥さんは 俺に 本をくれる
TUA MOGLIE **DÀ** UN LIBRO A ME

もらう (RICEVERE)

E infine il più facile: il verbo MORAU, che significa **RICEVERE**. Quindi RICEVERE DA UGO si dice UGO NI MORAU. Notate che RICEVERE DA utilizza la particella NI, che quindi può significare sia DARE A che RICEVERE DA. Che fregatura.

僕は あなたに 本をもらう
IO **RICEVO** UN LIBRO DA TE

奥さんは 父に 本をもらう
TUA MOGLIE **RICEVE** UN LIBRO DA MIO PADRE

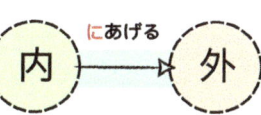
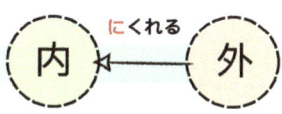
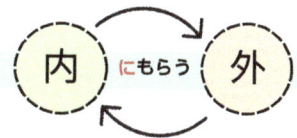

AGERU e KURERU si coiugano come normali verbi del 1° gruppo, mentre MORAU è chiaramente del 2° gruppo!

LEZIONE 28 LA FAMIGLIA

DIALOGO

La かぞく (famiglia) è indubbiamente un argomento delicato e complesso, ma come tutti gli argomenti giapponesi è macchinoso solo all'inizio, perché piano piano vi verrà naturale capire e usare i nomi dei membri della famiglia (mia e degli altri). Daje, cerchiamo di chiarire la *situèscion* osservando il DIALOGO: **una mamma sta preparando la cena** con l'aiuto della figlia, quando l'altro suo figlio (quello più piccolo) comincia a frignare perché ha fame. Azz, che situazione.

お母(かあ)さ〜ん！晩ご飯(ばんはん)、できた？お腹(なか)ペコペコだよ

Mammaaa! La cena è pronta? Ho fame!

高尾(たかお)！今(いま)、お姉(ねえ)ちゃんと作(つく)ってるから待(ま)っててね

Takao! Stai lì ad aspettare, che ora sto preparando con tua sorella

じゃあ、おじいちゃんのお家(うち)で飴(あめ)もらってくる！

Beh, allora prendo delle caramelle a casa del nonno e torno!

レッスン 28 家族

ANALISI del TESTO

Bene ma non benissimo. Qui sono apparsi un bel po' di termini "familiari" che abbiamo visto nella lezione, e se non li avete notati... dovreste seriamente prenotare una visita oculistica. Allora, ripetiamo tutti insieme: se parlo con il mio capo e mi riferisco a "mia madre" dico はは, se mi riferisco a "sua madre" dico おかあさん, ma **attenzione** che se invece parlo direttamente con **mia mamma** la chiamerò おかあさん. Questo è quanto. Viva la f... *amiglia*.

ASAGOHAN = pasto della mattina
HIRUGOHAN = pasto del mezzogiorno
BANGOHAN = pasto della sera

Il bamboccio comincia con お母さん, quindi "mamma". La chiama direttamente, parlando proprio con lei, quindi non usa はは perché altrimenti l'effetto sarebbe stato *"Ehi, madre"*, e poi continua con 晩ご飯, ovvero **"la cena"**. Se notate dopo abbiamo il verbo できる, che significa "poter fare" (pag. 108). Qui lo troviamo al passato: できた (aver potuto fare). Sentite come ci starebbe una particella di tema, ovvero 晩ご飯は、できた？ (*riguardo* la cena, è riuscita?, *quindi: riguardo* la cena, è pronta?), solo che nel parlato la particella は molto spesso **si tralascia** per evitare l'effetto troppo forte *"riguardo a..."*. Infine お腹がペコペコだよ = la pancia è **pekopeko** (pag. 92).

La い spesso viene tagliata:
待っている
待っていてください

Allora la mamma lo riprende dicendo 高尾, che è il nome del bambino! Non lo chiama むすこ, perché l'effetto sarebbe *"Ehi, figlio mio"*. Prosegue con 今 **(adesso)**, お姉ちゃんと作っている. La parola "sorella maggiore" si direbbe お姉さん, ma さん diventa ちゃん per essere *"affettuosi"*. Quindi sta parlando con Takao riferendosi all'altra sua figlia, cioè sta dicendo "la tua sorellona". Ah, notate il と = "con la onee-chan", e poi 作っている, cioè il verbo 作る (preparare) nella forma ～ている = star preparando. Il から è "siccome" = "**siccome** sto preparando con la onee-chan...". Infine 待つ (aspettare), nella forma 待っている (star aspettando), a sua volta in forma di richiesta!

La particella を nel parlato colloquiale spesso **si taglia**

E allora il buon Takao *(mannaggia)* fa una linguaccia dicendo じゃあ, ovvero **"ah beh, se è così..."** e continua con おじいちゃんのお家で, dove di interessante troviamo la parola おじいさん (nonno). Ok, il さん è stato sostituito con ちゃん per essere affettuoso (tipo *nonnino*), ma Takao non usa certo la parola そふ perché sarebbe freddissima ! Quindi abbiamo おじいちゃんのお家 (la casa **del** nonno) e questo è marcato dalla particella で (a casa, in casa). *Cosa fa a casa del nonno?* Fa l'azione 飴をもらう (ricevere delle caramelle). Notate che il verbo もらう (ricevere) è in forma て, quindi 飴をもらって (ricevo delle caramelle e...), くる (vengo, *quindi* torno).

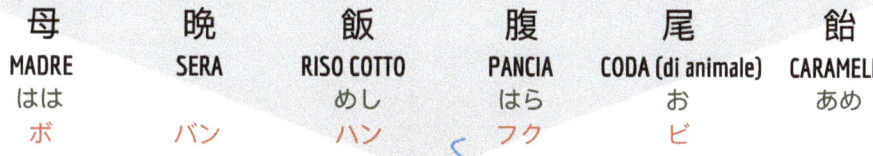

母	晩	飯	腹	尾	飴
MADRE	SERA	RISO COTTO	PANCIA	CODA (di animale)	CARAMELLA
はは	—	めし	はら	お	あめ
ボ	バン	ハン	フク	ビ	—

ONAKA è la parola giapponese per **"pancia"** ed è stata incollata al kanji cinese 腹, come abbiamo visto a **pag. 56** del primo libro!

LEZIONE 28 LA FAMIGLIA

Ci risiamo. Pure **la famiglia** ci voleva a rompere le pa...

練習
ESERCIZI

1 Collega con una linea il membro della famiglia alla descrizione appropriata!

Chiamerei così **mio papà** parlando con un mio amico	おばさん
Chiamerei così **mia sorella maggiore** parlando con lei	おとうさん
Chiamerei così **la zia di Takashi** parlando con Takashi	マルコ
Chiamerei così **mio fratello minore** parlando con lui	おねえさん

2

A ① ② B ① ② C ① ② D ① ②

E ① ② F ① ② G ① ② H ① ②

3 Inserisci il verbo corretto tra あげる, くれる e もらう (in forma piana)!

A Tu cosa dai **a me**?

☐ は わたし ☐ ☐ を ☐ ?

B Io ho ricevuto un calamaro **da mia mamma**

☐ ☐ ☐ に いか ☐ ☐

C Io non ho dato l'olio **a tuo fratello maggiore**

☐ は ☐ ☐ オイル ☐ ☐

LE SOLUZIONI SONO A PAGINA 141!

Mizzica, la famigghia nipponica

LEZIONE 29
IO VOGLIO
〜が欲しい

着物 = KIMONO (cosa da indossare)
- 着 indossare
- 物 cosa

"HAHAHAHA MI FAI MORIRE DAL RIDERE! Ti adoro, e grazie dei consigli!!!"
Senpai Otaku

IO VOGLIO
～が欲しい

29

Beh, dai, imparando a dire frasi come "voglio un gelato" o "voglio andare al mare" vi si aprirà un mondo di possibilità e gli argomenti di cui parlare con il vostro ともだち (amico) giapponese cresceranno a dismisura, quindi buttatevi in gola una bella pillolazza per l'emicrania, che si comincia con il VOLERE. Però senza pretese, eh.

VOLERE *QUALCOSA*

Dunque dunque, se voi desiderate un qualche NOME DI COSA, della serie:

- VOGLIO UN GELATO
- VOGLIO UN LIBRO
- VOGLIO UNA SORELLA
- VOGLIO UN CANE

IL PUNTO
Con il VOLERE, gli elementi con を diventano が

basterà utilizzare un dolce, grazioso e simpaticissimo **aggettivo in** い, ovvero:

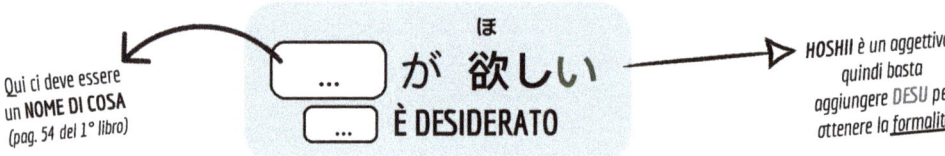

Qui ci deve essere un NOME DI COSA (pag. 54 del 1° libro)

[...] が 欲しい
[...] È DESIDERATO

HOSHII è un aggettivo, quindi basta aggiungere DESU per ottenere la formalità!

L'aggettivo **HOSHII** significa "desiderato", quindi VOGLIO UN GELATO si esprime con UN GELATO FA L'AZIONE DI ESSERE DESIDERATO. Che storia. Ah, chiaramente possiamo coniugare il buon HOSHII come ci pare!

[...] が 欲しい	[...] は 欲しくない	[...] が 欲しかった	[...] は 欲しくなかった
VOGLIO [...]	NON VOGLIO [...]	VOLEVO [...]	NON VOLEVO [...]

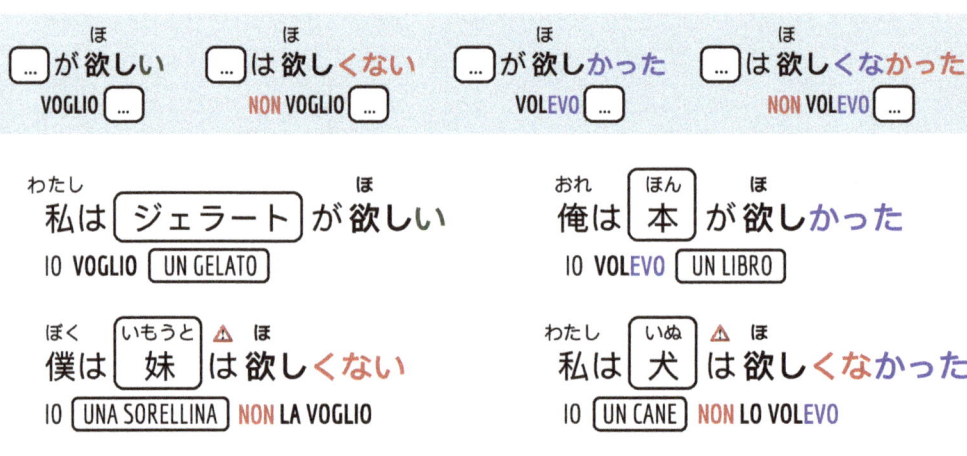

私は ジェラート が欲しい
IO VOGLIO UN GELATO

俺は 本 が欲しかった
IO VOLEVO UN LIBRO

僕は 妹 は欲しくない
IO UNA SORELLINA NON LA VOGLIO

私は 犬 は欲しくなかった
IO UN CANE NON LO VOLEVO

⚠ Per cultura, se i giapponesi **negano** qualcosa usano quasi sempre WA, per negare *solo quello* e non il resto! Notate la differenza tra GA e WA:

私は 妹が 欲しくない - Io, **non** voglio una sorella
私は 妹は 欲しくない - Io, una sorella, **non** la voglio

レッスン29 〜が欲しい

ホラーが 見たい!
ポップコーンが 欲しい!
Voglio vedere un horror!
Voglio dei popcorn!

VOLER *FARE*

E ora, pian pianino, *shhh* senza fretta, passiamo all'altro modo per esprimere VOLERE .
In questa occasione non vorremo un mero e stupido *oggetto*, no... questa volta saremo più avidi di potere, *muahahaha*. Ora esprimiamo VOLER FARE QUALCOSA, quindi ci servirà un **verbo**:

- VOGLIO MANGIARE
- VOGLIO ANDARE
- VOGLIO BERE
- VOGLIO DORMIRE

Ottenere una roba del genere è semplicissimissimissimo. Basterà sostituire qualsiasi forma ます con たい :

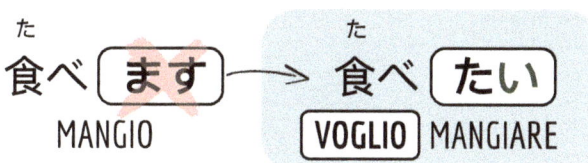

Facilissimo, quasi come bere un bicchiere di assenzio pensando fosse acqua. Ma ora tenetevi forte... notate bene quella い di たい... Perché un verbo coniugato in FORMA たい è come *se fosse un normale* **aggettivo in い**! Quindi:

VOGLIO MANGIARE | NON VOGLIO MANGIARE | VOLEVO MANGIARE | NON VOLEVO MANGIARE

わたし すし た
私は 寿司が 食べ たい
IO VOGLIO MANGIARE IL SUSHI

おれ に ほん い
俺は 日本に 行き たかった
IO VOLEVO ANDARE IN GIAPPONE
→ 行く andare

ぼく ⚠ の
僕は ワインは 飲み たくない
IO IL VINO NON VOGLIO BERLO
→ 飲む bere

わたし きみ ね
私は 君と 寝 たくなかった
IO NON VOLEVO DORMIRE CON TE
→ 寝る dormire

赤

L'ideogramma del colore ROSSO deriva dalla figura di una PERSONA con braccia e gambe spalancate, bella illuminata di rosso da un FUOCO... ok, non è che sta bruciando, ma la luce e il calore del fuoco la stanno "colorando" di ROSSO.

あかい | セキ

Un verbo in **FORMA -TAI** *grammaticalmente è un* ***aggettivo in -I***, *quindi si può aggiungere* **DESU**!

→ 食べたい *letteralmente significa* VOGLIOSO DI MANGIARE

*Con HOSHII e TAI, le particelle **WO** diventano quasi sempre **GA***

い
行きたくないです
Non voglio andarci

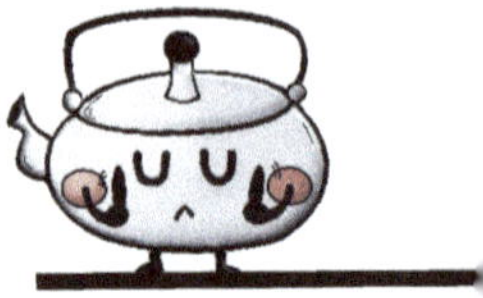

あたら　けいたい　　ほ
新しい携帯が 欲しいです！
VOGLIO [UN CELLULARE NUOVO] ! *(il 3310 non ti va più bene?)*

Dopo HOSHII e TAI si può aggiungere DESU

もの　　ほ
ごめん！ そんな物は 欲しくない
SCUSAMI! [UNA COSA DEL GENERE], **NON LA VOGLIO**

HOSHIKUNAI = non è desiderata
Con i negativi, la particella GA spesso diventa WA per esprimere:
"Una cosa del genere, non la voglio (ma altre cose sì)"

ちが　あか　　ほ
違う！ 赤いのが 欲しいよ！
NO! **VOGLIO** [QUELLO ROSSO] !

赤いの = quello rosso (pag. 101)

たんじょうび　じしょ　はっさつ　ほ
誕生日とかに、辞書が ８冊 欲しかった…
TIPO AL COMPLEANNO, **VOLEVO** 8 [DIZIONARI] …. *(poi? la Divina Commedia?)*

[辞書]が欲しい = voglio [dei dizionari]
Ok, ma quanti? → ８冊 (pag. 97)

かれ　　た　　おも
彼は ケーキ が 食べ[たい]と 思っている
LUI [SEMBRA CHE **VOGLIA**] **MANGIARE** UNA TORTA

Se parlo di qualcuno che non sono io, non so di per certo cosa vuole *(o no?)*. Ecco che se si parla di **qualcun altro** si aggiunge spesso:
～と思っている
(**sto pensando** che LUI voglia fare così)

いちど　の　　の
一度も飲んだことがないから、飲んでみ[たい]です！
SICCOME NON L'HO MAI BEVUTO **NEPPURE** UNA VOLTA, [**VOGLIO PROVARE A**] **BERLO!**

飲む = bere
*飲んでみる = **provare a** bere* *(pag. 87)*

つく　　す
おばさんが作ったケーキなんて… 捨て[たくない]よ
LA TORTA CHE **HA FATTO** LA ZIA… [**NON VOGLIO**] **BUTTARLA!** *(urca miseria, ecchecos'è!?)*

NANTE è come un WA pieno di sentimento *(pag. 47)*

おこ　さけ
怒ったり叫んだり し[たくなかった]けど…
PERÒ [**NON VOLEVO**] **FARE** COSE COME ARRABBIARMI O GRIDARE…

~~します~~ = fare
したい = **voglio** fare
Che cosa? **Cose** come:
1) 怒る (arrabbiarmi) 2) 叫ぶ (gridare)

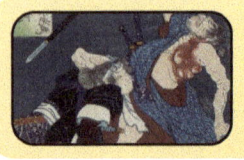

Ai tempi dei **SAMURAI** c'era una pratica (anche se poco diffusa) che consisteva nel provare la propria katana (spada) su ignari passanti, in pratica **uccidendo innocenti** solo per esercitarsi! Per fortuna questo *simpatico* esercizio fu bandito all'inizio del 1600.

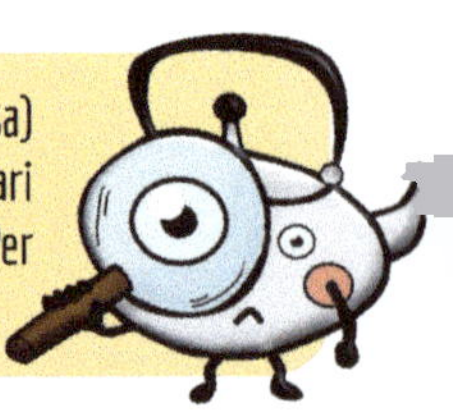

FORMA GRAMMATICALE

Ahi ahi ahi, ragazzi, siamo quasi agli sgoccioli. Ecco a voi la penultima FORMA GRAMMATICALE del nostro TI VA DI GIAPPARE? 2. Ne abbiamo viste parecchie, ma resistete ancora un po', perché questa (vi giuro) è davvero stra-utile:

〜の中で、〜が一番

Questa freschissima forma grammaticale ci permetterà di dire **"all'interno di...** questo è il più". Ok, so che è poco chiaro, ma immaginate una frase tipo: **"all'interno della mia famiglia,** mia sorella è la più gentile". Ecco, potete dirlo. Fico, eh?

TRA... ...È IL PIÙ
(all'interno di... ...è il numero 1)

Analizzandola un un po': la parola **NAKA** significa *"dentro"* e possiamo collegarla a un sostantivo qualsiasi, per esempio かぞくの中 (**dentro** la famiglia) e ci piazziamo で per dire "**nel** dentro della famiglia". Infine la parola **ICHIBAN** significa *"numero 1"*, quindi possiamo dire あねが (mia sorella), è 一番やさしい (è la gentile **numero 1**).

Dai, non è così *impossibile!* Non preoccupatevi se avete difficoltà, perché è sempre così: all'inizio si fanno le cose in modo macchinoso e piano piano diventano naturali. Ah, sappiate che spesso la parte の中 viene <u>tagliata</u>, lasciando solo で!

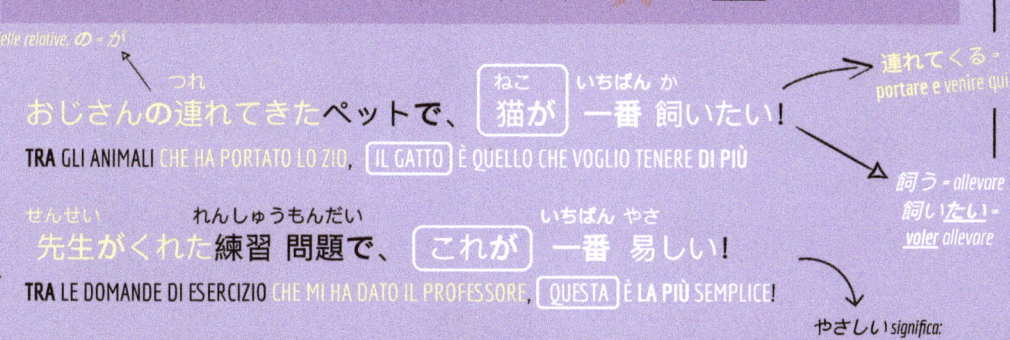

LEZIONE 29 IO VOGLIO

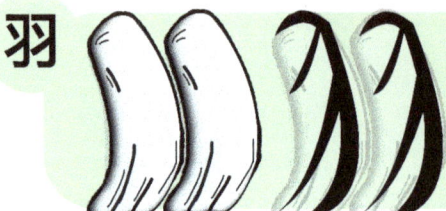

Ragazzi, una buona notizia. Questo kanji è davvero facile! Infatti la parola **ALA** è rappresentata molto semplicemente dalla figura stilizzata di un paio di ALI di un qualche volatile... tutto qui, non c'è altro da dire (per fortuna).

はね　　ウ

VOGLIO DA TE

Fantastico, fino a ora abbiamo imparato a dire *"io voglio"* nel senso di *"io voglio qualcosa"*, oppure *"io voglio fare qualcosa"*. Meraviglioso, ma ora aspettate un secondo... se volessi dire **"io voglio che TU faccia questo"**?

Ecco, in giapponese si dice così. *Rullo di tamburi, regia:*

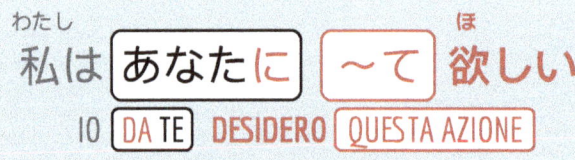

わたし
私は [あなたに] [〜て 欲しい]
IO [DA TE] DESIDERO [QUESTA AZIONE]

Non è molto complesso, se ci pensiamo bene *(ma bene bene, eh)*. L'importante è che io voglia questa azione [DA TE], quindi **あなた** sarà sempre accompagnato dalla particella に. Ma vediamo degli esempiazzi:

Oltre ... が 欲しい
e ... が 〜たい

STRUTTURE CON が

Anche se in teoria qualsiasi が voi vediate lo potete <u>sostituire</u> con la particella は per dargli quell'effetto che conoscete bene...

わ
... が 分かる
CAPISCO ...

す
... が 好き
MI PIACE ...

きら
... が 嫌い
ODIO ...

じょうず
... が 上手
SONO BRAVO IN ...

へた
... が 下手
SONO IMBRANATO A ...

い
... が 要る
HO BISOGNO DI ...

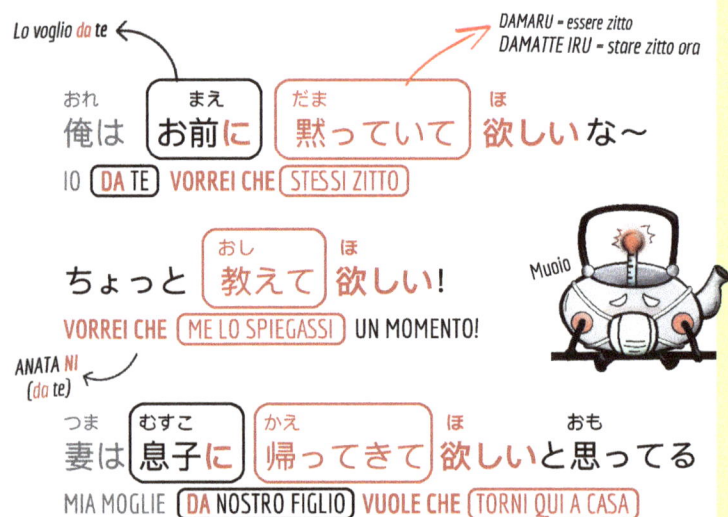

Lo voglio da te
DAMARU = essere zitto
DAMATTE IRU = stare zitto ora

おれ　　まえ　　だま　　　　　ほ
俺は お前に 黙っていて 欲しいな〜
IO [DA TE] VORREI CHE [STESSI ZITTO]

おし　　ほ
ちょっと 教えて 欲しい！
VORREI CHE [ME LO SPIEGASSI] UN MOMENTO!

ANATA NI
(da te)

Muoio

つま　　むすこ　　かえ　　　　　ほ　　　　おも
妻は 息子に 帰ってきて 欲しいと思ってる
MIA MOGLIE [DA NOSTRO FIGLIO] VUOLE CHE [TORNI QUI A CASA]

Sto parlando di MIA MOGLIE, quindi aggiungo
TO OMOTTE IRU *(penso che lo voglia)*

レッスン29 〜が欲しい

AVERE INTENZIONE DI

E ora -*massì, già che ci siamo*- vediamo ancora una cosetta. Qui parliamo di *"avere la ferma intenzione di fare così"*, con la sfumatura di *"farò di tutto per farlo"*. Basterà aggiungere a qualsiasi **VERBO IN FORMA PIANA** una parolina specialissima, ovvero つもり. Daje, ancora uno sforzo (*ma senza esagerare, che sapete bene gli effetti collaterali*). Ecco:

Il **VERBO** può andare anche al <u>negativo</u> per esprimere *"<u>NON</u> avere intenzione di"*

VERBO つもり 〔です〕

HO LA FERMA INTENZIONE DI ...

Farò di tuttooo

来年、両親と 日本に 行くつもり だよ！
L'ANNO PROSSIMO, HO INTENZIONE DI ANDARE IN GIAPPONE CON I MIEI GENITORI!

行きたい
sarebbe un semplice "voglio andare"

お兄さん、お母さんに お別れのキスも しないつもり？
FRATELLONE, HAI INTENZIONE DI NON DARE ALLA MAMMA NEPPURE UN BACIO D'ADDIO?

キスする
fare un bacio
キスもしない
non fare neppure un bacio

このサイトで パソコンを 買うつもり です。
HO INTENZIONE DI COMPRARE IL COMPUTER SU QUESTO SITO

買いたい
lo voglio comprare
買うつもり
farò di tutto per comprarlo

ずっとイタリアに住みたいと 思っています。僕は 小学校のとき、仕事でイタリアによく行っていた父からイタリアの事を色々聞いていたので、イタリアがとても好きです。それから、イタリア人とちゃんと喋りたいな〜という考えが出てきて、今年テキストとか要るな〜と思って、誕生日に欲しいのを見つけて、父に頼んでみましたが「ダメだ！」と。

Da sempre **penso di** *voler* abitare in Italia. Io, siccome ai tempi delle elementari sentivo varie cose dell'Italia da mio papà, che andava **spesso** in Italia per lavoro, adoro molto **l'Italia**. E dopo di che **mi è venuta** l'idea "ahh, **voglio parlare** per bene con gli italiani", ho pensato "quest'anno **ho bisogno di tipo un libro**", ho trovato quello che **desidero** per il mio compleanno e **ho provato a chiederlo** a mio papà ma ha detto "NO!".

住みたいと思っている *può voler dire sia "penso che lui voglia abitare", sia "penso di voler abitare"*

LEZIONE 29 IO VOGLIO

DIALOGO

Ok, e anche questa lezione è andata. Ora potremo dire ai nostri ともだち (amici) giapponesi *mooolte* più frasi, tipo "vuoi leggere?" oppure "voglio andare in bagno", o ancora "vorrei che scrivessi a Mario", "ho intenzione di trasferirmi a Casalpusterlengo" ecc. Siete contenti o no? Ora è arrivato il fatidico momento in cui mettiamo in pratica tutto ciò che abbiamo imparato durante la lezione: il **DIALOGO**. In questo caso abbiamo due fratelli che se la spassano in centro...

まだ帰りたくないけどな。
ね、ビール、一本どう？

Però non voglio ancora tornare a casa. Ehi, ma una birretta ti andrebbe?

お兄さん、まさか今日は
酔っ払うつもり？

Ma fratellone, non dirmi che oggi hai intenzione di ubriacarti?

うん、でもお母さんに
言わないで欲しいな

Sì, però non vorrei che lo dicessi alla mamma, eh

レッスン29 〜が欲しい

ANALISI del TESTO

Io scommetto che avete capito praticamente tutto! Uhm, bisogna proprio ammettere che il VOLERE giapponese si esprime in modo abbastanza かんたん (facile). Ecco entrare in campo il mitico ほしい, che esprime "voglio un oggetto", ed ecco poi il verbo in forma 〜たい, che significa "voglio fare così". Ma vediamo entrare anche 〜てほしい (vorrei che facessi) e infine 〜つもり (ho intenzione di). Analizziamo il DIALOGO per capire quali forme sono apparse! *Via!*

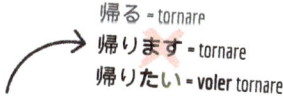

帰る = tornare
帰ります = tornare
帰りたい = voler tornare

Il fratello maggiore comincia con **まだ帰りたくない**, dove まだ significa **"non ancora"**, mentre 帰りたくない sarebbe il verbo 帰る (tornare a casa) coniugato in forma -tai. Quindi: 帰る (torno), 帰りたい (voglio tornare), 帰りた<u>くない</u> (<u>non</u> voglio tornare). Il けど significa "però", mentre la particella finale な è un ね un po' più *grezzo, quindi serve solo ad ammorbidire*. Poi attira l'attenzione di suo fratello con un ね (ehi), ビールは (per quanto riguarda **una birra**). Il は viene spesso tagliato nel linguaggio di tutti i giorni, proprio per evitare l'effetto "una birra, <u>invece</u>". Poi continua con **一本** *(una cosa lunga e cilindrica, come un boccale di birra)*, どう? = com'è?/ti va?

〜つもり = avere intenzione di
〜ないつもり = <u>non</u> avere intenzione di

E allora il fratello piccolo risponde con **お兄さん (fratellone)** - notate che usa il suo *titolo*, e non il suo nome - e prosegue con **まさか** (un'espressione molto comune che esprime *"non è possibile/non è vero/non dirmi che"*) e **今日は**, ovvero **"riguardo oggi"**. Insomma, sta dicendo "fratellone, non dirmi che oggi...". E infine fa **酔っ払うつもり**, dove il verbo 酔っ払う significa **"ubriacarsi/sbronzarsi"**. Fantastico, basterà attaccare al verbo così com'è la parolina つもり per dire **"avere intenzione di"**, ed ecco che otteniamo **酔っ払うつもり** (avere intenzione di ubriacarsi). Dato che つもり è un <u>sostantivo</u>, per fare la domanda in forma piana non serve mettere nulla (pag. 78)!

言ってほしい
言わないでほしい

E allora il fratello maggiore, tutto figo e spavaldo, risponde dicendo **うん (sì)** e prosegue con **でも (però)**. *Però che cosa?* Scopriamolo. **お母さんに**, ovvero **"alla mamma"**, **言わないで欲しい** (vorrei che **non** lo dicessi). Ohh, interessantissimo. Durante la lezione abbiamo visto come esprimere "vorrei che facessi", vero? Per esempio 言って欲しい significa "vorrei che lo dicessi". Ecco, il verbo lo possiamo portare nella **forma -te negativa**, quindi ないで (pag. 137 del 1° libro) per esprimere "vorrei che **NON** facessi". Quindi in questo caso abbiamo 言わないで欲しい (vorrei che NON lo dicessi). A chi? お母さんに (alla mamma). Il な finale è sempre un ね più grezzo.

帰	兄	酔	払	言	欲
TORNARE	FRATELLONE	SOFFRIRE	PAGARE	DIRE	DESIDERATO
かえる	あに	よう	はらう	いう	ほしい
キ	キョウ	スイ	フツ	ゲン	ヨク

LEZIONE 29 IO VOGLIO

Vabbè. Sapete cosa voglio io, invece?
やすみたいだけ

練習
ESERCIZI

1 Completa la tabella coniugando i VERBI!

	食べたい	食べた**かった**	食べた**くない**
食べる			
見る	....	....	....
行く	....	....	....
泳ぐ	....	....	....
する	....	....	....
書く	....	....	....

2 Completa la tabella coniugando i VERBI come suggerito negli esempi!

1 **Voglio dire a tutti** la verità
[........................] 真実が [........................] です

2 **Al mio compleanno** voglio un telefono nuovo
[........................] 新しい電話が [........................] です

3 **Vorrei che Mario provasse a mangiare** il mio sandwich
[........................] 私のサンドイッチを [........................]

4 **Io** credo che Takashi **abbia intenzione di correre** fino a Parigi
[........] たかしさんが パリまで [........................] と思っている

LE SOLUZIONI SONO A PAGINA **142**!

Io invece voglio proseguire. Daje.

そんな!
Ma va, non è possibile!

LEZIONE 30
LE PAROLACCE
下品な言葉

赤羽 = AKABANE
あか ばね (un quartiere di Tokyo)

↓ ↓
rosso ali

"Mini lezione fichissima"
Michela A.

LE PAROLACCE
下品な言葉

30

L'ultima lezione, sigh...

Ahia, ahia, ahia... già, è arrivato il momento dell'arrivederci. Come ultima lezione *(sigh)* di questo 2° libro, vi propongo un argomento assai succoso: le PAROLACCE in giapponese! Certo, noi italiani siamo esperti assoluti di insulti e parolacce, ma anche i giapponesi non scherzano affatto. Buon divertimen... *ah no*, buono studio. Ciao.

1° REGOLA: ESISTONO

Dunque, sfatiamo subito un grande mito. La maggior parte dei corsi e dei libri per l'insegnamento del giapponese vi dirà: *"le parolacce in giapponese non esistono"*. Embè, nulla di più falso. In giapponese le **PAROLACCE** e gli **INSULTI** esistono (eccome se esistono), solo che:

IL PUNTO
Le parolacce in giapponese sono molto PESANTI

> SONO MOLTO PIÙ PESANTI

e quindi hanno un impatto *mooolto* maggiore. Insomma, se a noi cade lo smartphone gridiamo *"C*ZZO"*, senza però figurarci nella mente un bel membro. Ecco, significa che la nostra parola *"C*ZZO"* non ha molto peso, nonostante sia una **PAROLACCIA** vera e propria. Fantastico, ma in giapponese le **PAROLACCE** hanno *molto* peso ed ecco perché si sentono di rado nella vita! Esistono, ma chi le usa di solito è visto come un vero e proprio delinquente, o roba del genere...

Detto questo, diciamo che possiamo dividere l'argomento **PAROLACCE** in due grandi gruppi:

Parola che dico per esprimere un sentimento che non è rivolto a nessuno ← IMPRECAZIONI

Ma porca put...

INSULTI → Parola che dico a qualcuno per insultarlo

  Le vostre domande!
Quindi in giapponese non esistono le parolacce? Fammi capire...

    RISPONDI

  TI VA DI GIAPPARE?

Ma certo che esistono! Ce ne sono a bizzeffe, solo che a livello culturale **sono molto più "pesanti"** delle nostre, ecco perché non si sentono spesso (ma ci sono, ci sono).

レッスン30 下品な言葉

仕

Il significato principale di questo kanji è **FARE/SERVIRE**. La sua forma deriva da una PERSONA e dalla stilizzazione di un'ARMA da combattimento che simboleggia appunto il "combattere" per il proprio paese, quindi <u>SERVIRLO</u>.

シ

IMPRECAZIONI

Ne voglio di piùùù!

しまった
(porca miseria)

やばい
(cavoli) → Letteralmente significa <u>GRAVE</u>

クソ
(m*rda)

ちくしょう
(porca p*ttana)

INSULTI

バカ
(stupido) → バカな è un **aggettivo** in NA

バカやろう
(c*glione) → やろう letteralmente singnifica <u>TIZIO</u>

クソやろう
(pezzo di m*rda)

てめえ
(figlio di p*ttana) → Letteralmente significano <u>TU</u>, ma sono pesantissimi

きさま
(m*rdoso figlio di p*ttana)

Nella vita reale sono usatissime **しまった** e **やばい** (sono molto leggere) e alcune volte anche **ばか**... Le altre si sentono molto spesso in アニメ e まんが

Anche おまえ può risultare un insulto se <u>non</u> lo usate con persone veramente intime (pag. 48 del 1° libro)

LEZIONE 30 LE PAROLACCE

って è come は ma è come se "ripescassi" quello che ha detto l'interlocutore:
それって = quello lì (che dici tu)

貸<small>か</small>す = prestare
借<small>か</small>りる = prendere in prestito
返<small>かえ</small>す = restituire

バカ！ それって どこで借<small>か</small>りた の？ 返<small>かえ</small>しなさい！
IDIOTA! MA QUELLO [DOVE L'HAI PRESO IN PRESTITO]? RESTITUISCILO PER FAVORE!

返しなさい ⚠
restituiscilo per favore

やばーい！ めっちゃ重<small>おも</small>いな...
CAAAVOLI! È SUPER PESANTE...

めっちゃ = tanto

あのバカやろう... 今日<small>きょう</small>も 遅<small>おそ</small>い！
QUELLA TESTA DI C*ZZO... [ANCHE OGGI] È IN RITARDO!

Si aggiunge と思<small>おも</small>っている se si sta parlando di ciò che vuole qualcuno *(pagina 118)*

あのやろう、 何が欲<small>なに ほ</small>しい と思ってる かな？
QUEL C*GLIONE, CHISSÀ [COSA VUOLE]?

まだ お金<small>かね</small>を 返<small>かえ</small>してない の？ ちくしょう...
MA NON HAI ANCORA RESTITUITO [I SOLDI]? PORCA P*TTANA...

まだ 〜て いない
essere nella condizione di NON aver **ancora** fatto

Il dolce あんみつ **AN-MITSU**, fresco e buonissimo, è gustato principal-mente nel pomeriggio ed è composto da un letto di **cubetti di ghiaccio e gelatina** gustosa, con sopra **frutta fresca** e marmellata di **fagioli** azuki!

ねね、ちょっと今朝<small>けさ</small>起<small>お</small>こったことを言<small>い</small>っておくね！だけどちゃんと聞<small>き</small>いて欲<small>ほ</small>しい。今朝<small>けさ</small>はね、やばい何<small>なに</small>それ？って感<small>かん</small>じだった。だってね、クソねずみが家<small>いえ</small>に入<small>はい</small>ってきて、ねずみなんかバカ怖<small>こわ</small>いから、お姉<small>ねえ</small>さんに殺<small>ころ</small>してくださーいって頼<small>たの</small>んだけど、動物<small>どうぶつ</small>がみんな好<small>す</small>きなお姉<small>ねえ</small>さんは「殺<small>ころ</small>したくないよ」って。俺<small>おれ</small>は何<small>なに</small>も言<small>い</small>わないで何<small>なに</small>言<small>い</small>ってるの？バカって思<small>おも</small>った...

Ehi ehi, ti dico un attimo la cosa che mi è successa stamattina! Però vorrei che mi ascoltassi per bene. Stamattina, sai, è stata una sensazione tipo "oh cavolo, ma che è?". Perché, sai, è entrato in casa un topo di m*rda e siccome ho fottu*amente paura dei topi ho chiesto a mia sorella "uccidilo per favoreeee", ma mia sorella, che adora tutti gli animali, ha detto "non voglio ucciderlo!". E io senza dirle niente ho pensato "ma che stai dicendo? stupida".

⚠ Le **richieste** si possono fare anche togliendo il **ます** ai verbi e aggiungendoci **なさい** (かえします = かえしなさい)

FORMA GRAMMATICALE

Ok, miei cari e dolci lettori, siamo giunti all'ultima FORMA GRAMMATICALE del libro, e non vi nascondo che per questa occasione ho scelto un concetto un po' complesso, quindi daje, rimbocchiamoci le maniche un'ultima volta (per ora)! Dai!

〜より 〜のほうが

Questa succulenta e simpatica forma grammaticale ci servirà per fare le "comparazioni", ovvero fare **il confronto fra due cose**, della serie "*più che i ravioli, mi piacciono i tortellini*". Utile, no? La particella より significa "più di" e come tutte le altre particelle andrà DOPO l'elemento che marca, mentre la parola ほう significa letteralmente "direzione"... Vabbè.

PIÙ CHE QUESTO, È QUESTO CHE...
(*più di questo, è questa la direzione...*)

Ci basterà appiccicare la particella より a qualsiasi NOME DI COSA per ottenere l'effetto **"più che/più di"**, per esempio すしより (più che il sushi, più del sushi), mentre con ほう diamo l'effetto **"è questa la direzione (piuttosto che quella)"**. Per esempio さしみのほうが (è la direzione del sashimi quella che fa l'azione di...). Ecco degli esempi:

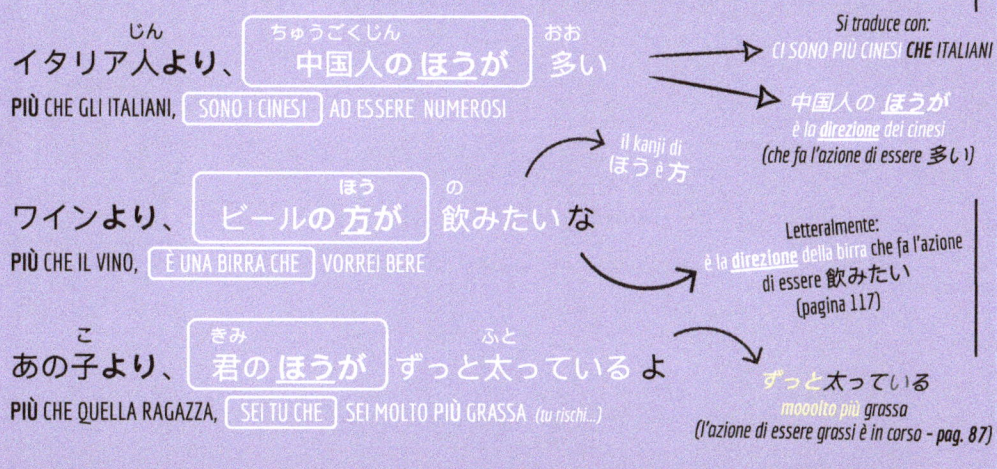

Questa forma è utilissima, ma vi dico anche che la parte 方が si può usare non solo con i SOSTANTIVI (con cui si collega con il の) ma persino con i VERBI e gli AGGETTIVI, e in questi casi non serve nessun の! Fichissimo, vero? Osservate:

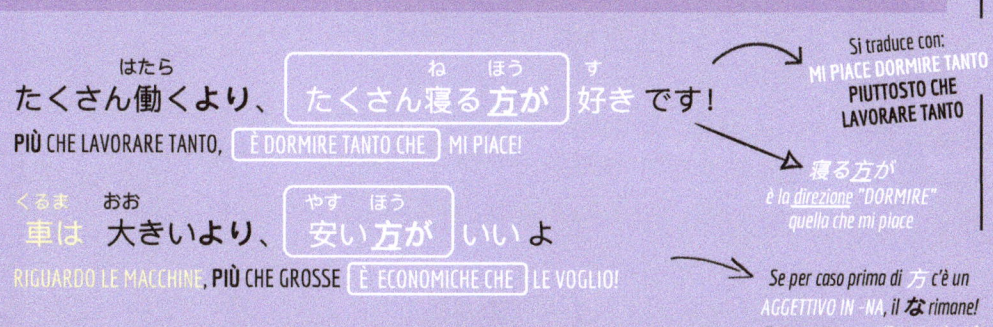

LEZIONE 30 LE PAROLACCE

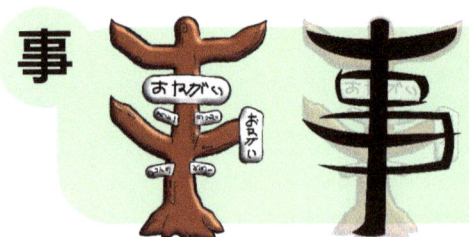

事

L'ideogramma **COSA ASTRATTA** (quindi non una cosa fisica, ma un concetto) deriva dall'immagine di un ALBERO con varie PREGHIERE appese, che indicano proprio le **COSE** astratte, i concetti... Insomma, una roba profonda.

こと / ジ

くそ + NOME

くそナビが、右に曲がってください って言ったじゃないか
IL M*RDOSO NAVIGATORE HA DETTO PER FAVORE GIRA A DESTRA, DICO BENE?

▷ じゃない？ = è così, dico bene? Il か nelle domande piane esprime sorpresa (pagina 78)

こら è un EHI mooolto aggressivo

って = と

こら！なんだよ、このやろう！殴る って？
EHI! MA CHE VUOI, BRUTTO S*RONZO! HAI DETTO CHE MI MENI ?

A parte やばい, le altre sono molto *pesanti* da usare nella vita reale...

ブス vuol dire CESSO, RACCHIA

いやいや、ブスなんて 言ってないですよ
NO NO, CHE SEI UN CESSO NON L'HO DETTO!

▷ 言っていない = non star dicendo oppure nella condizione di non averlo detto

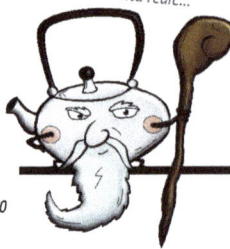

ATTENZIONE

チンコ = C*ZZO

マンコ = F*GA

おっぱい = T*TTE

ケツ = C*LO

くそ... トイレに 人が 入ってる！
OH M*RDA... IN BAGNO C'È UNA PERSONA !

▷ 入っている è nella condizione di essere entrato

じゃ = では

ここじゃ 俺が 一番 上手だ な！やばいな
QUI SONO IO IL PIÙ BRAVO ! CHE FIGATONA

▷ やばい è usato sia in modo positivo che negativo

ちくしょう... この車、狭すぎる
PORCA P*TTANA... STA MACCHINA È TROPPO STRETTA!

Ok, queste sono veramente *pesanti*. Le adoro.

狭い = stretto
狭すぎる = troppo stretto (pag. 39)

レッスン30 下品な言葉

VENIRE A TROVARE
letteralmente si dice
VENIRE A GIOCARE

ANDARE A...

E già che siamo in tema PAROLACCE, vediamo come dire *"Andare a fan..."*, ah no. Nell'ultima paginetta di questa ultima lezioncetta vediamo **una piccola costruzione** che vi servirà in millemila occasioni. Vi piacerebbe esprimere cose come *"andare a mangiare"*, *"andare a comprare"*, *"venire a bere"* ecc. Vi piacerebbe, vero? VERO? Ditemi di sì.

Bene. Allora non dovete far altro che prendere un qualsiasi **VERBO IN FORMA -ます** e togliere -ます. A questo punto ci aggiungete la particella に e infine il verbo 行く (ANDARE) oppure 来る (VENIRE). Più facile di così si esplode.

VERBOますに 行く
ANDARE A FARE

TABE NI IKU = andare a mangiare
KAI NI IKU = andare a comprare

VERBOますに 来る
VENIRE A FARE

MI NI KURU = venire a vedere
NOMI NI KURU = venire a bere

Davvero semplicissimo, perdindirindina. Notate che quel に equivale proprio alla nostra **A** (andare a..., venire a...), ci avete fatto caso? A proposito, ovviamente con i verbi 行く e 来る voi potete farci quello che cavolo vi pare, <u>coniugarli</u> nel modo che preferite ecc... alè, godiamoci ancora **qualche esempio** che chiarisca ben bene tutta la zuppa:

時々、図書館に 本を 読みに 行く！
OGNI TANTO, VADO A LEGGERE UN LIBRO IN BIBLIOTECA!

読む
LEGGERE

夏が終わるまでに 遊びに 来てよ！
PRIMA CHE FINISCA L'ESTATE, VIENI A TROVARMI!

遊ぶ
GIOCARE

AGGETTIVI IN の

Come sapete bene, esistono **AGGETTIVI IN -I** e **AGGETTIVI IN -NA**, vero?

Purtroppo ci sono (rari) casi in cui al posto del な andrà の. Si tratta di normali **SOSTANTIVI** che possono essere trasformati in **AGGETTIVI**! Guardate:

ふつう
普通 = la normalità
普通の = NORMALE

マリオ君と一緒に 寿司を 食べに 行かない？
PERCHÉ NON VAI A MANGIARE IL SUSHI INSIEME A MARIO-KUN?

ねね、何を しに 来たの？
EHI EHI, MA COSA SEI VENUTO A FARE?

Ci mancava questa...

する
FARE

ほんとう
本当 = la verità
本当の = VERO

LEZIONE 30 LE PAROLACCE

DIALOGO

Le **PAROLACCE** giapponesi sono un argomento mooolto sottovalutato, perché non vengono quasi mai spiegate ma in realtà sono importantissime *(eh cavoli, vengono usate a pacchi nei* まんが *e negli* アニメ*)*. Ordunque, facciamo una bella ripassata di tutte le **PAROLACCE** che abbiamo visto nella lezione, godendoci il dialogo di un tizio ubriaco fradicio che se la prende con un サラリーマン *(salary-man, impiegato)* che sta andando al lavoro. Vediamo che si dicono...

こら、ばかやろう！
なに見(み)てんのか？

Ehi, pezzo di idiota! Che c*zzo guardi?

あのー、すみませんが
今(いま) 時間(じかん)がないんです...

Ehmm, mi scusi ma ora non ho tempo...

てめえの言(い)い訳(わけ) なんか
クソくらえ！

Delle tue scuse me ne f*tto!

レッスン 30 下品な言葉

ANALISI del TESTO

Io adoro le parolacce giapponesi, ma bisogna sempre ricordarsi che nella vita di tutti i giorni vengono più che altro usate le parole ばか e やばい (che equivale al nostro CAVOLI/PORCA MISERIA) mentre le altre sono abbastanza "pesanti" e tamarre, usate soprattutto dai ragazzacci brutti e cattivi, brr. Ma ora godiamoci l'**ANALISI** dell'ultimo dialogo, che vi anticipa qualche argomentuzzo che affronteremo nel 3° libro. Coraggio, andate a fare おしっこ (pipì) che si comincia.

見るの? = ma guardi?
見ているの? = ma stai guardando?
見てんの? = ma stai guardando? (slang)

Il tizio ubriaco comincia a urlare こら, che sarebbe un "ehi!" molto ma molto **aggressivo**, tipico di chi è inc*zzato nero. Infatti subito dopo prosegue con ばかやろう, un insulto che si può tradurre con "pezzo di idiota", "testa di c*zzo" ecc.   La parola ばか da sola significa "stupido", mentre やろう significa "tizio" . Ecco che ばかやろう letteralmente significa *"tizio stupido"*, ma in realtà è un insulto abbastanza pesante! Infine l'ubriacone si avvicina al salary-man dicendo なに (**che cosa?**) e 見てんのか？ Ora, fate finta che quella ん sia una る. La frase in realtà sarebbe なに 見てるのか? (**ma** che cosa stai guardando?). Il か nelle domande piane è molto forte, ricordate?

時間がありません = non ho tempo
時間がないんです = è che non ho tempo

E allora il povero salary-man, tutto imbarazzato comincia a dire あのー (il trattino allunga il suono in modo enfatico) che equivale a un **"ehmmm"** e prosegue con すみません が, cioè "mi scusi ma...".   Notate che il が è un けど un po' più formale, ovvero significa **"però"** . Poi prosegue con 今 (che significa **"adesso"**) e infine 時間が ない. La parola 時間 significa "tempo" ed è marcata da が perché il "tempo" compie un'azione! Compie il verbo ない, cioè il negativo del verbo ある (esserci). Ecco che 時間が ない significa "non c'è tempo", quindi "**non ho** tempo". Quella strana ん che vedete lì prima di です la affronteremo più avanti, ma vi anticipo che serve per dare una spiegazione.

Xなんか くそくらえ
Puah, X... *che si fotta*

Allora alla fine il tizio ubriaco, dando il meglio di sé comincia a gridare てめえ, una parola che letteralmente significa "tu" ma è così aggressiva e volgare che praticamente si può tradurre con "bast*rdo" oppure "figlio di p*ttana". Subito dopo てめえ troviamo un bel の, quindi てめえの letteralmente significa "di te", ovvero "tuo". Appena dopo troviamo la parola 言い訳, che vuol dire "scusa/giustificazione", ed ecco che てめえの 言い訳 (le tue **scuse**/le tue giustificazioni) è   marcato dalla particella なんか, che come abbiamo visto a pagina 47 serve a schifare o sfottere la parola a cui si riferisce (l'effetto è: **tsè**, le tue scuse...) . Infine troviamo くそくらえ, traducibile con "fuck"!

見	今	時	間	言	訳
VEDERE	ADESSO	TEMPO	INTERVALLO	DIRE	RAGIONE/MOTIVO
みる	いま	とき	あいだ	いう	わけ
ケン	コン	ジ	カン	ゲン	ヤク

LEZIONE 30 LE PAROLACCE

Ragazzi, io mi ritiro. Ho fatto del mio meglio. **Buonanotte**.

練習
ESERCIZI

1 Collega con una linea la PAROLACCIA giapponese alla traduzione appropriata!

ばか	PORCA T*OIA
クソやろう	STUPIDO
ケツ	C*LO
ちくしょう	CAVOLI
やばい	PEZZO DI M*RDA

2 Completa il cruciverba utilizzando solamente il sillabario HIRAGANA!

(griglia con 3: え, 5: か, 15: え)

ORIZZONTALI
1 Un TU così pesante che è un insulto
6 Racchia
7 キヨリ
9 NI-U
12 イコアンメエ
16 Gatto di m*rda

VERTICALI
2 メブリ
3 ES
4 Si fotta
5 Vado a scrivere
6 Benvenuto!
10 Organo genitale femminile (volgare)
11 Sogno

LE SOLUZIONI SONO A PAGINA 142!

Ciao ciao, ci si vede nel libro 3!

APPENDICI

- SOLUZIONI ALLE DOMANDE

- ORIGINE DEI KANJI

- VOCABOLARIO

問題の解答
SOLUZIONI ALLE DOMANDE

Soluzioncina? Taac

LEZIONE 18 *(pagina 14)*

1

BERE	飲みます	飲みません	飲みました	飲みませんでした
DIRE	言います	言いません	言いました	言いませんでした
GUARDARE	見ます	見ません	見ました	見ませんでした
STUDIARE	勉強します	勉強しません	勉強しました	勉強しませんでした

2

A. コーヒーを飲みますか? - 飲む
B. 昨日、いい映画を見ました - 見る
C. 来年、日本に行きますか? - 行く
D. いや、それは分かりません - 分かる
E. ペンで書きます! - 書く
F. 中国で英語を勉強しました - 勉強する
G. 月曜日にレポートを出しますね - 出す
H. 彼は読みますか? - 読む
I. 電車が来ますよ - 来る
L. ん? 本当に彼に貸しましたか? - 貸す
M. あ、それは知りません - 知る
N. ドアを開けてしまいました - 開ける
O. 彼が皿を洗いましたって? - 洗う
P. どこに住んでいますか? - 住む

3

A. この本(ほん)を買(か)うよ → この本を買いますよ

B. 何(なに)をしている? → 何をしていますか?

C. 僕(ぼく)の猫(ねこ)は黒(くろ)い → 僕の猫は黒いです

D. パオロさんはイタリア人(じん)だね → パオロさんはイタリア人ですね

E. その映画(えいが)は見(み)なかった → その映画は見ませんでした

F. いや、分(わ)からない → いいえ、分かりません

SOLUZIONI ALLE DOMANDE

LEZIONE 19 (pagina 24)

1

DOLOROSO	DOLOROSAMENTE	TRANQUILLO	TRANQUILLAMENTE	NUOVO	NUOVAMENTE
いた 痛い	→ いた 痛く	しず 静かな	→ しず 静かに	あたら 新しい	→ あたら 新しく

DIVERTENTE	GIOIOSAMENTE	VELOCE	VELOCEMENTE	BRAVO	BENE
たの 楽しい	→ たの 楽しく	はや 早い	→ はや 早く	じょうず 上手な	→ じょうず 上手に

2

かれ　　　　か
彼はきっと買ってしまいます

LUI FINIRÀ PER COMPRARLO **SICURAMENTE**

ほんとう　　　　　ぜひみ
本当にいいから是非見てね

VISTO CHE È DAVVERO BELLO, GUARDALO **ASSOLUTAMENTE** EH

NON MANGIO PIÙ PERCHÉ MI FA **MOLTO** MALE LA TESTA

あたま　　いた　　　　　た
頭がとても痛いからもう食べない

QUI CI SONO **TANTI** BEI BAMBINI

　　　　こ　おおぜい
ここはいい子が大勢いる

3

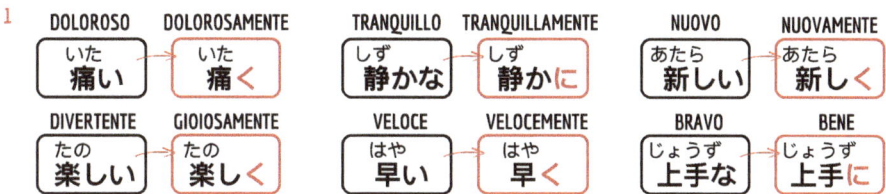

LEZIONE 20 (pagina 34)

1

IO ERO	だった	IO SONO	であります
IO NON SONO	ではない	IO NON ERO	じゃなかった
IO SONO	だよ	IO ERO	でした

2

A. あの街は静かではない - Quella città non è tranquilla
B. 汚い場所ですけど - Però è un luogo sporco
C. 大丈夫だよね？ - È tutto ok, vero?
D. ジェラートは好きではありません - Il gelato non mi piace
E. あの人、誰だったの？ - Quella persona chi era?
F. うん、そうだ。- Sì, è così.
G. いや、花ではなかった - No, non era un fiore
H. 今日は、全然元気じゃないな - Oggi non sto per niente bene
I. 新しいコンピューターだ！- È un nuovo computer!
L. みんな侍であった - Erano tutti samurai
M. あれは肉じゃなかったさ - Quella non era carne
N. 本当にいい人だと思う - Penso sia davvero una brava persona
O. それは何だ？ - Quello cos'è???
P. パリは危険ではありません - Parigi non è pericolosa

SOLUZIONI ALLE DOMANDE

3

今朝、本当に早く起きました [起きた]。5時半でした [だった]。喫茶店で美味しい朝ごはんを食べて、チャリに乗って公園へ行きました [行った]。いい天気ではありませんでした [ではなかった] けど、僕は雨がとても好きです [だ] よ。

それはともかく、7時に公園に着いたけど、曇りでした [だった] から、誰もいませんでした [いなかった]！

*Questa mattina **mi sono alzato** davvero presto. **Erano** le 5 e mezza. Ho mangiato una buona colazione al bar, sono salito sulla bici e **sono andato** al parco. **Non faceva** bel tempo, però a ma **piace** molto la pioggia! Ad ogni modo, alle 7 **sono arrivato** al parco, ma siccome faceva nuvolo **non c'era** nessuno!*

LEZIONE 21 *(pagina 44)*

1

A) Mercoledì **devi andare** a Caltanissetta con Beppe?

水曜日、 ベッペと カルタニセッタに 行かないとダメ ですか？

B) Takashi, **devi dormire** alle 9!

たかし、 9時に 寝ないと！

C) Siccome non capisco il giapponese, in classe **posso parlare** in italiano?

日本語が分からない から、 クラスで イタリア語で 話してもいい？

C) **Devi riposarti** un po'.

ちょっと 休まなければいけません

2

パーティ行ってもいい？ Posso andare alla festa?
円を使わないとダメ？ Devo usare gli yen?
ここから入ってもいいの？ Posso entrare da qui?
何をしなければいけませんか？ Cosa devo fare?

ダメです。それは出口です No, quella è l'uscita
何も！休んでもいいよ！ Niente! Puoi riposarti!
いいえ、ユーロでもいいです No, anche se sono euro va bene
いいけど10時に帰ってこないと Ok, ma devi tornare alle 10

かえる = tornare
かえって**くる** = tornare qui (pagina 87)

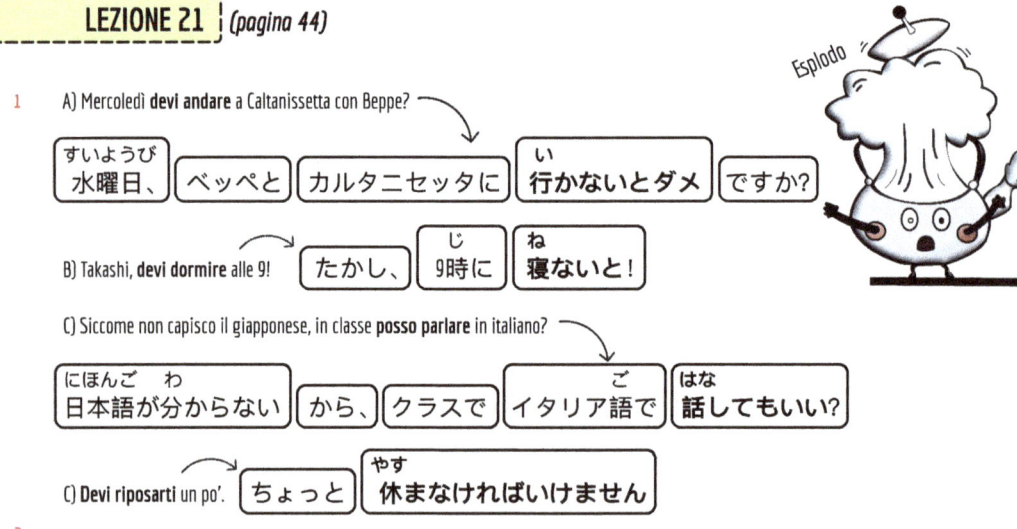

SOLUZIONI ALLE DOMANDE

LEZIONE 22 (pagina 54)

1.
   A メタル**とか** 好き？

   B 二人**とも** 5時**ごろ** 来ました

   C お茶**や** 紅茶**などを** 飲んだ

   D 箱を 九つ**ぐらい** **しか** 持っていない

   E ウゲット**に** ありがとう**だけ** 言った？

2. Crossword:

	¹そ	²ば	³な	⁴ど
⁵ご		⁶ぱ	ん	⁷だけ
⁸ど	⁹す		¹⁰じ	ぜん
¹¹ぐ	し		¹²ご	ぞだ
¹³ら	し	ま	ろ		け
¹⁴い	か		¹⁵か	に

LEZIONE 23 (pagina 64)

1.
   お家で**作る**食べ物はパスタだけ。
   (うち つく た もの)
   Il cibo *che preparo* a casa è solo la pasta

   あの僕を**見ている**おじいさんは誰？
   (ぼく み だれ)
   Quel **signore** *che mi sta guardando* chi è?

   みんなが**死んだという**考えが強い
   (し かんが つよ)
   È forte **l'idea** *che tutti siano morti*

   A 今日の番組は魚だけの料理を作ります V **F**
      Il programma di oggi prepara una ricetta in cui si usa solo pesce

   C 今、5時です V **F**
      Adesso sono le 5

2. 1) こんにちは、みなさん！はい、午後2時になりました。「5分で作る料理」の時間です！今日は魚と野菜を使った料理を作ります。野菜を切る前に、よく洗ってください。はい、それでは作り方はですね...

   Buongiorno a tutti! Ok, Sono arrivate le 2 di pomeriggio. È l'ora di "Ricetta in 5 minuti"! Oggi prepariamo una ricetta in cui vengono usati il pesce e le verdure. *Prima di tagliare le verdure, lavatele per bene.* Ok, benissimo, il procedimento è...

   B 野菜を切る前に、洗わないとダメです **V** F
      Prima di tagliare le verdure, bisogna lavarle.

   D この番組の料理は長い時間で作りません **V** F
      La ricetta di questo programma non si fa in lungo tempo

2) 今日は、僕の大好きなミラノに行きます。普通、ベルガモの近くにある家からミラノまでバスで行きます。乗るバスは８番ですけど、今日はバスが運行しないので２キロぐらい歩くしかないけれど、暑くて天気がいい日には**散歩する方がいいです！**

Oggi vado nella mia adorata Milano. Di solito vado da casa mia, che è vicino a Bergamo, a Milano in autobus. L'autobus in cui salgo è il numero 8, ma oggi, siccome gli autobus non fanno servizio, non mi resta altro da fare che camminare circa 2 km, ma *è bello camminare* nei giorni in cui fa caldo e il tempo è bello!

A 普通、この人は８番のバスに乗ります **V** F
   Di solito, questa persona sale sull'autobus numero 8

B 今日、この人はバスに乗りません **V** F
   Oggi questa persona non salirà sull'autobus

C この人のおうちはミラノにあります V **F**
   La casa di questa persona è a Milano

D この人は今日８キロぐらい歩きます V **F**
   Questa persona oggi camminerà circa 8 km

SOLUZIONI ALLE DOMANDE

3

A 昨日、新宿で買ったカバンは これですよ

B ウゴがお母さんと住んでいるという噂を 聞いたことがある？

C 教室で読まないとダメな本を 読むしかない ね

LEZIONE 24 (pagina 74)

A まりこ ちゃん 、大丈夫?
Mariko-chan, tutto bene?

B 小林 様 、どうぞ!
Kobayashi-sama, prego!

C 本原 くん 、皿を洗って!
Motohara-kun, lava i piatti!

La mia testa...

LEZIONE 25 (pagina 84)

1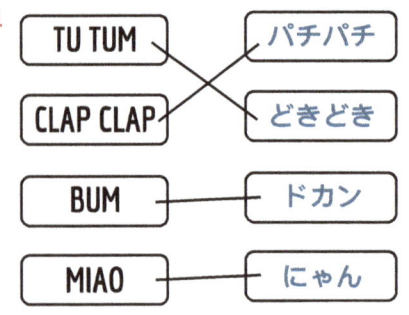

2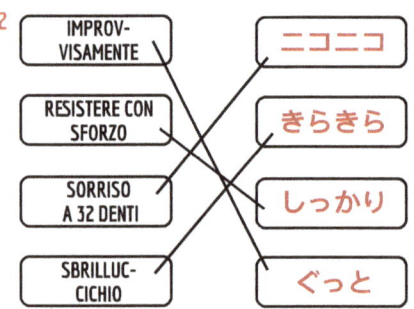

3

A 猫はテーブルをぐるぐる回って、今は 私をじっと見ている

B 一番ふわふわの ケーキは これだと思う

ふわふわのケーキ
ふわふわであるケーキ
La torta che è fuwa fuwa

SOLUZIONI ALLE DOMANDE

LEZIONE 26 (pagina 94)

1

てしまう
てしまわない
ておく
ておかない
ている
ていない
てくる
てこない
てみる
てみない

2

昨日の夜、友達と ちょっと飲みすぎて、**酔っ払ってしまった**。
La sera di ieri, ho bevuto un po' troppo con gli amici e **ho finito per ubriacarmi**.
だから、カバンの中に入っている薬を **飲んでみた**けど、
Per questo motivo, **ho provato a bere** una medicina **contenuta** all'interno della borsa, ma
ちょっと元気になっただけで、頭はまだ痛かった。
mi sono sentito solo un po' meglio, ma la testa mi faceva ancora male.
今朝、**起きてから** 街の薬屋に行って、
Questa mattina, **dopo essermi svegliato** sono andato nella farmacia della città e
「二日酔いの人」と**書いてある**コーナーで**並んでいる**薬を 買った。
ho comprato una medicina allineata **esposta** in un angolo con **scritto** "persone con i postumi della sbornia".
その薬を飲んで、すぐ元気になりました。
Ho bevuto questa medicina e sono stato subito meglio.

LEZIONE 27 (pagina 104)

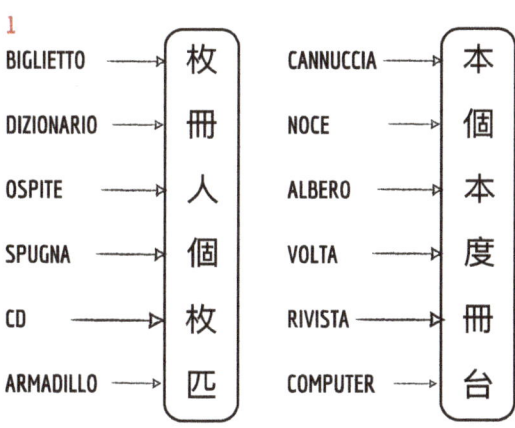

LEZIONE 28 (pagina 124)

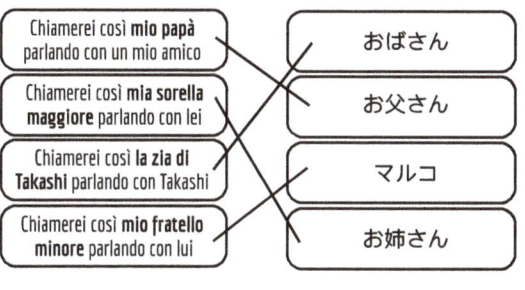

A あなたは **わたしに** なにをくれる ？

B わたしは **おかあさんに** いかをもらった

C わたしは **おにいさんに** オイルをあげなかった

SOLUZIONI ALLE DOMANDE

LEZIONE 29 (pagina 124)

1

食べる - たべる - mangiare
見る - みる - guardare
行く - いく - andare
泳ぐ - およぐ - nuotare
書く - scrivere

Shhh

2

1. みんなに 真実(しんじつ)が 言いたい(い) です
2. 誕生日(たんじょうび)に 新しい電話が 欲しい(ほ) です
3. マリオに 私(わたし)のサンドイッチを 食(た)べて欲(ほ)しい
5. 私(わたし)は たかしさんが パリまで 走(はし)るつもりだ と思(おも)っている

Il dialogo marcato da と finisce con つもり (che è un sostantivo) quindi si deve aggiungere だ (pagina 81)

LEZIONE 30 (pagina 134)

1

ばか → STUPIDO
クソやろう → PEZZO DI M*RDA
ケツ → C*LO
ちくしょう → PORCA T*OIA
やばい → CAVOLI

2

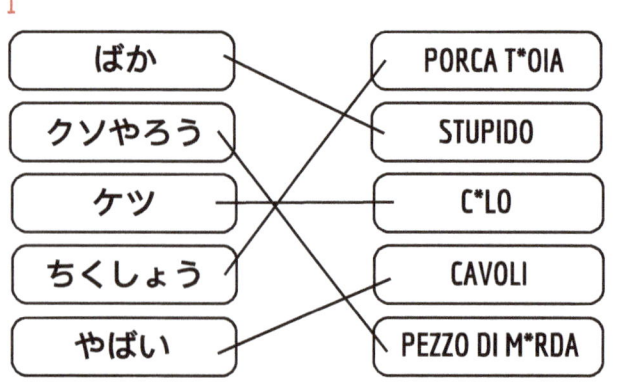

 妹 SORELLA MIN.
 姉 SORELLA MAGG.
 工 COSTRUIRE
 場 LUOGO

 海 MARE
 星 STELLA
 写 COPIARE
 真 VERITÀ

 化 TRASFORMARSI
 石 PIETRA
 病 MALATTIA
 院 PALAZZO

 灰 CENERE
 皿 PIATTO
 階 PIANO
 段 GRADINO

 解 RISOLVERE
 答 RISPONDERE
 着 INDOSSARE
 物 COSA (FISICA)

 赤 ROSSO
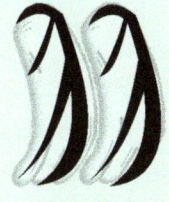 羽 ALA
 仕 FARE
 事 COSA (ASTRATTA)

VOCABOLARIO A-B

辞書
VOCABOLARIO

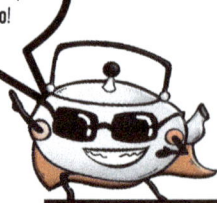

> Su su su, facciamo i fighi! **Evitiamo** di mettere tutte le parole apparse nel **1° libro**!

PAROLA	KANJI	SIGNIFICATO	FUNZIONE	PAGINA
A				
あいだ	間	intermezzo	nome di cosa	71
あかい	赤い	rosso	aggettivo in -i	117
あかるい	明るい	luminoso	aggettivo in -i	42
あける	開ける	aprire	verbo 1° gruppo	11
あまり		non molto	avverbio	21
あめ	飴	caramella	nome di cosa	48
あね	姉	sorella maggiore	nome di cosa	11
あに	兄	fratello maggiore	nome di cosa	106
アパート		condominio	nome di cosa	100
あらう	洗う	lavare	verbo 2° gruppo	11
ある	有る	esserci	verbo 2° gruppo	13
あそぶ	遊ぶ	giocare	verbo 2° gruppo	7
あたま	頭	testa	nome di cosa	50
あと	後	dopo	nome di cosa	59
あう	会う	incontrarsi	verbo 2° gruppo	17
B				
バイブル		bibbia	nome di cosa	69
バジルソース		pesto	nome di cosa	90
バッジ		badge	nome di cosa	91
ばかやろう	馬鹿野郎	pezzo di idiota	nome di cosa	127
ばける	化る	trasformarsi	verbo 2° gruppo	46
ばくはつ	爆発	esplosione	nome di cosa	78
ばくはつする	爆発する	esplodere	verbo in -suru	78
ばんごはん	晩ご飯	cena	nome di cosa	112
ばんぐみ	番組	programma tv	nome di cosa	68
バレる		beccare/sgamare	verbo 1° gruppo	50

VOCABOLARIO B-C-D-E

ばしょ	場所	luogo	nome di cosa	18
べんごし	弁護士	avvocato	nome di cosa	79
ベッド		letto	nome di cosa	61
びっくり		*sorpresa*	onomatopea	84
びょういん	病院	ospedale	nome di cosa	19
ぶん	文	frase	nome di cosa	89
ブス		racchia	nome di cosa	130

C
ちち	父	padre	nome di cosa	106
ちか	地下	sottoterra	nome di cosa	100
ちくしょう		porca p*ttana	esclamazione	127
ちゃん			suffisso onorifico	67
ちんこ		c*zzo	nome di cosa	130
チーズ		formaggio	nome di cosa	68
ちゃんと		per bene	avverbio	121
チャリ		bici	nome di cosa	30
ちょっと		un po'	avverbio	16

D
だい	台	*macchinario*	contatore	97
だから		per questo motivo	congiunzione	70
だけ		solo/soltanto	particella	47
だんな	旦那	marito	nome di cosa	107
ダメな	駄目な	che non va bene	aggettivo in -na	40
だす	出す	far uscire/tirare fuori	verbo 2° gruppo	10
である		verbo essere	verbo 2° gruppo	26
できる	出来る	riuscire a fare	verbo 1° gruppo	108
ど	度	*gradi/volte*	contatore	81
ドア		porta	nome di cosa	11
ドカン		*bum*	onomatopea	77
どきどき		*tu tum*	onomatopea	77
ドンドン		*toc toc*	onomatopea	77
どの	殿		suffisso onorifico	67
ドル		dollaro	nome di cosa	61

E
エアコン		aria condizionata	nome di cosa	81

VOCABOLARIO E-F-G-H

エロまんが	エロ漫画	manga erotico	nome di cosa	28
F				
ふね	船	barca/nave	nome di cosa	49
ふつう	普通	normalità	nome di cosa	131
ふつうの	普通の	normale	aggettivo in -no	131
ふわふわ		*morbidezza*	onomatopea	80
G				
が		però (formale)	particella	58
がんばる	頑張る	mettercela tutta	verbo 2° gruppo	18
ゲーム		gioco	nome di cosa	41
げひんな	下品な	volgare	aggettivo in -i	125
ゴミ		immondizia	nome di cosa	10
ごろ		verso le...	particella	47
ぐらい		circa	particella	47
ぐるぐる		*girare in tondo*	onomatopea	77
H				
はい	灰	cenere	nome di cosa	68
はいざら	灰皿	posacenere	nome di cosa	75
ハーブ		erba	nome di cosa	59
はは	母	madre	nome di cosa	107
はじめる	始める	iniziare	verbo 1° gruppo	18
はじめて	初めて	per la prima volta	avverbio	61
はこ	箱	scatola	nome di cosa	54
ハム		prosciutto	nome di cosa	68
はね	羽	ala	nome di cosa	120
へたな	下手な	imbranato	aggettivo in -na	120
ひだり	左	sinistra	nome di cosa	71
ひどい	酷い	crudele/cattivo	aggettivo in -i	42
ひき	匹	animaletto	contatore	97
ひく	引く	tirare	verbo 2° gruppo	108
ひみつ	秘密	segreto	nome di cosa	99
ほん	本	*cose cilindriche*	contatore	97
ほんとう	本当	verità	nome	21
ほんや	本屋	libreria	nome di cosa	72
ホラー		horror	nome di cosa	117

VOCABOLARIO I-J-K

ほし	星	stella	nome di cosa	31
ほしい	欲しい	desiderato	aggettivo in -i	116

I

イチャイチャ		*flirt*	onomatopea	84
いちばん	一番	il numero 1/il più	nome di cosa/avverbio	119
いか		seppia	nome di cosa	54
いか	以下	al di sotto	nome di cosa	100
いかが		come?	interrogativo	58
いけ	池	stagno	nome di cosa	48
いけん	意見	opinione	nome di cosa	61
イケメン		figo/bonazzo	nome di cosa	28
いきる	生きる	vivere	verbo 1° gruppo	29
いくつ	幾つ	quanti?	interrogativo	101
いみ	意味	significato	nome di cosa	69
いもうと	妹	sorella minore	nome di cosa	7
いのる	祈る	pregare	verbo 2° gruppo	59
いっしょに	一緒に	insieme	avverbio	19
イライラ		nervosismo	onomatopea	77
いれる	入れる	inserire	verbo 1° gruppo	37
いる	要る	essere necessario	verbo 2° gruppo	120
いし	石	pietra	nome di cosa	48
いそがしい	忙しい	occupato	aggettivo in -i	17
いそぐ	急ぐ	sbrigarsi	verbo 2° gruppo	41

J

じっと		immobilità	onomatopea	80
じょうずな	上手な	bravo/abile	aggettivo in -na	120

K

かえる	帰る	tornare (a casa)	verbo 2° gruppo	9
かえす	返す	restituire	verbo 2° gruppo	128
かいだん	階段	scale	nome di cosa	95
かいとう	解答	risoluzione	nome di cosa	105
カエル		rana	nome di cosa	48
かき	柿	kaki	nome di cosa	56
かっこいい	格好いい	figo/cool	aggettivo in -i	21
かくご	覚悟	preparazione (mentale)	nome di cosa	84

VOCABOLARIO K

かくごする	覚悟する	prepararsi (mentalmente)	verbo in -suru	84
かくす	隠す	nascondere	verbo 2° gruppo	59
かまう	構う	importare/interessare	verbo 2° gruppo	37
かなしい	悲しい	triste	aggettivo in -i	29
かに		granchio	nome di cosa	54
かんがえ	考え	pensiero	nome di cosa	61
かんじる	感じる	sentire/percepire	verbo 1° gruppo	50
～から		*perché/dato che～*	*forma gramm.*	19
からい	辛い	piccante	aggettivo in -i	20
からだ	体	corpo	nome di cosa	50
カラカラ		*secchezza*	onomatopea	77
かりる	借りる	prendere in prestito	verbo 2° gruppo	128
かさ	傘	ombrello	nome di cosa	12
かせき	化石	fossile	nome di cosa	55
かし	菓子	dolcetto	nome di cosa	80
かす	貸す	prestare	verbo 2° gruppo	10
かた	肩	spalla	nome di cosa	50
かぜ	風邪	raffreddore	nome di cosa	108
かぞく	家族	famiglia	nome di cosa	106
かう	飼う	allevare	verbo 2° gruppo	119
けっこん	結婚	matrimonio	nome di cosa	37
けっこんする	結婚する	sposarsi	verbo in -suru	37
けっこう	結構	abbastanza	avverbio	18
けんこう	健康	salute	nome di cosa	30
ケツ		c*lo	nome di cosa	130
きく	聞く	ascoltare/chiedere	verbo 2° gruppo	38
きもち	気持ち	sensazione/emozione	nome di cosa	52
きおん	気温	temperatura	nome di cosa	71
きっぷ	切符	biglietto	nome di cosa	41
きらきら		*brillare*	onomatopea	77
きる	着る	indossare	verbo 1° gruppo	41
きさま	貴様	tu (volgare)	nome di cosa	127
きそく	規則	regola	nome di cosa	100
キス		bacio	nome di cosa	42
キスする		baciare	verbo in -suru	42
きたない	汚い	sporco	aggettivo in -na	37
きっと		sicuramente/senza dubbio	avverbio	16

VOCABOLARIO K-M

こ	個	*cosetta rotonda*	contatore	97
こら		ehi (aggressivo)	esclamazione	132
ころす	殺す	uccidere	verbo 2° gruppo	84
こそ		proprio	particella	47
こと	事	cosa/fatto	nome di cosa	61
ことし	今年	quest'anno	nome di cosa	51
こうじょう	工場	fabbrica	nome di cosa	25
こうざ	講座	corso	nome di cosa	50
こわい	怖い	spaventato	aggettivo in -i	78
くび	首	collo	nome di cosa	50
くん	君		suffisso onorifico	67
くらい		circa	particella	47
クスクス		*ks ks*	onomatopea	84
くすりや	薬屋	farmacia	nome di cosa	94
こたえる	答える	rispondere	verbo 1° gruppo	101
くそ	糞	m*rda	nome di cosa/esclamazione	127
くそくらえ	糞食らえ	fottiti	esclamazione	132
くそやろう	くそ野郎	pezzo di m*rda	nome di cosa	127
くつ	靴	scarpa	nome di cosa	37
きょねん	去年	l'anno scorso	nome di cosa	51
きょうよう	共用	condivisione	nome di cosa	100

M

まい	枚	cose piatte e sottili	contatore	97
まいあさ	毎朝	ogni mattina	nome di cosa	88
まいばん	毎晩	ogni sera	nome di cosa	88
まいにち	毎日	ogni giorno	nome di cosa	88
まいしゅう	毎週	ogni settimana	nome di cosa	88
まいつき	毎月	ogni mese	nome di cosa	88
まいとし	毎年	ogni anno	nome di cosa	88
まえ	前	davanti	nome di cosa	71
までに		entro	particella	88
まさか		non è possibile...	esclamazione	122
まんこ		f*ga	nome di cosa	130
～ましょう		*facciamo così...!*	forma gramm.	69
まったく	全く	completamente	avverbio	16
まわる	回る	girare	verbo 2° gruppo	80

VOCABOLARIO M-N

まよなか	真夜中	mezzanotte	nome di cosa	70
めっちゃ		super/molto	avverbio	80
メッセージ		messaggio	nome di cosa	70
みぎ	右	destra	nome di cosa	71
もんだい	問題	problema	nome di cosa	119
モーモー		muu muu	onomatopea	77
もう		già/più/ancora	avverbio	16
むりな	無理な	impossibile	aggettivo in -na	41
むりょう	無料	gratis	nome di cosa	18
むしんしゃ	無神者	ateo	nome di cosa	69
むすこ	息子	figlio	nome di cosa	106
むすめ	娘	figlia	nome di cosa	106
N				
なべ	鍋	pentola	nome di cosa	78
ながい	長い	lungo	aggettivo in -i	79
なぐる	殴る	picchiare	verbo 2° gruppo	130
なか	中	dentro	nome di cosa	71
なきごえ	鳴き声	verso	nome di cosa	78
なんか		*enfasi*	particella	47
ナンパ		corteggiamento	nome di cosa	99
ナンパする		corteggiare/provarci	verbo in -suru	99
なんて		*enfasi*	particella	47
ならぶ	並ぶ	essere in fila	verbo 2° gruppo	18
なる	成る	diventare	verbo 2° gruppo	70
なす		melanzana	nome di cosa	108
ねずみ	鼠	topo	nome di cosa	48
にがい	苦い	amaro	aggettivo in -i	58
にげる	逃げる	scappare	verbo 1° gruppo	88
ニュアンス		sfumatura	nome di cosa	32
ニコニコ		*sorridere*	onomatopea	77
にん	人	*persone*	contatore	97
にんぎょう	人形	bambola	nome di cosa	78
のぼる	登る	scalare/salire	verbo 2° gruppo	88
ので		dato che	particella	58
のど	喉	gola	nome di cosa	80
～のなかで～いちばん		tra～il più～	costruzione gramm.	119

VOCABOLARIO N-O-P

にゃん		miao	onomatopea	80
O				
おば	伯母	zia	nome di cosa	106
おばあさん	お婆さん	nonna	nome di cosa	39
おちる	落ちる	cadere	verbo 2° gruppo	13
おじ	伯父	zio	nome di cosa	106
おじいさん	お爺さん	nonno	nome di cosa	107
おかし	お菓子	dolcetto	nome di cosa	119
おかわり	お代わり	cambio/sostituzione	nome di cosa	32
おこる	怒る	arrabbiarsi	verbo 2° gruppo	118
おく	置く	posizionare/posare	verbo 2° gruppo	102
おくる	送る	inviare/spedire	verbo 2° gruppo	70
おもい	重い	pesante	aggettivo in -i	128
おなか	お腹	pancia	nome di cosa	112
おねえさん	お姉さん	sorella maggiore	nome di cosa	107
おにいさん	お兄さん	fratello maggiore	nome di cosa	107
おおごえ	大声	voce alta	nome di cosa	61
おおぜい	大勢	tante (persone)	avverbio	18
おっぱい		t*tte	nome di cosa	130
おとす	落とす	far cadere	verbo 2° gruppo	12
おっと	夫	marito	nome di cosa	106
おとうと	弟	fratello minore	nome di cosa	106
およぐ	泳ぐ	nuotare	verbo 2° gruppo	48
P				
パチパチ		clap clap	onomatopea	78
パンツ		mutande	nome di cosa	37
パスする		passare/rifiutare	verbo in -suru	61
パッと		all'improvviso	avverbio	88
ペコペコ		brontolio dello stomaco	onomatopea	92
ペット		animale domestico	nome di cosa	100
パラソル		parasole	nome di cosa	100
ぺらぺら		bla bla	onomatopea	77
ポップコーン		popcorn	nome di cosa	117
ポルノショップ		porno shop	nome di cosa	58
プレーボーイ		playboy	nome di cosa	71
プール		piscina	nome di cosa	100

VOCABOLARIO R-S

R

らいげつ	来月	il mese prossimo	nome di cosa	51
らいねん	来年	l'anno prossimo	nome di cosa	51
らいしゅう	来週	la settimana prossima	nome di cosa	51
れいぞうこ	冷蔵庫	frigorifero	nome di cosa	68
れんしゅう	練習	esercizio	nome di cosa	119
りゆう	理由	motivo	nome di cosa	61
ろうか	廊下	corridoio	nome di cosa	88
りょうしん	両親	genitore	nome di cosa	121

S

さがす	探す	cercare	verbo 2° gruppo	69
しゃべる	喋る	parlare	verbo 2° gruppo	121
さい	才/歳	*anni di età*	contatore	96
さいふ	財布	portafoglio	nome di cosa	48
サイト		sito	nome di cosa	121
さけぶ	叫ぶ	gridare	verbo 2° gruppo	118
さま	様		suffisso onorifico	67
さん			suffisso onorifico	67
さんちょう	山頂	vetta/cima	nome di cosa	88
サンドイッチ		sandwich/panino	nome di cosa	37
さら	皿	piatto	nome di cosa	38
さっさと		immediatamente	avverbio	84
せ	背	statura	nome di cosa	91
せいふく	制服	divisa	nome di cosa	41
せいひん	製品	prodotto	nome di cosa	81
せいじ	政治	politica	nome di cosa	61
せいかつ	生活	vita	nome di cosa	50
せいこう	成功	successo	nome di cosa	68
せっけん	石鹸	sapone	nome di cosa	52
せまい	狭い	stretto/angusto	aggettivo in -i	130
せんげつ	先月	il mese scorso	nome di cosa	51
せんぱい	先輩	*senpai*	nome di cosa	70
せんしゅう	先週	la settimana scorsa	nome di cosa	51
せんたくき	洗濯機	lavatrice	nome di cosa	100
しゃかい	社会	società	nome di cosa	110
し	氏		suffisso onorifico	67
しあわせな	幸せな	felice	aggettivo in -na	29

VOCABOLARIO S

(し)はらう	(支)払う	pagare	verbo 2° gruppo	29
しか		nient'altro che	particella	29
～しかない		non poter fare altro che～	costruzione gramm.	29
しっかり		resistere	onomatopea	77
しくしく		sigh sign	onomatopea	77
しまい	姉妹	sorelle	nome di cosa	15
しまった		accidenti	esclamazione	127
しんじる	信じる	credere	verbo 1° gruppo	17
しらべる	調べる	indagare/informarsi	verbo 1° gruppo	92
しるす	記す	annotare/segnare	verbo 2° gruppo	100
した	下	sotto	nome di cosa	71
しぜん	自然	natura	nome di cosa	30
しょくどう	食堂	mensa	nome di cosa	50
しょうかい	紹介	presentazione	nome di cosa	50
しょうかいする	紹介する	presentare	verbo in -suru	50
しょうにん	証人	testimone	nome di cosa	91
しょうたい	招待	invito	nome di cosa	100
しょうたいする	招待する	invitare	verbo in suru	100
しゅと	首都	capitale	nome di cosa	80
せつめい	説明	spiegazione	nome	19
そぼ	祖母	nonna	nome di cosa	106
そふ	祖父	nonno	nome di cosa	106
そんなに		così	avverbio	42
それから		dopo di che	congiunzione	121
そと	外	fuori	nome di cosa	71
しゅっぱつ	出発	partenza	nome di cosa	41
しゅっぱつする	出発する	partire	verbo in -suru	41
～すぎる		troppo～	costruzione gramm.	39
すごす	過ごす	trascorrere	verbo 2° gruppo	81
すぐ		subito	avverbio	42
すきな	好きな	adorato/che piace	aggettivo in -na	18
すっきり		sollievo	onomatopea	77
すくない	少ない	pochi	aggettivo in -i	56
スポンジ		spugna	nome di cosa	52
すすめる	勧める	consigliare	verbo 1° gruppo	61
すてる	捨てる	buttare	verbo 1° gruppo	58
ストレス		stress	nome di cosa	50

すずしい	涼しい	fresco	aggettivo in -i	80
とじる	閉じる	chiudere/chiudersi	verbo 1° gruppo	9

T

～たあとで	～た後で	dopo aver～	forma gramm.	59
タイ		Thailandia	nome di cosa	28
たいちょう	体調	condizioni fisiche	nome di cosa	109
たいへんな	大変な	terribile/difficile	aggettivo in -na	49
たべもの	食べ物	cibo	nome di cosa	10
たくさん	沢山	tanti	nome di cosa	16
～たことがある		avere l'esperienza di aver fatto～	forma gramm.	49
～まえに	～前に	prima di～	forma gramm.	59
たまご	卵	uovo	nome di cosa	99
～たり～たりする		fare cose come ～ e ～	forma gramm.	109
たてもの	建物	palazzo	nome di cosa	79
ていかかく	低価格	prezzo basso	nome di cosa	81
テキスト		libro di testo	nome di cosa	121
てきど	適度	adeguatezza	sostantivo	81
～てから		dopo aver～	forma. gramm.	89
てめえ		tu (volgare)	nome di cosa	127
テラス		terrazza	nome di cosa	100
～てしまう		finire per～	forma gramm.	9
てっぱん	鉄板	piastra	nome di cosa	61
～てはダメ		è vietato fare～	forma gramm.	99
トラック		camion	nome di cosa	100
つぎ	次	il prossimo	nome di cosa	100
つれる	連れる	accompagnare/portare	verbo 1° gruppo	119
とか		cose tipo...	particella	47
ところで		a proposito	congiunzione	18
とまる	泊まる	alloggiare	verbo 2° gruppo	52
とも		tutti e...	particella	47
となり	隣	vicino	nome di cosa	71
としょかん	図書館	biblioteca	nome di cosa	58
とても		molto	avverbio	16
つ		*cosa*	contatore jolly	97
つける	付ける	attaccare/accendere	verbo 1° gruppo	91
つきあう	付き合う	frequentarsi	verbo 2° gruppo	70

VOCABOLARIO T-W-Y

つま	妻	moglie	nome di cosa	106
つもり		intenzione	nome di cosa	121

U

うち	内	dentro/interno	nome di cosa	110
うえ	上	sopra	nome di cosa	71
うま	馬	cavallo	nome di cosa	49
うまれかわる	生まれ変わる	rinascere	verbo 2° gruppo	29
うみ	海	mare	nome di cosa	28
うるさい	煩い	rumoroso	aggettivo in -i	58
うしろ	後ろ	dietro	nome di cosa	71
うたう	歌う	cantare	verbo 2° gruppo	7
うつる	写る	riflettersi/rispecchiarsi	verbo 2° gruppo	37
うわさ	噂	diceria	nome di cosa	6

W

ワイロ	賄賂	tangente/bustarella	nome di cosa	90
わかい	若い	giovane	aggettivo in -i	39
わかれ	別れ	addio/separazione	nome di cosa	121
ワクチン		vaccino	nome di cosa	89
わくわく		*emozionante*	onomatopea	77
ワンワン		*bau bau*	onomatopea	77
わらう	笑う	ridere	verbo 2° gruppo	9
わすれる	忘れる	dimenticarsi	verbo 1° gruppo	9

Y

やばい		rischioso	aggettivo in -i	17
やまい	病	malattia	nome di cosa	57
やおや	八百屋	fruttivendolo	nome di cosa	98
やっぱり		com'è ovvio	avverbio	41
やさい	野菜	verdura	nome di cosa	40
やさしい	優しい	gentile	aggettivo in -i	61
やさしい	易しい	semplice	aggettivo in -i	119
やたい	屋台	bancarella	nome di cosa	61
やってくる		arrivare	verbo composto	91
よく		spesso/di frequente	avverbio	16
より		più di...	particella	129
よっぱらう	酔っ払う	ubriacarsi	verbo 2° gruppo	49

VOCABOLARIO Y-Z

ゆき	雪	neve	nome di cosa	42
ゆっくり		lentamente	avverbio	16
ゆるキャラ		mascotte	nome di cosa	27

Z

ざっし	雑誌	rivista	nome di cosa	8
ぜひ	是非	assolutamente	avverbio	18
ぜんぜん	全然	per niente	avverbio	18
ぜったいに	絶対に	ad ogni costo	avverbio	99
ずっと		sempre	avverbio	121

Ci vediamo nel 3° libro!

TI SEI PERSO QUALCOSA?

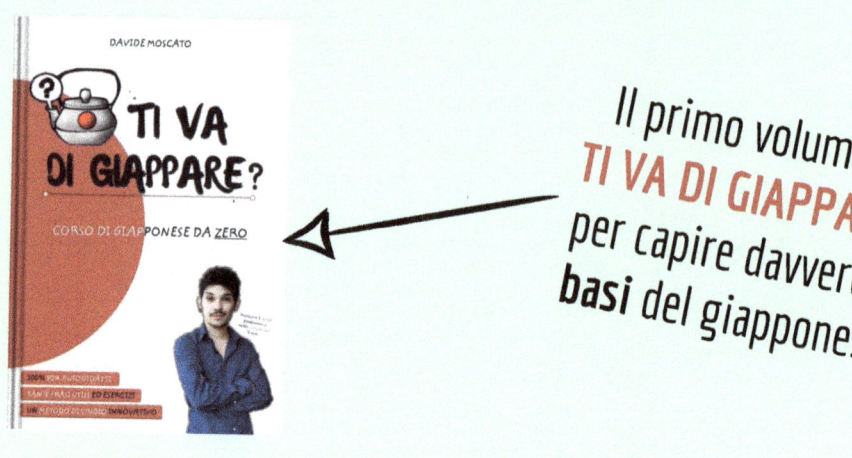

Il primo volume di **TI VA DI GIAPPARE?** per capire davvero le **basi** del giapponese!

Il fantastico **TI VA DI KANJARE?** per divertirti a imparare i **kanji**!

Le mitiche **RIVISTE TRIMESTRALI** per fare **cruciverba** e giochi in giapponese!

www.tivadigiappare.com

RINGRAZIAMENTI

Ed eccoci per la seconda volta alla pagina dei ringraziamenti (dovuti più che mai). Ovviamente, anzitutto ringrazio la mia compagna **DEBORA** che ci ha prestato il suo estro artistico per disegnare nuove *Maccha-chan*. So che lo sapete già, ma senza di lei questo libro non sarebbe il prodotto che avete ora in mano. **Grazie!**

Anche questa volta ringrazio la mia amica **NEGI** (*www.neghidaku.com*) che ci ha dato l'onore di controllare tutte le parti in giapponese, e grazie anche al mio amico e collaboratore **FABRIZIO**, che ha controllato le parti in italiano! **Grazie!**

E ovviamente voglio ringraziare **VOI** tutti. Voi che avete letto il primo libro di TI VA DI GIAPPARE?, questo libro, TI VA DI KANJARE? e le riviste trimestrali... **voi** che guardate tutti i giorni i video sul canale di TI VA DI GIAPPARE?, voi che seguite le mie avventure su Instagram, **voi** che partecipate alla community su Telegram, **voi** che vi divertite su *www.tivadigiappare.com* con gli esercizi gratuiti...

Senza di voi, il progetto **TI VA DI GIAPPARE?** e tutto l'ecosistema che gli gira intorno non esisterebbe. Sono iper-felice che questo progetto stia funzionando e stia aiutando migliaia di persone a padroneggiare e comprendere **una lingua così meravigliosa** come il giapponese. Il mio sogno è renderla accessibile a tutti, e grazie a voi, ci sto riuscendo. Ci vediamo nel 3° libro.

Davide Moscato

Grazie regà!

Grazieee!

Lightning Source UK Ltd.
Milton Keynes UK
UKHW021039040521
383091UK00007B/200